COLLECTION
L'IMAGINAIRE

James M. Cain

Mildred Pierce

Traduit de l'américain
par Sabine Berritz

Gallimard

Titre original :

MILDRED PIERCE

Né en juillet 1892 dans le Maryland, James Mallahan Cain suit d'abord des etudes musicales, rêvant de devenir chanteur, mais se tourne vers l'écriture sur les conseils de sa mère, et devient reporter après son diplôme. De retour de la guerre — il a été envoyé en France —, il réintègre le *Sun* à Baltimore, et publie des articles dans divers journaux. En 1931, il s'installe à Hollywood et écrit des scénarios pour les grands studios. Il publie son premier roman, *Le facteur sonne toujours deux fois*, en 1934; le livre rencontre un grand succès, et sera plusieurs fois porté à l'écran. Ce drame passionnel est une œuvre brutale écrite dans un style direct et efficace. En 1936, il publie en feuilleton *Assurance sur la mort,* texte qu'il réunit ensuite en volume avec *Faux en écritures* et *Carrière en do majeur*. En 1937 paraît *Sérénade* et, en 1941, *Mildred Pierce,* magnifique portrait de femme. Suivent de nombreux romans : *Le bluffeur, Au-delà du déshonneur, Butterfly*... qui font de lui l'un des maîtres du roman noir.

James Cain est mort le 27 octobre 1977.

CHAPITRE I

En ce printemps de 1931, sur une pelouse de Glendale (Californie), un homme taillait des arbres. C'était un long travail car il devait d'abord élaguer les branches mortes, puis enrouler des tampons de toile autour des tiges minces, lier le tout avec des ficelles qu'il fixait au tronc pour soutenir, à l'automne, le poids des «avocats» mûrs. Bien que l'après-midi fût chaude, il prenait cependant le temps nécessaire et, en sifflant, poursuivait consciencieusement sa besogne. C'était un homme plutôt petit, d'une trentaine d'années et, en dépit des taches qu'arborait son pantalon, il le portait avec une certaine allure. Il s'appelait Herbert Pierce. Quand il eut terminé, il ratissa les brindilles et les branches mortes, en fit un tas, les emporta dans le garage et les laissa tomber dans une caisse à allume-feu. Il prit alors une tondeuse et rasa la pelouse. Elle ressemblait à des milliers d'autres pelouses du sud de la Californie: un bout de gazon sur lequel poussaient, soigneusement sarclés en rond au pied, avocatiers, citronniers et mimosas. La maison, elle aussi, ressemblait à mille autres pareilles: un bungalow espagnol aux murs blancs et au toit de tuiles rouges. Aujourd'hui, le style espagnol est un peu démodé, mais alors, il était considéré comme le summum du bon goût, et ici, la demeure était aussi bien qu'une autre, peut-être même un peu mieux.

Le gazon tondu, l'homme ramassa un tuyau d'arrosage, le fixa à un robinet et se mit à arroser. Là aussi, il se montra minutieux, lançant l'eau d'abord vers les arbres, puis à leur pied dans les espaces bêchés, sur le chemin tuilé et enfin sur le gazon. Quand le jardin tout entier fut trempé et répandit une odeur d'averse, il arrêta l'eau, secoua le tuyau pour l'égoutter, le roula et le rangea dans le garage. Alors, il revint vers la façade et les arbres pour s'assurer que l'eau n'avait pas trop resserré les attaches. Et il rentra dans la maison.

Le living-room dans lequel il pénétra correspondait bien à la pelouse qu'il abandonnait. C'était vraiment le living-room type, celui que n'importe quel magasin d'ameublement conseille pour un bungalow espagnol : écussons de velours cramoisi se déployant sur le mur ; tentures de velours pendues à des lances de fer forgé ; tapis cramoisi avec bordure bigarrée. Devant la cheminée un canapé flanqué de deux chaises, le tout à dossier droit et sièges à moulures ; une longue table de chêne supportant une lampe à abat-jour de verre dépoli ; deux lampadaires en fer forgé, assortis aux lances, avec abat-jour de soie cramoisie. Dans un coin, une table du style « Grands Rapides » et, sur cette table, une T.S.F., genre bakélite. Sur les murs teintés, en plus de l'écusson, trois tableaux : une colline au coucher du soleil avec squelettes de vaches au premier plan ; un cow-boy conduisant son troupeau dans la neige, et enfin, un convoi de chariots couverts peinant à travers un désert alcalin. Sur la grande table, un livre intitulé « Encyclopédie des Connaissances utiles», doré sur tranches et posé de façon artistique. On pourrait objecter que cette pièce accomplissait le prodige d'être à la fois froide et surchargée, et qu'il devait être suffocant d'y vivre. Mais l'homme en était vaguement fier, surtout des peintures qu'il avait décidé de trouver «joliment bien». Quant à l'idée d'y vivre, elle ne lui était jamais venue à esprit.

Ce jour-là, il ne lui accorda ni un regard, ni une pensée. Il la traversa rapidement, en sifflant toujours, et passa dans une pièce meublée d'un ensemble complet d'un vert brillant où se devinait une main féminine. Il enleva ses vêtements de travail, les suspendit dans un placard, et entra, nu, dans la salle de bains où il fit couler l'eau. Autour de lui encore se reflétait la civilisation dans laquelle il vivait, avec pourtant une différence sensible. Car si cette civilisation était et est encore un tant soit peu naïve quand il s'agit de pelouses, de salons, de peintures ou d'autres manifestations esthétiques, c'est un vrai génie dans le domaine pratique.

La salle de bains dans laquelle l'homme sifflotait maintenant était un vrai bijou; toute en mosaïques vertes et blanches, elle était aussi nette qu'une salle d'opérations: chaque chose était à sa place, et chaque chose était utile. Vingt secondes après avoir ouvert les robinets, l'homme entra dans un bain à la température exacte qu'il désirait; il se lava, ouvrit la vidange, sortit, se sécha avec une serviette propre et revint dans la chambre sans avoir raté une seule note de l'air qu'il aimait et sans avoir pensé que tout ceci pût, de quelque façon, être assez remarquable.

Après s'être peigné, il s'habilla. Les *slacks* n'avaient pas encore fait leur apparition alors, mais déjà on portait de la flanelle grise. Il mit un pantalon net, une chemise de polo et un veston bleu. Enfin, il sc dirigca distraitement vers la cuisine, pendant exact de la salle de bains, où sa femme glaçait un gâteau. Elle était mince, nettement plus jeune que lui, mais comme elle avait des éclaboussures de chocolat sur la figure et qu'elle portait une blouse verte vague, il était difficile de dire comment elle était bâtie, exception faite des jambes, extrêmement voluptueuses, que l'on apercevait entre la blouse et les chaussures. Elle étudiait, dans un livre rempli de dessins, l'image d'un oiseau tenant une banderole dans son bec et elle essayait de la reproduire, avec un crayon, sur une feuille de bloc-note. Pierce la contempla un moment, lança un coup d'œil au gâteau et déclara qu'il était chouette. C'était là une sous-estimation, car le gâteau était un énorme échafaudage, large d'au moins 40 centimètres en son milieu, haut de quatre couches, et recouvert d'une crème satinée. Mais, ensuite, Pierce bâilla et dit :

— Alors... je crois que je ne puis plus t'être utile ici. Je vais faire un petit tour.

— Tu seras là pour dîner ?

— J'essayerai, mais si tu ne me vois pas à 6 heures, ne m'attends pas, J'aurai été retenu.

— J'aimerais mieux le savoir.

— Je t'ai dit, si je ne suis pas là à 6...

— Ça ne me suffit pas. Je fais ce gâteau pour Mrs. Whitley. Elle me le payera 3 dollars. Si tu rentres à la maison, j'achèterai des côtelettes de mouton pour ton dîner. Si tu ne rentres pas, j'achèterai quelque chose qui plaira davantage aux enfants.

— Alors, ne compte pas sur moi.

— C'est ce que je voulais savoir.

L'agressivité des répliques s'accordait mal avec

l'humeur de Pierce. Il resta là, hésitant ; puis, il essaya d'obtenir une approbation :

— J'ai fini les arbres. Je les ai solidement attachés ; maintenant les branches ne plieront pas comme l'an dernier quand les avocats grossiront. J'ai tondu la pelouse. C'est joli, tu sais.

— Tu as arrosé le gazon ?

— Je l'ai déjà arrosé.

Il dit cela avec une tranquille complaisance. C'était un piège qu'il lui avait tendu et elle était tombée dedans. Mais le silence qui suivit comporta une menace, tout comme si c'était lui, Pierce, qui était tombé dans une trappe insoupçonnée. Mal à l'aise, il ajouta :

— Je lui ai donné une bonne douche !...

— C'était bien tôt pour arroser le gazon, non ?

— Oh, maintenant ou plus tard, c'est tout comme.

— D'habitude, pour arroser, on attend un peu plus tard, que le soleil ne soit plus si chaud afin que cela ait quelque utilité et que ce ne soit pas simplement de l'eau gâchée qu'il faudra payer.

— Et qui paiera ?

— Qui travaille ici, sinon moi ?

— Y a-t-il une chose que je puisse faire que je ne fasse pas ?

— Mais tu le fais trop tôt.

— Voyons, Mildred, où veux-tu en venir ?

— Elle t'attend, pars donc !

— Qui m'attend ?

— Tu dois le savoir.

— Si tu fais allusion à Maggie Biederhof, je te signale que je ne l'ai pas vue depuis une semaine ; et qu'elle n'a jamais été à mes yeux qu'une partenaire avec qui je peux jouer à la belote quand je n'ai rien d'autre à faire.

— Ce qui arrive souvent, si tu veux mon avis.
— Je ne te le demande pas.
— Et que fais-tu avec elle ? Tu joues à la belote un moment, puis tu déboutonnes cette robe rouge qu'elle porte tout le temps sans rien dessous et tu la bascules sur le lit. Après, un petit somme, puis, debout pour aller voir s'il ne reste pas un peu de poulet froid dans sa glacière. Ensuite, encore un peu de belote, et tu la rebascules sur le lit ? Ma parole, ça doit être formidable. Qu'imaginerais-je de plus chic !

Les muscles du visage de Pierce se contractèrent : la colère montait en lui. Il ouvrit la bouche pour dire quelque chose. Mais il jugea plus sage de n'en rien faire et se contenta de répéter d'un ton qui voulait être digne et résigné :
— Bien. Bien. Parfait !

Il se dirigea vers la porte de la cuisine.
— Tu ne veux rien lui apporter ?
— Lui apporter quoi ?... Qu'est-ce que tu veux dire ?
— Eh bien, il me restait de la pâte, j'ai fait des petits gâteaux pour les enfants. Mais, grasse comme elle est, elle doit aimer les douceurs... attends, je vais les envelopper pour elle.
— Que le diable t'emporte !

Mildred abandonna son dessin d'oiseau et lui fit face. Elle commença à parler. Elle n'avait pas grand-chose à dire sur l'amour, la fidélité ou la morale. Aussi parla-t-elle d'argent. Elle lui reprocha de ne pas trouver de travail. Et lorsqu'elle évoqua la dame qu'il avait élue, ce ne fut pas sous l'aspect d'une sirène qui avait ravi son amour, mais comme le motif même de l'apathie qui s'était, depuis peu, emparée de lui. Il l'interrompit fréquemment, se donnant des excuses, répétant qu'il n'y avait de travail nulle part, insistant avec amertume sur le fait que, si Mrs. Biederhof était entrée dans sa vie, c'était parce qu'après tout un homme a droit à un peu de paix au lieu d'être perpétuellement tourmenté à propos de choses qui ne dépendent pas de lui. Ils parlaient rapidement, comme s'ils disaient des mots brûlants que leur salive rafraîchissait. En vérité, cette scène avait une laideur antique, presque classique, car ils criaient ces mêmes griefs qui se sont criés depuis que le mariage existe. Ils n'y apportaient que peu d'originalité et aucune beauté. Tout à coup, ils se turent et, de nouveau, Pierce essaya de sortir de la cuisine. Mais elle l'arrêta :

— Où vas-tu ?

— Ai-je à te le dire ?

— Vas-tu chez Maggie Biederhof ?

— Et après. Si j'y allais ?

— Alors, tu peux faire tes bagages tout de suite et t'en aller pour de bon, car si tu passes cette porte, je ne te laisserai pas rentrer. Je prendrai ce couteau s'il le faut, mais tu ne rentreras plus dans cette maison.

Elle sortit le couteau d'un tiroir, le brandit et le rangea tandis qu'il la regardait avec mépris :

— Prends garde, Mildred, prends bien garde. Si tu ne fais pas attention, tu auras affaire à moi un de ces jours. Il ne faudrait pas me pousser beaucoup, je te préviens.

— Affaire à toi ? C'est toi qui as affaire à moi maintenant. Tu vas chez elle cet après-midi, et c'est la dernière fois que tu pénètres dans cette maison.

— Je vais où il me plaît d'aller, nom de D…

— Alors, fais tes bagages, Bert.

Il devint blême et leurs yeux se rencontrèrent en un long regard :

— D'accord, alors. Je les ferai.

— Fais-les tout de suite. Le plus tôt sera le mieux.

— D'accord. D'accord.

Il sortit de la cuisine. Elle remplit un cornet de papier avec le sirop de sucre, coupa le bout avec des ciseaux et commença à glacer l'oiseau sur le gâteau.

Pierce était déjà dans la chambre. Il lançait les valises du placard au milieu de la pièce. Il faisait le plus de bruit possible dans l'espoir peut-être qu'elle l'entendrait et qu'elle viendrait le supplier de changer d'avis. S'il croyait cela, il fut déçu et ne put que continuer. Son premier soin fut pour sa tenue des grands soirs, chemise, col, boutons, cravate, chaussures, sans oublier le costume noir qu'il appelait son « tuxedo ». Il les enveloppa avec tendresse de papier de soie et les plaça au fond du plus grand sac. Il avait connu autrefois des jours meilleurs. À vingt ans, il avait été cavalier dans des films et il était encore fier de ses talents d'écuyer. Puis, un de ses oncles était mort en lui laissant un ranch aux environs de Glendale. Glendale est maintenant un faubourg sans fin de Los Angeles, comme Queens pour New York. Mais à cette époque, c'était un village, et un pauvre village. À un bout, un hangar ; à l'autre, la pleine campagne ; au beau milieu, une route poussiéreuse. Pierce avait donc acheté un chapeau à larges bords, pris possession du ranch et commencé à l'exploiter, mais sans grand succès. Ses oranges ne rendirent pas et quand il essaya du raisin, les vignes commençaient à peine à pousser lorsque survint la Prohibition. Il arracha ses plants pour les remplacer par des noyers. Seulement la sélection des arbres venait d'être faite quand le marché du vin gonfla grâce à la demande des bootleggers. Cela le navra tellement qu'il laissa sa terre en friche pendant quelque temps tout en essayant de s'adapter à un monde entraîné dans un tourbillon vertigineux. Et puis, un jour, il reçut la visite de trois hommes qui lui firent une proposition. Pierce ne savait pas que le sud de la Californie, et spécialement Glendale, était sur le point de connaître l'étonnante hausse des immeubles de 1920, hausse telle qu'on en avait rarement vu pareille.

Si bien que, du jour au lendemain, grâce à ses 300 acres situés à l'endroit précis où on voulait bâtir, il devint lotisseur, bâtisseur, homme d'avenir, gros capitaliste. Il forma avec les trois messieurs une société « Les Maisons Pierce, Inc. » dont il fut le Président. Il donna son nom à une rue, et c'est dans cette rue Pierce qu'après son mariage avec Mildred, il construisit la maison même qu'il occupait maintenant, et qu'il allait encore occuper une vingtaine de minutes. Bien qu'alors il gagnât beaucoup d'argent, il refusa de construire une demeure prétentieuse. Il dit à l'architecte : « Les maisons Pierce sont faites pour tout le monde, et ce qui est assez bon pour tout le monde l'est aussi pour moi. » Cependant c'était, sur bien des points, un peu mieux que ce qui est habituellement « bon pour tout le monde ». Trois salles de bains, une pour chaque chambre, et certains détails étaient presque luxueux. Tout cela était dérisoire maintenant : la maison avait été hypothéquée, re-hypothéquée, et l'argent des hypothèques était dépensé depuis longtemps. Mais cela avait représenté quelque chose à une certaine époque, et Pierce aimait à donner des coups de poing dans le mur pour faire remarquer comme il avait été solidement bâti.

Au lieu de mettre son argent dans une banque, il l'avait investi dans l'A.T.T., et pendant quelques années, il s'était réjoui chaque jour de la sûreté de son jugement, car les actions montèrent majestueusement jusqu'à ce qu'il eût 350 000 dollars, en valeurs. Mais survint le «Jeudi Noir de 1929» et la dégringolade jusqu'à la ruine fut si rapide qu'on vit à peine disparaître en même temps les Maisons Pierce. En septembre, il était riche et Mildred avait choisi le manteau de loutre qu'elle achèterait quand la température fraîchirait. En novembre, bien que le temps ne fût pas plus froid, il dut vendre la seconde voiture pour payer les notes courantes. Il prit tout cela avec courage. Il en plaisanta même car bon nombre de ses amis se trouvaient dans le même cas. Ce qu'il ne put supporter, ce fut la faillite de sa sagacité. Il s'était si bien habitué à se considérer comme doué d'une grande perspicacité qu'il ne put accepter lui-même que sa réussite eût été due à la chance qui lui avait fait bien louer ses terrains plutôt qu'à ses qualités personnelles. Aussi envisagea-t-il encore les exploits qu'il accomplirait quand les choses iraient un peu mieux. Mais, chercher du travail, cela lui était impossible et en dépit de ce qu'il avait affirmé à Mildred, il n'avait pas fait le plus petit effort dans ce but. Ainsi, par déchéances successives, il en était venu à vivre comme il le faisait avec Mrs. Biederhof. C'était une femme d'âge indéterminé, pourvue d'une petite rente qu'elle tirait de la location de baraques à des Mexicains. Grâce à cela, elle était dans une opulence relative alors que d'autres étaient dans le besoin, et elle avait du temps à elle. Elle l'écoutait raconter les histoires de sa grandeur passée et future ; elle le nourrissait, jouait aux cartes avec lui et souriait timidement quand il déboutonnait sa robe, Il vivait dans un monde irréel, se prélassant le long de la rivière et regardant s'enfuir les nuages.

Pierce surveillait la porte de la chambre comme s'il espérait voir apparaître Mildred, mais rien ne bougea.

Quand la petite Ray revint de l'école et qu'elle gambada en réclamant son gâteau, il se hâta et s'enferma à clé. Un instant plus tard, l'enfant fut derrière la porte, tournant le bouton, mais il n'ouvrit pas. Il entendit Mildred crier quelque chose et Ray s'en alla sur le devant de la maison où l'attendaient des camarades. Le nom de la petite fille était en réalité Moire. Elle avait été ainsi prénommée suivant les principes de l'astrologie, complétée par la science des nombres, comme l'avait été aussi leur autre fille, Véda. Mais l'officiante avait omis sur sa consultation dactylographiée d'indiquer la prononciation, si bien que Bert et Mildred ne savaient pas que ce n'était qu'une des formes gaéliques de Mary qui se prononçait Moyra. Ils crurent que c'était un nom français des plus distingués, le prononcèrent Mwaray et rapidement l'abrégèrent en Ray.

Son dernier sac bouclé, Pierce déverrouilla la porte et avança vers la cuisine d'un air tragique. Mildred s'occupait encore de son gâteau qui était maintenant d'une inexprimable beauté ; l'oiseau, perché sur une branche verte feuillue, tenait hardiment dans son bec l'inscription « Bon anniversaire pour Bob » ; un cercle de boutons de roses disposés symétriquement autour du bord figurait une sorte de silencieux gazouillis. Mildred ne leva pas la tête. Bert humecta ses lèvres et demanda :

— Est-ce que Véda est à la maison ?

— Pas encore.

— Je n'ai pas bronché quand Ray est venue pour me voir. J'ai cru qu'il valait mieux qu'elle ne sache rien. Il n'y a d'ailleurs aucune raison pour qu'elles sachent quoi que ce soit l'une ou l'autre. Je ne veux pas que tu leur dises que je suis parti… Tu n'as qu'à…

— Ne t'inquiète pas.

— Très bien. Alors, je te laisse ce soin. — Il hésita. — Eh bien, au revoir, Mildred.

D'un pas saccadé, elle alla jusqu'au mur, y appuya son front, la figure cachée ; elle frappa de ses poings une ou deux fois la cloison, désespérément.

— Va-t'en, Bert. Il n'y a plus rien à dire... Va-t'en !

Quand elle se retourna, il était parti. Alors ses larmes jaillirent et elle se tint éloignée du gâteau pour éviter qu'elles ne tombent dessus. Mais, quand elle entendit sortir la voiture du garage, elle poussa un cri, bas, effrayé, et courut à la fenêtre. Ils ne se servaient de la voiture que si rarement maintenant, juste le dimanche quand ils avaient un peu d'argent pour acheter l'essence, qu'elle l'avait complètement oubliée, Et tandis qu'elle voyait cet homme disparaître de sa vie, la seule pensée claire qui restait dans son esprit, c'est qu'elle n'avait plus le moyen de livrer son gâteau.

Elle avait mis le dernier bouton de rose en place et enlevait les bavures du glacé avec un tampon d'ouate enroulé autour d'un cure-dent quand on frappa à la porte. Mrs. Gessler qui habitait porte à porte, entra. C'était une femme mince, très brune, d'une quarantaine d'années. Ses rides pouvaient être dues à des soucis, ou tout aussi bien à l'alcool. Son mari avait une entreprise de transports, mais il semblait réussir mieux que la plupart des camionneurs à cette époque. Beaucoup avaient remarqué que les camions Gessler allaient souvent à Point Loma, où certains bateaux, bas et rapides, se mettaient à l'abri.

À la vue du gâteau, Mrs. Gessler poussa une exclamation et s'approcha pour l'admirer. Il était vraiment digne du regard ébahi dont le gratifiaient ses yeux globuleux. Tous ses ornements étaient maintenant terminés et malgré son aspect conventionnel, il avait une odeur, une texture, une plénitude qui proclamaient ses hautes qualités. Il portait en lui la garantie que chacune de ses miettes avait subi l'épreuve du goût de son inexorable artisan : il devait fondre sur la langue.

D'une voix pleine de respect, Mrs. Gessler murmura :

— Comment réussissez-vous cela, Mildred. C'est splendide, vraiment splendide.

— Si vous aviez à le faire, vous réussiriez tout aussi bien.

— Mais il est splendide.

Ce ne fut qu'après un dernier coup d'œil que Mrs. Gessler en arriva au but de sa visite. Elle tenait un petit plat recouvert d'une assiette renversée qu'elle ôta.

— J'ai pensé que vous pourriez peut-être utiliser cela. Je l'avais fricassé pour le dîner, mais Ike a un rendez-vous à Long Beach et je vais avec lui. Cela risquerait de se perdre.

Mildred prit une assiette, y fit glisser le poulet et le mit dans la glacière. Puis, elle lava les assiettes de Mrs. Gessler, les essuya et les lui rendit.

— Je peux utiliser n'importe quoi, Lucy. Merci.

— Bon, je me sauve.

— Amusez-vous bien !

— Dites bonjour à Bert de ma part.

— Entendu.

Mrs. Gessler s'arrêta :

— Qu'est-ce qu'il y a ?

— Rien.

— Allez-y, mon petit, qu'est-ce qui ne va pas ? Qu'est-ce que c'est ?

— Bert est parti.

— Vous voulez dire... pour de bon ?

— Il y a un instant. Il est parti.

— Il vous a quittée, comme ça ?

— Je l'ai peut-être un peu aidé. Cela devait arriver.

— Qu'est-ce que vous en savez. Et c'est pour la vieille qu'il vous lâche ! Comment peut-il seulement la regarder ?

— Elle est comme il la désire.

— Mais elle ne se lave jamais !

— Oh ! à quoi bon discuter ? Si elle l'aime, tout va bien : elle l'a. Bert est gentil. Ce n'est pas sa faute : c'est... tout le reste. J'ai été odieuse, je l'ai ennuyé : il me l'a dit. Il doit le savoir. Mais je ne peux supporter l'état actuel des choses, je m'en moque qu'il y ait ou non une dépression. Si cela ne la gêne pas, ils seront bien ensemble, car il est comme elle. Mais moi, j'ai mes idées et je ne peux pas les changer, même pour lui.

— Qu'est-ce que vous avez l'intention de faire ?

— Ce que je vais faire ?

Un silence gêné s'abattit sur les deux femmes. Puis, Mrs. Gessler hocha la tête :

— Voilà ! Vous avez rejoint la plus grande armée de la terre, cette grande institution américaine qui n'est jamais mentionnée le « 4 juillet » : charmante veuve avec deux petits enfants à élever ! Quels salauds !

— Oh, Bert n'y est pour rien !

— Bien sûr, mais c'est un salaud, ce sont tous des salauds.

— Nous ne sommes pas parfaites !

— Nous ne démolissons jamais comme ils démolissent.

La porte d'entrée claqua et Mildred leva un doigt en avertissement : Mrs. Gessler acquiesça et s'enquit si elle pouvait l'aider en quoi que ce fût. Mildred aurait follement voulu lui demander de l'emmener livrer le gâteau, mais, déjà, elle avait entendu un ou deux coups de klaxon impatients de l'autre côté de la cour et elle n'osa pas.

— Pas pour le moment.

— Je vous verrai au retour.

— Encore merci pour le poulet.

L'enfant qui entra alors dans la cuisine ne gambadait pas comme l'avait fait la petite Ray peu de temps auparavant. D'un air affecté, elle s'avança, renifla avec dédain le parfum laissé par Mrs. Gessler et posa ses cahiers sur la table avant d'embrasser sa mère. Bien qu'elle n'eût que onze ans, elle méritait qu'on la regardât deux fois. Par le chic avec lequel elle portait ses vêtements aussi bien que par la distinction de sa taille, elle ressemblait plus à son père qu'à sa mère. On disait habituellement : « Véda est une Pierce. » Mais autour de la bouche, la ressemblance disparaissait, car la bouche de Bert avait une mollesse que celle-ci n'avait pas. Ses cheveux d'un rouge cuivré et ses yeux clairs comme ceux de sa mère semblaient encore plus éclatants par leur contraste avec son teint fait de taches de rousseur et de coups de soleil. Mais ce qui retenait le plus en elle, c'était sa démarche. Était-ce à cause de sa poitrine haute, arrondie ? Était-ce à cause de ses hanches minces et de ses jambes longues ? Elle se déplaçait avec une arrogance altière, hautaine, qui était légèrement comique chez quelqu'un d'aussi jeune.

Elle prit le gâteau que lui donna sa mère, un muffin au chocolat orné sur le dessus d'un V blanc glacé, compta ceux qui restaient et, calmement, rendit compte de sa leçon de piano. Au milieu des désastres de ces derniers dix-huit mois, Mildred avait réussi à épargner chaque semaine 50 cents pour ces leçons car elle avait la conviction profonde, presque mystique, que Véda était «douée». Comme elle ne savait pas exactement pour quoi, le piano lui avait paru indiqué comme préliminaire utile à tout. Véda était une élève satisfaisante, car elle travaillait régulièrement sa musique et y prenait un vif intérêt. Son piano, choisi au moment où Mildred choisissait, elle, son manteau de loutre, n'était toujours pas arrivé, aussi travaillait-elle chez le grand-père Pierce, où il y avait un vieux piano droit et, de ce fait, elle rentrait de l'école plus tard que Ray.

Elle conta ses progrès dans l'exécution de la *Grande Valse brillante* de Chopin, répétant, au grand amusement de Mildred, le titre du morceau un bon nombre de fois, avec sa prononciation française et en se félicitant visiblement de cette élégance. Elle parlait de cette voix claire, affectée, que l'on connaît aux enfants-acteurs : d'ailleurs, tout ce qu'elle disait donnait l'impression d'avoir été appris par cœur et d'être récité de la manière indiquée par quelque inflexible livre de bonnes manières. La valse épuisée, elle s'avança pour regarder le gâteau :

— Pour qui est-ce, maman ?

— Pour Bob Whitley.

— Oh, le garçon des journaux ?

L'activité secondaire du jeune Whitley, qui après ses heures de classe sollicitait des abonnements, était considérée par Véda comme une grave faute sociale. Mildred sourit.

— Il sera le garçon des journaux sans gâteau d'anniversaire si je ne trouve pas un moyen quelconque de le lui faire parvenir. Mange ton goûter tout de suite, puis, cours chez ton grand-père pour voir si cela ne l'ennuierait pas de me conduire avec sa voiture chez Mrs. Whitley.

— Ne pouvons-nous nous servir de notre voiture ?

— Ton père l'a prise et... il rentrera tard. File maintenant. Emmène Ray avec toi, grand-père vous ramènera toutes les deux.

Véda sortit sans se presser et Mildred l'entendit appeler Ray dans la rue. Mais au bout d'une à deux minutes, elle revint. Elle ferma la porte soigneusement et parla avec plus de précision qu'à l'accoutumée :

— Maman, où est papa ?

— Il a dû sortir.

— Pourquoi a-t-il emporté ses affaires ?

Lorsque Mildred avait dit à Bert qu'elle « se débrouillerait avec les enfants » elle avait imaginé une vague scène qui se serait terminée par un : « Maman vous en dira davantage plus tard. » Elle avait oublié la passion de Véda pour les vêtements de son père, l'orgueilleuse façon dont elle examinait chaque jour son smoking, son pantalon de cheval, ses bottes et ses chaussures luisantes, en un rite que même une course chez son grand-père ne lui aurait pas fait manquer. Elle avait oublié aussi qu'il n'était pas possible de berner Véda. Elle se mit à examiner quelque imperfection imaginaire sur le gâteau.

— Il est parti.

— Où ?

— Je ne sais pas.

— Reviendra-t-il ?

— Non.

Mildred se sentait pitoyable ; elle souhaita que Véda vînt vers elle pour la prendre dans ses bras et lui dire que, somme toute, cela n'était pas honteux. Mais les yeux de Véda étaient froids et elle ne bougea pas. Mildred adorait Véda à cause de son allure, de ses possibilités futures, de son snobisme, de toutes ces choses qui paraissaient si supérieures à sa simple nature. Mais Véda adorait son père pour ses manières élégantes, pour son chic et, qu'il dédaignât de travailler pour de l'argent, cela la rendait fière. Au cours des discussions sans fin qui avaient marqué les derniers mois, elle avait invariablement été de son côté et avait souvent blessé sa mère par d'orgueilleuses remarques. Elle dit :

— Bien, maman, je voulais seulement savoir.

À ce moment Ray entra, petite chose joufflue aux cheveux fous, de quatre ans plus jeune que Véda, et véritable portrait de Mildred. Elle commença à danser autour de la pièce, en menaçant de fourrer son doigt dans le gâteau, mais Mildred l'arrêta et lui répéta ce quelle venait d'expliquer à Véda. Ray se mit à pleurer et Mildred la prit dans ses bras. Elle lui parla comme elle avait eu l'intention de le faire avec Véda. Elle raconta que papa les aimait plus que tout au monde toutes les deux, qu'il ne leur avait pas dit au revoir pour ne pas leur faire de peine. Ce n'était pas sa faute, mais la faute d'un tas de choses sur lesquelles elle ne pouvait s'étendre maintenant, mais qu'elle leur expliquerait plus tard. Tout cela, elle le disait à Ray, mais en réalité, c'était à Véda qui se tenait toujours immobile, écoutant gravement, qu'elle parlait. Au bout de quelques minutes, Véda sentit sans doute qu'elle devait manifester quelque compréhension, car elle l'interrompit :

— Si tu fais allusion à Mrs. Biederhof, Maman, je suis tout à fait de ton avis. J'estime qu'elle est extrêmement ordinaire.

Mildred parvint à rire à cette phrase et elle saisit l'occasion d'attirer Véda dans ses bras et de l'embrasser. Puis, elle envoya les deux enfants chez leur grand-père. Elle était heureuse de ne pas avoir soufflé mot de Mrs. Biederhof et elle se promit de ne jamais prononcer ce nom en leur présence.

Mr. Pierce arriva avec la voiture et une invitation à dîner. Après un instant d'hésitation, Mildred accepta. Les Pierce devaient être mis au courant et si elle le faisait maintenant, après avoir dîné chez eux, cela prouverait qu'elle n'avait aucun ressentiment et qu'elle voulait poursuivre les bonnes relations d'auparavant. Mais après avoir livré le gâteau, quand elle eut été assise avec eux pendant quelques minutes, elle flaira quelque chose dans l'air. Bert s'était-il déjà arrêté au passage, ou les enfants avaient-elles laissé échapper un mot, elle n'en savait rien, mais rien n'allait comme d'habitude. En conséquence, aussitôt le dîner terminé et les enfants sorties pour jouer, elle en vint gravement au fait.

Mr. Pierce et Mamy, tous deux originaires du Connecticut, vivaient d'une pension d'ancien cheminot dans une maison Pierce, plus petite, mais tout aussi «pour tout le monde» que les autres. Ils étaient très suffisamment à leur aise et, habituellement, se tenaient au crépuscule dans un petit patio derrière la maison. Ce fut là que Mildred leur annonça la nouvelle. Un silence s'abattit sur eux, un silence pénible qui dura un long moment. Mamy était dans son fauteuil à bascule. Elle toucha le sol avec son pied et commença à se balancer : le fauteuil grinça. Puis, elle se mit à parler, d'une voix amère, saccadée, en ne regardant ni Mildred, ni Mr. Pierce. «C'est cette Biederhof. C'est entièrement sa faute. Cela a été sa faute le jour où Bert a commencé à aller avec elle. Cette femme est une garce. Je l'ai toujours su, dès que je l'ai vue. Quelle honte de se comporter ainsi avec un homme marié. Et son mari n'est pas mort depuis un an. Et la façon infecte dont elle tient sa maison. Et se promener comme elle le fait, les seins ballottant de tous les côtés, pour que les hommes soient obligés de les regarder, qu'ils le veuillent ou non. Qu'est-ce qu'elle a pour attirer mon fils ? Est-ce qu'il n'y a pas assez d'hommes sans qu'elle ait à... »

Mildred, les yeux fermés, écoutait et Mr. Pierce, suçant sa pipe, intercalait de mélancoliques remarques. Tout tournait autour de Mrs. Biederhof et, en un certain sens, c'était un soulagement. Mais une vague appréhension se leva en Mildred. Cette soirée, elle le savait, était d'une extrême importance, car tout ce qui se dirait resterait gravé de façon indélébile. Pour l'avenir des enfants, tout au moins, il était vital qu'elle ne prononçât pas un mot qui ne fût vrai, qu'elle n'omît pas une parole essentielle à la fidélité de son rapport ou laissât subsister le moindre doute sur sa franchise. Aussi ressentait-elle un ennui croissant devant l'aisance avec laquelle on rejetait toute la responsabilité sur une femme qui, en réalité, avait très peu à voir avec cette histoire. Elle laissa Mamy poursuivre, puis, après un nouveau silence, elle dit :

— Ce n'est pas Mrs. Biederhof.

— Qui alors ?

— C'est tout un ensemble de faits et si ces faits ne s'étaient pas produits, Bert n'aurait pas plus regardé cette femme qu'une Esquimaude. C'est... ce qui est arrivé aux affaires de Bert. Et cette terrible période que nous traversons. Et la manière dont Bert est dégoûté. Et...

— Vous voulez donc insinuer que c'est la faute de Bert ?

Mildred attendit une minute, de peur qu'à l'aigreur de la voix de Mamy correspondît une même aigreur dans la sienne. Puis elle répondit : « Je ne dis pas que ce soit la faute de qui que ce soit, sinon celle de la Crise. Évidemment, Bert ne pouvait rien y faire. » Elle s'arrêta alors, profondément bouleversée par ce qu'elle se sentait le devoir de dire et qu'elle redoutait d'exprimer.

— Je peux d'ailleurs aussi bien l'avouer : Bert n'était pas le seul dégoûté. Moi aussi, j'en avais assez. Ce n'est pas lui qui a commencé aujourd'hui : c'est moi.

— Voulez-vous dire que... Vous avez mis Bert dehors ?

L'agressivité de Mamy était maintenant si évidente, son refus si violent d'admettre les vraies raisons du dissentiment que Mildred n'eut plus assez confiance en elle-même pour poursuivre. Ce ne fut qu'après l'intervention de Mr. Pierce et après qu'il se fut écoulé cinq minutes calmantes qu'elle put répliquer :

— Cela devait arriver.

— Cela devait certainement arriver si vous avez mis ce pauvre garçon à la porte. Jamais de ma vie, je n'ai entendu chose pareille ! Et où est-il, maintenant ?

— Je ne sais pas.

— Mais ce n'est même pas *votre* maison !

— Et ce sera bientôt la maison de la banque si je ne trouve pas le moyen de payer les intérêts.

Quand Mamy voulut réclamer, Mr. Pierce la fit taire rapidement et Mildred sourit amèrement en elle-même : la plus petite allusion aux intérêts amenait toujours un brusque changement de sujet. Mr. Pierce en revint à Mrs. Biederhof et Mildred jugea plus diplomatique de faire chorus. « Je ne la défends pas une minute. Et je ne blâme pas Bert. J'essaye seulement de vous convaincre que ce qui vient d'arriver était fatal. Si c'est arrivé aujourd'hui, et si c'est moi qui l'ai provoqué, c'est qu'il valait mieux en finir avant qu'il y ait encore plus de griefs entre nous. »

Mamy ne dit rien, mais le fauteuil continua à grincer. Mr. Pierce ajouta que la Crise avait sans nul doute frappé bon nombre de gens. Mildred attendit une minute ou deux pour que son départ ne semblât pas trop immédiat ; puis, elle expliqua qu'elle devait ramener les enfants à la maison. Mr. Pierce l'accompagna à la porte. Il ne lui offrit pas de la reconduire en voiture. Avec hésitation, il lui dit :

— Vous n'avez besoin de rien maintenant, Mildred ?

— Pas pour le moment, merci.

— Je suis désolé de tout cela.

— Ce qui doit arriver arrive toujours.

— Bonne nuit, Mildred.

En ramenant les enfants, Mildred éprouva une vive colère contre le couple qu'elle venait de quitter. Elle ne lui en voulait pas seulement de sa complète incapacité à comprendre la situation, mais de son volontaire refus à accepter la simple vérité, et à envisager la possibilité que leurs petites-filles pourraient n'avoir plus rien à manger. Quand elle tourna dans la rue Pierce, le froid de la nuit tombait. Elle frissonna et avala rapidement sa salive pour chasser l'amertume qui lui serrait la gorge.

Après avoir mis les enfants au lit, elle entra dans le living-room, tira une chaise près de la fenêtre et s'assit dans le noir, regardant au-dehors le décor familier, essayant de secouer cette mélancolie qui l'envahissait. Puis, elle alla dans sa chambre et alluma. C'était la première fois qu'elle allait y passer la nuit depuis que Bert avait commencé ses visites à Mrs. Biederhof. Depuis plusieurs mois, elle dormait dans la chambre d'enfants où elle avait installé l'un des lits jumeaux. Elle y retourna sur la pointe des pieds, prit son pyjama et revint enlever sa robe. Puis, elle s'assit devant sa coiffeuse et commença à se brosser les cheveux. Mais elle s'arrêta et se regarda attentivement, en réfléchissant.

Elle était un peu au-dessous de la moyenne, et sa petite taille, ses cheveux blonds mousseux, ses yeux bleus limpides la faisaient paraître beaucoup plus jeune que ses vingt-huit ans. Cependant son visage manquait de distinction, Elle était, comme on dit, plus « agréable à regarder » que vraiment jolie, et son opinion sur elle tenait dans la formule « une parmi les autres ». Mais ce n'était pas entièrement juste. Dans ses yeux, si elle était irritée, si l'on se moquait d'elle ou si elle était embarrassée, passait un éclair qui n'avait rien d'aimable mais qui suggérait tout autre chose qu'un crâne vide. C'était ce regard, il l'avoua dans la suite, qui avait d'abord attiré Bert et qui l'avait convaincu qu'elle « avait quelque chose ». Ils s'étaient rencontrés juste après la mort du père de Mildred, alors qu'elle était en troisième année à l'école secondaire. Le garage vendu, l'assurance touchée, sa mère avait caressé le projet d'acquérir une maison Pierce, utilisant son petit capital pour un premier paiement et prenant des pensionnaires pour régler le reste. Bert était donc venu et Mildred avait été attirée par lui, surtout à cause de ses manières raffinées.

Mais quand était arrivé le jour de la grande visite

des maisons Pierce, Mrs. Ridgley n'avait pu s'y rendre et Bert avait emmené Mildred. Ils étaient partis dans le cabriolet sport : le vent soufflait dans ses cheveux et Mildred se sentait vibrante, grandie. Pour créer l'atmosphère, ils s'étaient arrêtés à la maison Pierce modèle, en réalité c'était le bureau de la société des Maisons Pierce, mais elle était construite comme une demeure afin d'exciter l'imagination des acheteurs. Les secrétaires étaient déjà partis, et Mildred avait passé la maison tout entière en revue, depuis le grand « living-room » sur le devant jusqu'aux chambres confortables derrière. Peut-être s'était-elle attardée dans celles-ci plus longtemps qu'il n'eût été tout à fait nécessaire. Sur le chemin du retour, Bert était resté grave, comme il convient à quelqu'un qui vient de séduire une mineure, mais il avait galamment proposé une nouvelle visite pour le jour suivant. Un mois plus tard, ils étaient mariés. Mildred n'avait quitté l'école que deux jours avant la cérémonie et Véda était née légèrement en avance sur les délais prévus par la loi. Bert avait persuadé Mrs. Ridgley d'abandonner l'idée d'acheter une maison Pierce pour en faire une pension de famille. Craignant les déficits, elle s'en était allée vivre chez la sœur de Mildred dont le mari avait une affaire de fournitures de bateaux à San Diego. Sur les conseils de Bert, son petit capital avait été placé dans l'A.T.T.

Mais la silhouette de Mildred se distinguait toujours au milieu des autres, de n'importe quelles autres. Elle avait un cou puéril et doux qui portait haut sa tête selon une ligne harmonieuse ; ses épaules tombaient mais avec grâce, son soutien-gorge se gonflait d'un fardeau extrêmement séduisant. Ses hanches étaient minces comme celles de Véda et évoquaient une jeune fille plutôt qu'une femme, mère de deux enfants. Ses jambes étaient réellement très belles et elle en était particulièrement fière. Une seule chose la préoccupait à leur propos, mais cela la préoccupait constamment et l'avait toujours ennuyée, aussi loin qu'elle s'en souvînt. Dans la glace, elles paraissaient élancées, droites et parfaites, mais si elle les regardait directement, de haut en bas, quelque chose dans leur contour les faisait croire arquées. Aussi Mildred s'était-elle exercée à plier un genou quand elle se tenait debout et à faire de courtes enjambées quand elle marchait, pliant le genou arrière rapidement, de telle sorte que cette difformité (si tant est qu'elle existât) ne pouvait se remarquer. Cela lui donnait une démarche balancée, très féminine, comme celle des girls dans une revue de Broadway. Elle n'en savait rien, mais sa croupe alors se balançait d'une façon très provocante.

Après tout, elle le savait peut-être.

Ses cheveux brossés, elle se leva, mit ses mains sur ses hanches et s'examina dans le miroir. Un instant, le fameux éclair apparut dans ses yeux, quand consciente de ce que ce soir n'était pas un soir comme les autres, elle voulut faire l'inventaire de ce qu'elle avait à offrir à l'avenir qui se préparait. S'approchant tout près, elle découvrit ses dents qui étaient grandes et blanches. Elle chercha d'éventuelles caries : elle n'en trouva pas. Elle se recula, pencha la tête de côté, prit une pose. Presque aussitôt, elle l'améliora en pliant le genou. Elle soupira, enleva le reste de ses vêtements, se glissa dans son pyjama. Comme elle éteignait la lumière, par la force d'une longue habitude, elle regarda chez les Gessler pour voir s'ils étaient encore debout. Mais elle se rappela qu'ils étaient absents. Puis, elle se souvint de ce que lui avait dit Mrs. Gessler : « ... La grande institution américaine qui n'a jamais été mentionnée le "4 juillet", une charmante veuve avec deux petits enfants à élever» et elle rit amèrement en entrant dans le lit. Elle eut une drôle d'impression lorsque l'odeur de Bert l'enveloppa.

Bientôt la porte s'ouvrit et la petite Ray, tout en larmes, trottina dans la chambre. Mildred souleva les couvertures, fit glisser la petite fille dans le lit, la serra contre sa poitrine, la consola et lui chanta des chansons jusqu'à ce que ses pleurs tarissent. Alors, après avoir contemplé le plafond pendant un moment, elle s'endormit.

CHAPITRE II

Durant un jour ou deux après le départ de Bert, Mildred vécut dans une sorte de paradis singulier. Autrement dit, elle reçut la commande de deux gâteaux et de trois *pies* [1]. Cela l'occupa beaucoup et elle réfléchit à ce qu'elle dirait à Bert quand il viendrait voir les enfants. « Oh ! nous nous débrouillons très bien, ne t'inquiète pas. J'ai plus de travail que je n'en peux faire. Cela prouve d'ailleurs qu'il y a encore du travail pour qui veut vraiment travailler. » Elle prépara également une version, légèrement différente, à l'intention de Mr. Pierce et de Mamy : « Moi ? C'est magnifique, j'ai plus de commandes que je n'en peux exécuter... Merci quand même pour votre offre généreuse... » Les questions inquiètes de Mr. Pierce l'exaspéraient encore et il lui plaisait de pouvoir lancer une pointe mordante à ces deux-là avant de se redresser et de les regarder en face. Il faut dire qu'elle était un peu portée à ressasser les choses dans son esprit et à remporter des victoires imaginaires sur les gens qui, d'une manière ou d'une autre, l'avaient heurtée.

Mais bientôt elle commença à s'effrayer. Plusieurs

1. Sorte de tourte aux fruits (prononcer « paille »).

jours passèrent sans commande nouvelle. Puis, lui parvint une lettre de sa mère dans laquelle il était surtout question d'actions de l'A.T.T. achetées comptant et non remboursées. Toute la responsabilité était clairement rejetée sur Bert, qui, ajoutait-elle, pouvait et devait l'aider. Ce qui, dans la lettre, n'était pas consacré à l'A.T.T., roulait sur les affaires de fournitures de bateaux de Mr. Engel. À cette époque, les seuls clients sérieux semblaient être des « bootleggers ». Or, ils utilisaient tous des bateaux légers et Mr. Engel avait un stock de matériel lourd pour paquebots. Aussi Mildred était-elle chargée de se rendre à Wilmington pour obtenir que les marchands de ce port achètent ce stock en échange d'articles plus légers utilisés par les vedettes. Mildred éclata d'un rire nerveux en lisant cela, car l'idée d'essayer de se débarrasser d'un plein camion d'ancres lui parut d'un comique irrésistible. Par le même courrier, la Compagnie du Gaz lui adressait une brève communication avec l'en-tête « Troisième avis », et l'avertissait que le service serait interrompu si la note n'était pas payée dans les cinq jours.

Il lui restait encore quelques dollars sur les trois donnés par Mrs. Whitley et les neuf gagnés avec les autres commandes. Aussi se rendit-elle à la Compagnie du Gaz pour payer sa note, mettant soigneusement le reçu de côté. Elle compta alors son argent et s'arrêta au marché où elle acheta un poulet, des saucisses, des légumes et une bouteille de lait. Le poulet, cuit, enduit de crème, transformé en trois belles croquettes l'approvisionnerait pendant le week-end. Les saucisses étaient du luxe. Elle les désapprouvait en principe, mais les enfants les adoraient et Mildred essayait d'en avoir toujours quelques-unes à grignoter entre les repas. Le lait était sacré : quelque épineuse qu'ait été la situation, Mildred avait toujours réussi à avoir l'argent nécessaire aux leçons de piano de Véda et à l'achat de tout le lait que pouvaient boire ses filles.

C'était un samedi matin et, en rentrant, Mildred trouva Mr. Pierce à la maison. Il venait inviter les enfants pour le week-end. « Inutile de vous déranger, je les conduirai directement à l'école lundi matin, et de là elles rentreront à la maison. » Cela fit bien comprendre à Mildred qu'on lui cachait quelque chose, sans doute une balade au bord de la mer où les Pierce avaient des amis et où, soi-disant par hasard, Bert se trouverait. Elle s'en irrita, et s'irrita plus encore de ce que Mr. Pierce eût attendu pour venir qu'elle eût dépensé l'argent du poulet. Mais la perspective d'avoir les enfants nourries gratuitement pendant deux jours entiers était si tentante qu'elle réagit presque aimablement. Elle répondit que, bien entendu, elle permettait et prépara leur petit sac. Mais quand elle rentra dans la maison après leur avoir dit au revoir, elle se mit à pleurer. Elle s'assit dans le salon et y commença une veille qui déjà devenait une habitude. Tout le monde, dans le voisinage, semblait aller quelque part, défilant dans la rue, couvertures, rames et même canoës ficelés sur le toit des voitures, laissant ensuite un énorme silence. Après avoir assisté à six ou sept départs, Mildred alla s'étendre dans sa chambre, serrant et desserrant les poings.

Vers cinq heures, la sonnette retentit. Mildred eut une impression d'angoisse à l'idée que c'était Bert et qu'il allait lui annoncer une décision au sujet des enfants. Mais, derrière la porte, elle trouva Wally Burgan, l'un des trois hommes qui avaient autrefois entraîné Bert dans l'affaire des Maisons Pierce, Inc. Trapu, les cheveux roux, Wally avait une quarantaine d'années. Il travaillait maintenant pour les administrateurs de la société. Cela aussi avait été une cause de friction entre Mildred et Bert, car elle estimait que Bert aurait dû obtenir cet emploi et que, s'il s'était donné un peu de peine, il l'aurait eu. Mais Wally l'avait emporté, et c'était lui qui était là, nu-tête, la saluant de cette inclinaison de la cigarette qui semblait accompagner tous ses gestes.

— Salut, Mildred. Bert est là ?

— Pas en ce moment.

— Savez-vous où il peut être ?

— Non, je ne sais pas.

Wally réfléchit une seconde, puis se détourna pour partir.

— Alors, je le verrai lundi. Nous avons des difficultés à propos d'un titre et je pensais qu'il pourrait nous aider à mettre les choses au point. Demandez-lui de passer nous voir.

Mildred le laissa aller jusqu'à la rue avant de l'arrêter. Elle avait horreur de laver son linge sale devant plus de gens qu'il n'était strictement nécessaire, mais la mise au point d'une affaire de titres signifiait pour Bert une journée de travail ou quelques dollars légalement acquis. Elle devait veiller à ce qu'il ne ratât pas cette occasion.

— Attendez donc.

Wally parut un peu surpris, mais revint sur ses pas et entra dans le salon. Mildred ferma la porte :

— Si c'est important, Wally, il vaudrait mieux que vous cherchiez Bert vous-même... Il ne vit plus ici.

— Quoi ?

— Il est parti.

— Où ?

— Je ne sais pas au juste. Il ne me l'a pas dit. Mais la vieille Mrs. Pierce le sait sûrement et si elle est sortie... eh bien... Maggie Biederhof saura au moins où le joindre.

Wally regarda Mildred un moment :

— Et... quand est-ce arrivé ?

— Il y a quelques jours.

— Vous êtes séparés ?

— À peu près.

— Pour de bon ?

— C'est probable.

— Si vous ne le savez pas qui le saura.

— Oui, c'est pour de bon.

— Vous vivez toute seule ici ?

— Non, j'ai gardé les enfants. Elles sont chez leurs grands-parents pour le week-end, mais elles demeurent avec moi et non avec Bert.

— Eh bien, c'est une drôle de nouvelle.

Wally alluma une autre cigarette et recommença à examiner Mildred. Son regard tomba sur ses jambes. Elles étaient nues car elle ménageait ses bas et, inconsciemment, elle tira sa jupe. Wally regarda autour de lui pour prouver que son regard avait été accidentel, puis il lui dit :

— Alors, qu'est-ce que vous faites ?

— Oh, je m'arrange pour être occupée.

— Vous n'en avez pas l'air.

— C'est samedi, jour de congé.

— Je ne demanderais pas mieux que de le prendre avec vous. Votre compagnie ne m'a jamais été désagréable, vous le savez.

— Première nouvelle.

— Je suis régulier, moi...

Ils éclatèrent de rire. Mildred ressentit un léger

trouble en même temps qu'une certaine perplexité : cet homme qui, auparavant, ne lui avait jamais prêté la moindre attention, se mettait à lui faire des avances dès l'instant où il découvrait qu'elle était sans mari. Il bavardait, d'une voix artificielle, sur le bon temps qu'ils allaient s'offrir : elle répondit avec coquetterie, consciente du tour équivoque que prenait la conversation, mais un peu grisée par cette liberté inaccoutumée. Il soupira, expliqua qu'il était pris ce soir.

— Mais attendez...

— Quoi ?

— Qu'est-ce que vous faites demain soir ?

— Rien de spécial.

— Eh bien, alors ?...

Elle baissa les yeux, plissa modestement, sa jupe sur ses genoux, le regarda.

— Pourquoi pas.

Il se leva et elle aussi.

— Alors, c'est d'accord, on sort ensemble.

— Si je sais encore ce que c'est !

— Oh, vous vous débrouillerez. Quelle heure ? Six heures et demie ?

— Si vous voulez.

— Plutôt sept heures, alors.

— Je serai prête à sept heures.

Vers midi, le lendemain, tandis que Mildred grignotait ses saucisses, Mrs. Gessler vint pour l'inviter le soir. Elle lui versa une tasse de café et répondit qu'elle aurait bien aimé accepter mais qu'elle avait déjà un engagement, et qu'elle n'était pas sûre de pouvoir se rendre libre.

— Un rendez-vous ? Compliments ! Vous allez vite.

— Il faut bien faire quelque chose.
— Je le connais ?
— Wally Burgan.
— Wally — amenez-le.
— Je verrai quels sont ses projets.
— Je ne savais pas qu'il pensait à vous.
— Moi non plus... Je ne le crois pas d'ailleurs. Je crois qu'il ne m'avait jamais regardée. Mais, dès l'instant où il a su que Bert était parti... c'était drôle de voir l'effet que ça lui faisait. Il s'allumait à vue d'œil. Vous comprenez pourquoi, vous ?
— J'aurais dû vous en parler. Vous seriez étonnée si vous saviez ce qu'on pense de vous. Pour Wally, dès qu'il a su la nouvelle, vous êtes devenue une femme à prendre.
— Comment cela ?
— Une femme libre. Maintenant, pour tous, vous êtes à prendre.
— Vous plaisantez.
— Non, et les hommes non plus.
Mildred, pas plus à prendre qu'elle ne l'avait jamais été, réfléchit à cette énigme. Mrs. Gessler sirotait son café et semblait penser à autre chose. Enfin elle demanda :
— Wally est-il marié ?
— Pourquoi ? Pas que je sache. Mais non, bien sûr, il n'est pas marié. Il blaguait toujours la veine des gens mariés les jours d'impôts. Pourquoi ?
— Si j'étais vous, je ne l'amènerais pas chez moi.
— Comme vous voudrez.
— Oh ! ce n'est pas ça. Il ne me gêne pas. Voyez-vous : nous recevons ce soir des relations d'affaires de Ike, avec leurs amies. Ce sont des types très bien, qui essayent de se débrouiller, comme tout le monde, mais

ils sont un peu rudes et bruyants. Ils passent presque tout leur temps en mer à trafiquer sur leurs vedettes rapides. Les femmes sont du même acabit. Il ne faut pas qu'on vous confonde avec elles, surtout si vous avez un célibataire sous la main, et alors qu'on doute déjà de vos principes.

— Croyez-vous donc que je prenne Wally au sérieux ?

— Vous devriez. Si vous ne le faites pas... Et pourquoi pas d'ailleurs ? C'est un garçon convenable qui a de la tenue. Évidemment, il a un peu l'air d'un gros rat mais il est célibataire, il travaille : c'est bien suffisant.

— Je ne crois pas qu'il s'offusquerait de votre réception.

— Je n'ai pas tout dit. Il ne s'agit pas de savoir si, lui, serait choqué chez moi, mais si vous utiliseriez votre temps au mieux. Quels sont ses projets jusqu'à présent ?

— Eh bien, il vient ici...

— À quelle heure ?

— À sept heures.

— Ça, c'est une erreur, mon petit. Je ne laisserais pas ce poulet m'offrir à dîner. Je l'installerais très gentiment et lui servirais une de ces exclusivités à la Mildred Pierce...

— Quoi ? Faire la cuisine quand il veut...

— C'est un placement, mon petit, un placement en temps, en efforts et en nature. Maintenant, taisez-vous et laissez-moi parler. Quels que soient les frais que cela implique, je m'en charge, parce que je me sens inspirée et que, dans ces cas-là, je ne tiens pas compte de babioles que sont les dépenses. Nous allons avoir une mauvaise nuit.

Elle faisait allusion au temps qui était devenu froid, gris et couvert, comme cela arrive souvent au début du printemps californien.

— Une nuit à ne pas mettre un chien dehors. De plus, votre dîner devra être déjà à moitié prêt et vous n'aurez pas l'intention de tout gâcher uniquement parce qu'il s'est mis dans la tête de *vous* sortir.

— Justement, c'était là son idée.

— Pas si vite, mon petit. Arrêtons-nous là et examinons ce projet. Pourquoi veut-il vous sortir ? Pourquoi veulent-ils toujours nous sortir ? Pour nous rendre hommage, qu'ils disent. Pour nous distraire et nous prouver la considération qu'ils ont pour nous. Ce sont tous des farceurs. Et non seulement cela, mais ce sont des salauds et d'affreux maladroits. Par-dessus le marché, ce sont de rudes menteurs. Pratiquement, on ne peut rien trouver à dire en leur faveur. Sauf que nous n'avons qu'eux à attraper. Ils nous sortent pour une seule et unique raison : boire un verre. Bien sûr, nous pouvons boire un verre nous aussi et succomber sous leur charme en rentrant, mais pour beaucoup, ce n'est qu'une occasion de boire, rien de plus. Et c'est là, mon petit, que j'interviens.

Elle se glissa sous l'écran de la porte, traversa la cour au trot et revint portant un panier rempli de bouteilles. Elle le déposa sur la table de cuisine et reprit son discours :

— Ces bouteilles, gin et scotch, viennent de débarquer et Wally n'a rien bu de pareil depuis des années. Le gin a besoin d'un peu de jus d'orange seulement pour devenir un cocktail formidable. Ne manquez pas d'y mettre beaucoup de glace. Quant au vin, il arrive tout droit de Californie, mais Wally n'en saura rien et ça lui fera de l'effet, croyez-moi. Voilà le trac, mon petit. Utilisez convenablement le vin, et les liqueurs chères dureront longtemps. Servez-lui du vin tant qu'il en voudra et plus encore. Ce n'est que 30 cents le quart de litre, plus un demi-cent pour la jolie étiquette française. Plus il en boira, moins il aura envie de scotch. Voici trois bouteilles de rouge et trois bouteilles de blanc, parce que je vous aime bien et que je veux que vous vous tiriez d'affaire. Avec du poisson, du poulet ou de la dinde, servez du blanc, du rouge avec les viandes rouges. Que lui donnerez-vous ce soir ?

— Qui vous dit que j'ai quelque chose ?

— Voyons, écoutez-moi : on ne va pas recommencer ? Allons, mon petit, réfléchissez : vous sortez avec lui, il vous paye à dîner et vous êtes un peu paf, vous rentrez à la maison et il se passe des choses. Et après ?

— Ne vous inquiétez pas, il ne se passera rien.

— Il se passera quelque chose. Si ce n'est pas ce soir, ce sera un autre soir. S'il ne se passe rien, cela ne l'intéressera plus, il cessera de vous tourner autour et vous serez bien embêtée. Mais quand *cela* arrivera, ce sera un péché. Ce sera un péché parce que vous êtes une femme libre et pas froide. Et lui, il sera quitte puisqu'il vous aura payé à dîner et que cela simplifie tout.

— C'est vraiment une jolie nature, ce Wally.

— Il est comme les autres, ni meilleur, ni pire. Mais si vous l'invitez à dîner, si vous cuisinez à *son* intention comme vous seule savez le faire, s'il se trouve que vous êtes appétissante avec un petit tablier, et si, alors, il arrive quelque chose c'est la Nature qui vous pousse. Cette chère vieille Nature, mon petit, nous savons tous qu'elle n'est pas folle. Car la femme libre ensuite retourne à la cuisine où est la place de n'importe quelle femme. Cela rend tout parfaitement correct. Quant à Wally, il n'est pas quitte le moins du monde : il a même oublié de demander le prix des chips. Il le découvrira. D'autre part, mon moyen est rapide, et autant que je sache, vous êtes à fond de cale et vous n'avez pas de temps à perdre. Si vous jouez bien le jeu, d'ici un mois, il vous suppliera de le laisser payer votre divorce. Avec l'autre système, en faisant le tour de toutes les boîtes qu'il connaît, cela demandera cinq ans, et encore ce ne sera jamais sûr.

— Pensez-vous que je veuille qu'on me garde ?

— Oui.

Ensuite, pendant un moment, Mildred ne songea pas à Wally, ou tout au moins elle ne s'en aperçut pas. Après le départ de Mrs. Gessler, elle alla dans sa chambre et écrivit quelques lettres, notamment à sa mère pour lui raconter dans quelle nouvelle phase venait d'entrer sa vie, lui donnant suffisamment de détails pour expliquer qu'elle ne pouvait pas, pour le moment, vendre des ancres. Puis, elle raccommoda des vêtements aux enfants. Mais vers 4 heures, quand il commença à pleuvoir, elle mit de côté sa travailleuse, alla dans la cuisine et passa en revue ses provisions, depuis les oranges destinées au petit déjeuner de ses filles jusqu'aux légumes achetés la veille au marché. Elle se pencha sur le poulet pour s'assurer qu'il était toujours frais. Elle sortit avec soin pour ne pas remuer le lait du frigidaire, puis, à l'aide d'une petite cuillère, enleva la crème qu'elle mit dans un pot en verre. Elle ouvrit une boîte d'airelles et confectionna un « pie ». Tandis qu'il cuisait, elle farcit le poulet.

À 6 heures, elle prépara le feu, avec un vague sentiment de culpabilité, parce que le bois, c'étaient les branches mortes coupées par Bert le jour de son départ. Elle ne prépara pas le feu dans le living-room, mais dans le studio qui était en face et où se trouvait aussi une cheminée. En réalité, ce studio était l'une des trois chambres et avait sa salle de bains : mais Bert l'avait meublée d'un divan et de fauteuils confortables, il y avait accroché des photos prises aux banquets où il avait parlé et c'était là qu'auparavant ils recevaient. Le feu prêt à flamber, Mildred alla s'habiller dans sa chambre. Elle mit une robe imprimée, la meilleure qu'elle eût. Elle examina un grand nombre de bas avant d'en trouver deux qui n'eussent pas d'échelles. Ses chaussures, soigneusement entretenues, étaient en bon état et elle choisit de simples escarpins noirs. Puis, après s'être regardée dans la glace, avoir admiré ses jambes et s'être souvenue qu'elle devait les croiser, elle jeta un manteau sur ses épaules et retourna dans le studio. À sept heures moins dix, elle enleva son manteau, tourna le bouton de chauffage, ferma les contrevents et alluma plusieurs lampes.

Vers sept heures dix Wally sonna, s'excusant d'être en retard, pressé de partir. Pendant un long instant Mildred fut tentée par l'occasion d'épargner ses provisions, par la possibilité de manger sans faire la cuisine et surtout par cette chance d'aller s'asseoir sous de douces lumières, peut-être même d'entendre de la musique et de danser. Mais d'une manière presque mécanique sa bouche devança sa pensée et sembla se charger de tout.

— Seigneur ! je n'avais pas imaginé que vous voudriez sortir par un temps pareil.

— N'était-ce pas convenu ?

— Mais il fait si mauvais dehors. Pourquoi ne préparerais-je pas quelque chose ici. Nous pourrions sortir une autre fois.

— Non, non, c'est moi qui *vous* invite.

— D'accord, mais au moins attendons qu'il pleuve moins. J'ai horreur de sortir quand ça tombe comme cela.

Et elle le conduisit dans le studio, alluma le feu, prit son pardessus et disparut. Quand elle revint, elle secouait un jus d'oranges dans un pichet et portait un plateau sur lequel il y avait deux verres.

— Mais dites-moi...

— J'ai pensé que cela aiderait à passer le temps.

— Je vous crois.

Il leva son verre, attendit qu'elle prît le sien, dit : « À la vôtre !... » et goûta. Mildred resta saisie : c'était vraiment très bon. Quant à Wally, il fut sidéré.

— Eh bien, vous vous y entendez... Du vrai gin... Je n'en ai pas bu depuis... Dieu seul sait quand... Ce qu'on sert dans les boîtes est infect et on risque sa vie à tous les coups. Dites-moi où approvisionnez-vous votre bar ?

— Oh ! j'ai trouvé cela comme ça.

— Par Bert ?

— Je n'ai pas dit où.

— Les drogues de Bert étaient épouvantables. C'était un de ces chimistes « en chambre » et plus il en ajoutait pour camoufler le goût, pire c'était. Mais dites-moi, Bert est cinglé de vous avoir quittée.

Il la regardait avec admiration et elle remplit à nouveau son verre.

— Merci, Mildred. Impossible de refuser quand on y a goûté. Mais, et vous ?

Mildred, qui n'avait jamais beaucoup aimé boire, avait décidé que ce soir il serait parfait de manifester une certaine retenue féminine. Elle se mit à rire et secoua la tête :

— Oh, moi, je ne prends jamais plus d'un verre.

— Vous n'aimez pas cela ?

— C'est que je n'ai pas l'habitude.

— Toute une éducation à faire.

— Je m'en aperçois. Mais nous pouvons encore attendre un peu avant d'y remédier. Ce soir, tout ce qui reste est pour vous.

Amusé, il rit, alla jusqu'à la fenêtre et regarda tomber la pluie.

— Tenez, je pense à une chose... Vous aviez peut-être raison de ne pas vouloir sortir. Il fait un temps ! Était-ce sérieux cette offre de casser la croûte tous les deux ici ?

— Bien sûr.

— Cela va vous donner du tracas.

— Mais voyons cela ne me dérange pas du tout. Et je parie que vous dînerez infiniment mieux qu'au restaurant. C'est autre chose. Vous avez dû le remarquer depuis le temps que vous venez ici. Je ne sais pas ce que je vaux comme barmaid, mais je suis un vrai cordon bleu.

— Ne blaguez pas. C'était la femme de ménage.

— C'était moi. Voulez-vous en juger ?

— Bien entendu.

Elle était vraiment une excellente cuisinière et il la regarda avec délices tandis qu'elle préparait le poulet, épluchait quatre pommes de terre et écossait des petits pois. Ils revinrent dans le studio jusqu'à ce qu'il fût temps de mettre les légumes à cuire et il accepta un autre cocktail. Mildred avait mis un petit tablier bleu et il insinua malicieusement qu'il aimerait bien en dénouer les cordons.

— Je ne vous le conseille pas.
— Pourquoi ?
— Parce que je pourrais bien vous mettre le tablier et vous obliger à travailler.
— D'accord.
— Si l'on mangeait ici, près du feu.
— Avec joie.

Elle sortit une table de bridge d'un placard et la dressa devant la cheminée. Puis elle prit l'argenterie, la vaisselle et le linge de table et mit le couvert pour deux. Il la suivait comme un toutou, son verre à la main :

— Ma parole, ça va être un véritable festin.
— Je vous avais prévenu. Mais vous n'écoutiez pas.
— Désormais, je suis tout oreilles.

Le dîner fut un succès plus grand qu'elle ne l'avait espéré. Comme soupe, elle servit du bouillon de poulet qui lui restait de la semaine et cela parut à Wally extrêmement distingué. Quand elle eut emporté les tasses, elle revint avec le vin qui — coïncidence curieuse — était dans le frigidaire depuis le départ de Mrs. Gessler, et elle le versa, laissant la bouteille sur la table. Elle apporta le poulet, les pommes de terre et les petits pois admirablement présentés sur un plat. Wally était enthousiasmé, mais quand elle servit le « pie », il devint absolument lyrique. Il parla de sa mère et des « pies » qu'elle faisait, là-bas à Carlisle. Il parla de l'Indian School et de Mt. Pleasant.

Mais pour délicieuse qu'il l'eût trouvée, la nourriture semblait n'être qu'accessoire. Il insista pour que Mildred vînt, avec son tablier, s'asseoir auprès de lui, sur le sofa. Quand elle apporta le café, elle s'aperçut qu'il avait éteint les lampes et ils prirent le café à la lueur du feu. Quand ils eurent fini, il entoura sa taille de son bras. Sur le moment, estimant qu'elle devait se montrer sociable, elle mit sa tête sur l'épaule de Wally. Mais quand il caressa ses cheveux, elle se leva.

— Il faut que je débarrasse la table.

— Je vais le faire pour vous.

— D'accord, et quand vous aurez fini, la salle de bains est par là. Quant à la cuisinière, aussitôt que les assiettes auront disparu, elle mettra une robe un peu plus chaude.

Car avec la pluie et l'atmosphère humide de la soirée, la petite robe imprimée devenait de plus en plus inconfortable en dépit de son charmant aspect. Mildred alla dans sa chambre, retira sa robe et la pendit dans l'armoire. Mais tandis qu'elle cherchait sa robe de lainage bleu marine, elle entendit du bruit et se retourna. Wally était à la porte, un drôle de sourire sur les lèvres.

— J'ai pensé que vous aviez peut-être besoin d'aide.

— Je n'ai besoin d'aucune aide et je ne vous ai pas invité à venir ici.

Elle parlait sèchement, car la colère qu'elle ressentait de le voir violer son intimité était sincère. Mais, comme elle répondait son coude heurta la porte de l'armoire qui s'ouvrit toute grande, la découvrant. Il en eut le souffle coupé et murmura : « Seigneur ! » Il était si ahuri qu'il resta là, la regardant et essayant de ne pas la regarder.

Très ennuyée, Mildred décrocha sa robe du portemanteau et la passa par-dessus sa tête. Mais, avant même qu'elle ait pu attacher les pressions, elle sentit les bras de Wally autour d'elle et l'entendit murmurer humblement à son oreille : « Excusez-moi, Mildred, je suis véritablement désolé. Mais ce n'est pas cela que je voulais. Je le jure, je n'étais venu que pour défaire les cordons de votre tablier. C'était une simple plaisanterie et rien d'autre. Que diable, vous savez bien que je ne vous jouerais pas des tours aussi moches que ça, n'est-ce pas ?» Et comme pour prouver son mépris pour ces tours grossiers, il s'écarta d'elle et éteignit la lumière.

En vérité, était-elle fâchée ou non ? Bien qu'elle eût fidèlement suivi les conseils de sa voisine et bien qu'il eût justifié toutes les prévisions, elle ne savait pas encore ce qu'elle voulait faire de Wally. Mais comme elle détournait la tête pour empêcher leurs bouches de se joindre, il lui vint à l'esprit que si elle n'avait pas à ouvrir le scotch elle pourrait en tirer six dollars n'importe où.

Un peu avant minuit, Wally alluma une cigarette. Ayant trop chaud, Mildred repoussa les couvertures et laissa l'air froid caresser sa charmante nudité. Elle souleva une jambe, la contempla sévèrement, décida une fois pour toutes qu'elle n'était pas arquée et qu'elle ne devait plus se faire de souci à ce propos. Puis elle agita ses doigts de pieds. C'était une occupation vraiment frivole, mais Wally n'avait rien de frivole lorsqu'il attira un cendrier près de lui et tira les couvertures sur sa plus ou moins charmante nudité à lui. Allongé auprès d'elle, fumant, il était silencieux, ostensiblement mélancolique, à un point tel que Mildred dit :

— Deux sous pour vos pensées.

— Je pense à Bert.

Sans en entendre davantage, elle devina ce que cela signifiait : Wally était satisfait et maintenant il cherchait à se tirer de là. Elle attendit une minute, comme elle le faisait souvent quand elle était en colère, mais en dépit de ses efforts pour la rendre normale, sa voix vibrait :

— Et après ? Pourquoi Bert ?

— Oh... tu le sais bien.

— Si Bert m'a quittée et a disparu de ma vie, pourquoi te croire obligé de penser à lui, alors que personne d'autre n'y pense ?

— Nous sommes de bons amis, de très bons amis.

— Pas assez, bon Dieu, pour ne pas lui bloquer une situation à laquelle il avait droit et user de tous les trucs possibles pour te la faire donner.

— Mildred, jurer ne te va pas.

— Tromper un copain ne va à personne.

— Dis donc...

— Je me moque que cela te plaise ou non.

— Ils cherchaient un juriste...

— Surtout lorsque tu les en as persuadés. Au moins dix personnes sont venues voir Bert, l'ont prévenu de ce que tu faisais et lui ont dit de poser sa candidature. Mais il ne l'a pas fait parce qu'il estimait que cela n'était pas correct. Ensuite, il a découvert ce qui était correct. Et quel bon ami tu étais pour lui.

— Mildred, je te donne ma parole...

— Qu'est-ce qu'elle vaut ?

Elle sauta du lit et commença à tourner en rond dans la chambre obscure, se souvenant amèrement de l'histoire des Maisons Pierce Inc., des incidents de la faillite et de la procédure des liquidateurs. Wally voulut émettre une protestation solennelle.

— Pourquoi ne dis-tu pas la vérité ? Tu as eu tout ce que tu voulais, n'est-ce pas ? À boire, à dîner et d'autres choses que j'aime mieux ne pas mentionner. Et maintenant, tu cherches à te défiler, alors tu commences à parler de Bert. C'est curieux que tu n'aies pas pensé à lui quand tu es venu dans la chambre pour dénouer les cordons de mon tablier. Tu t'en souviens, peut-être ?

— Je ne t'ai pas entendue dire non.

— Non. C'est que je suis une idiote.

Elle reprit sa respiration pour lancer qu'il était bien comme les autres et pour citer la phrase de Mrs. Gessler « tous des salauds », mais les mots ne vinrent pas. Il y avait en elle un certain fond d'honnêteté qui n'admettait pas complètement les théories de Mrs. Gessler sur la vie, bien qu'elles l'eussent amusée sur le moment. Elle ne pouvait pas croire que les hommes fussent réellement des salauds et qu'elle eût tendu un piège à Wally. S'il essayait de s'en sortir au mieux, il n'y avait aucune raison pour le blâmer de choses, insupportables pour elle, mais avec lesquelles il n'avait rien à voir. Elle s'assit auprès de lui :

— Pardon, Wally.

— Seigneur ! Mais il n'y a pas de quoi.

— J'ai été un peu secouée ces derniers temps.

— Qui ne l'aurait été ?

Le lendemain matin, Mildred lavait maussadement la vaisselle du dîner quand Mrs. Gessler surgit pour lui donner un compte rendu de sa réception. Elle ne fit aucune allusion à Wally jusqu'au moment de partir. Puis, comme si soudain la pensée lui en venait à l'esprit, elle demanda comment il allait. Mildred répondit qu'il allait bien et écouta les détails supplémentaires que donnait Mrs. Gessler sur sa soirée. Puis, brusquement elle déclara :

— Lucy !

— Quoi ?

— Je suis foutue.

— Quoi... vous ne voulez tout de même pas dire qu'il a laissé de l'argent sur le coin du bureau ?

— Presque.

Mrs. Gessler s'assit sur le bord de la table regardant Mildred. Il n'y avait plus rien à dire. La veille, tout avait semblé si simple, si amusant ; ni l'une ni l'autre ne s'attendait à ce que leurs prophéties ne se réalisassent qu'à moitié, ni à ce que les « salauds » qui, de plus, étaient de « sacrés menteurs », ne fussent pas tout à fait aussi stupides qu'ils auraient dû l'être. Une vague de rage impuissante submergea Mildred. Elle saisit la bouteille de vin vide, la jeta dans l'office et tandis qu'elle s'écrasait en mille morceaux, éclata d'un rire nerveux.

CHAPITRE III

Dès lors, Mildred sut qu'il lui fallait trouver du travail. Elle eut bien une nouvelle série de commandes qu'elle exécuta, mais sans cesse, elle réfléchissait avec angoisse à ce qu'elle pourrait bien faire, au travail qu'elle pourrait trouver et qui lui fournirait les ressources suffisantes pour ne pas être expulsée le 1er juillet quand viendrait l'échéance des intérêts de l'hypothèque dont Bert avait grevé la maison. Elle compulsa les listes d'offres d'emploi, mais il y en avait très peu. Chaque jour, on demandait des cuisinières, des femmes de chambre ou des chauffeurs, mais elle ne s'y arrêtait pas. Elle négligeait entièrement les grands avis dont l'en-tête clamait « Occasion » ; « On demande des vendeurs » ; ou « Hommes, Femmes, Attention ». Ils ressemblaient trop aux méthodes employées par Bert pour se débarrasser des Maisons Pierce. Mais, de temps à autre, quelques lignes semblaient prometteuses. « Jeune femme plaisante d'aspect et de manières, pour un travail spécial. » Elle répondit, et fut très inquiète quand, un jour ou deux plus tard elle reçut un mot, signé par un homme, qui lui demandait de se présenter à une adresse du quartier de Los Feliz, à Hollywood.

Elle mit sa robe imprimée, se maquilla avec soin et s'y rendit.

L'homme la reçut en sweat-shirt et pantalon de flanelle et il se déclara écrivain. Il fut extrêmement vague sur son œuvre quoiqu'il expliquât les recherches très étendues qui l'appelaient aux quatre coins du monde où, bien entendu, il comptait qu'elle l'accompagnerait. Il ne fut pas moins vague au sujet des fonctions de Mildred : il semblait qu'elle devrait l'aider à « rassembler les matériaux », à « classer des documents » et à « vérifier des citations ».

Elle devrait également prendre soin de la maison, y remettre un peu d'ordre et régler les factures, car il craignait d'avoir été roulé. Quand il vint s'asseoir auprès d'elle et lui annonça qu'il sentait qu'elle était exactement la personne qu'il cherchait, elle se méfia. Elle n'avait pas dit un mot qui décelât la moindre qualification pour aucun travail, si travail il y avait, et elle en conclut que ce qu'il cherchait n'était pas une secrétaire, mais une maîtresse. Elle s'en alla, furieuse d'avoir gâché son après-midi et d'avoir dépensé le prix de l'autobus. C'était sa première expérience de ce genre d'annonceurs, mais elle s'aperçut vite qu'ils étaient nombreux. En général, c'était un détraqué, s'intitulant écrivain, homme d'affaires ou impresario, qui avait constaté que, pour un dollar et demi, un encart de journal lui procurerait un défilé de jeunes femmes, ayant toutes désespérément besoin de travail et prêtes à faire presque n'importe quoi pour en obtenir.

Elle répondit à d'autres annonces, reçut des invitations répétées à se présenter et s'y rendit jusqu'à ce que ses chaussures fussent fatiguées et qu'elle eût à les donner tout le temps au cordonnier pour redresser les talons et les lustrer. Elle commença à en vouloir amèrement à Bert d'avoir emmené la voiture alors qu'elle en avait un si grand besoin. Répondre aux annonces ne servit à rien. Elle arrivait trop tard, ou bien elle n'était pas qualifiée, ou elle était handicapée du fait de ses enfants, ou elle ne convenait pas pour une raison ou pour une autre. Elle fit le tour des grands magasins et s'habitua tristement à la foule silencieuse qui stationne dans l'antichambre des bureaux du personnel, ainsi qu'à la poursuite désespérée, tendue, de la première place quand les portes s'ouvrent, à 10 heures. Elle ne parvint à s'inscrire que dans un seul bureau. Ce fut chez Corasi Bros, une affaire importante de Los Angeles, spécialisée dans les instruments ménagers. Elle fut la première à passer la porte et s'assit rapidement à l'une des petites tables recouvertes d'une vitre et destinées aux interrogatoires. Mais le chef de service que tout le monde appelait Mrs. Boole, la négligea et elle se sentit furieuse de cette injustice. Mrs. Boole était plutôt agréable à regarder et elle semblait connaître la plupart des candidats. Mildred était si outrée que les autres passent avant elle que, tout à coup, sans avoir été questionnée, elle ramassa ses gants et se leva pour s'en aller. Alors Mrs. Boole lui fit un signe, sourit et vint à elle. « Ne vous en allez pas. Je suis navrée de vous faire attendre, mais tous ces gens sont de vieilles connaissances et je dois les prévenir tout de suite qu'il n'y a rien afin qu'ils puissent aller ailleurs et peut-être avoir une chance. C'est pour cela que je m'adresse toujours en dernier aux nouveaux venus quand j'ai un peu de temps. »

Mildred se ressaisit, vaguement honteuse de son brusque élan vers la porte. Quand Mrs. Boole vint enfin vers elle, elle commença à parler et, au lieu de répondre aux questions du bout des lèvres en se tenant sur la défensive, comme elle l'avait fait auparavant, elle se confia un peu. Elle fit une brève allusion à la faillite de son mariage, insista sur ses connaissances de tout ce qui concernait la cuisine, et déclara être sûrement utile comme vendeuse, comme démonstratrice — ou les deux. Mrs. Boole l'interrogea à fond sur ce point, puis elle l'amena à rendre compte de tout ce qu'elle avait fait pour trouver du travail. Mildred ne lui cacha rien, et, après que Mrs. Boole eut ri gaiement à l'histoire de Harry Engel et de ses ancres, elle sentit les larmes lui monter aux yeux, car elle pensa que, si elle n'avait pas de travail, du moins elle avait une amie. Ce fut alors que Mrs. Boole lui donna une carte à remplir. « Il n'y a rien pour le moment, mais je me rappellerai ce que vous m'avez dit de votre science en matière de cuisine et si une occasion se présente, au moins saurai-je où vous trouver. »

Mildred la quitta dans une si heureuse disposition d'esprit qu'elle en oublia d'être déçue et elle traversa la moitié du hall avant d'entendre qu'on l'appelait. Mrs. Boole, debout dans l'entrée, sa carte encore à la main, venait nerveusement vers elle. Elle prit la main de Mildred et la garda une minute ou deux tandis qu'elle regardait dans la rue, bon nombre d'étages plus bas.

— Mrs. Pierce, j'ai encore quelque chose à vous dire.

— À moi ?

— Il n'y aura aucun emploi pour vous.

— Oh ! je sais que les affaires vont au ralenti, mais...

— Écoutez-moi, Mrs. Pierce. Je ne dirais pas cela aux autres, mais vous me semblez différente de la plupart des solliciteurs qui viennent ici. Je ne veux pas que vous rentriez chez vous en gardant le moindre espoir. Il n'y en a aucun. Dans ce magasin, nous avons embauché deux personnes en tout et pour tout dans le courant des trois derniers mois : l'un pour remplacer un employé qui s'était tué en automobile, l'autre pour remplacer une femme obligée de se reposer à cause de sa santé. Nous recevons tous ceux qui se présentent, en partie parce que nous estimons devoir le faire ; en partie parce que nous ne voulons pas fermer complètement la maison. Il n'y a vraiment aucun emploi, pas plus dans ce service que dans les autres. Je sais que je vous fais du mal, mais je ne veux pas que vous vous... leurriez.

Mildred lui tapota le bras et rit :

— Mon Dieu, ce n'est pas votre faute. Et je sais exactement ce que vous voulez dire. Vous ne voulez pas que j'use mes chaussures pour rien.

— C'est cela. C'est pour les chaussures.

— Mais si, quand même...

— Oh ! si j'ai la moindre chose, ne vous inquiétez pas. Je serai bien trop heureuse de vous le faire savoir... par télégramme au besoin. Et si vous repassez par ici, voulez-vous venir me prendre. Nous irons déjeuner ensemble.

— J'en serais ravie.

Mrs. Boole l'embrassa et Mildred s'en alla, ayant mal aux pieds, affamée, et étrangement heureuse. Quand elle arriva chez elle, il y avait une note accrochée à sa porte, l'invitant à aller chercher un télégramme.

— Mrs. Pierce, c'est vraiment comme dans un film. Vous étiez à peine dans l'ascenseur... du reste je vous avais signalée en bas, dans l'espoir que vous n'aviez pas encore quitté la maison.

Cette fois, elles étaient assises dans le bureau de Mrs. Boole. Mrs. Boole derrière son grand bureau, Mildred sur une chaise. Mrs. Boole poursuivit :

— À vrai dire, je vous regardais pénétrer dans l'ascenseur et j'admirais votre silhouette quand cette demande est arrivée du restaurant.

— Il s'agit du restaurant de la maison ?

— Oui, le salon de thé qui est installé sur le toit. Bien entendu, le magasin n'a rien à voir là. C'est une gérance, mais le directeur préfère engager son personnel d'après nos listes. Il estime que cela assure une liaison plus étroite et comme, naturellement, nous faisons toujours une enquête avant d'inscrire un nom, cela le met en rapport avec des femmes d'un meilleur niveau.

— En quoi consiste le travail ?

L'esprit de Mildred sautait capricieusement de la profession de caissière à celle d'hôtesse ou de diététicienne (elle ne savait pas très bien ce que c'était, mais elle sentait qu'elle saurait remplir ce rôle). Mrs. Boole répondit tout de suite : « Oh ! rien d'extraordinaire. Une de ses serveuses se marie et on veut quelqu'un pour la remplacer. C'est une petite place, mais on gagne très bien pour une journée de quatre heures. Vous ne seriez prise qu'au déjeuner, naturellement, ce qui vous laisse pas mal de temps pour vous occuper de vos enfants et de votre maison et puis... c'est du travail. »

À l'idée de porter un uniforme, de promener un plateau, et de vivre de pourboires, Mildred se sentit vraiment malade. Ses lèvres se mirent à trembler, et elle passa sa langue entre ses dents et ses lèvres pour les maîtriser. « Je vous remercie infiniment, Mrs. Boole.

Naturellement, je me rends compte que c'est là un bon début... Mais, certainement je ne ferai pas l'affaire.»

Mrs. Boole rougit tout à coup et commença à parler comme si elle ne savait pas très bien ce qu'elle disait :

— Oh, je suis navrée, Mrs. Pierce, si je vous ai dérangée pour une chose que vous ne pensez pas devoir accepter. Mais, cependant, j'avais cru comprendre que vous cherchiez du travail ?

— J'en cherche, Mrs. Boole, mais...

— Cela n'a aucune importance, ma chère.

Maintenant, Mrs. Boole était debout et Mildred, les joues en feu, se dirigeait vers la porte. De nouveau, elle fut dans l'ascenseur et quand elle se trouva dans la rue, elle se prit à se haïr, et elle sentit que Mrs. Boole devait aussi la haïr, la mépriser, et la considérer comme une imbécile.

Peu de temps après cette expérience, elle s'inscrivit à un bureau de placement. Pour savoir auquel s'adresser, elle consulta l'annuaire du téléphone et se décida pour celui que tenait Alice Brooks Turner, à cause de la sécheresse succincte de son annonce :

COMPTABLES

CAISSIERS

VENDEURS

VENDEUSES

GÉRANTS

ALICE BROOKS TURNER

Personnel expérimenté uniquement.

Miss Turner, installée dans un immeuble de bureaux de la ville basse, se trouva être une pimpante petite personne, pas beaucoup plus âgée que Mildred, mais du genre dur. Une cigarette dans un long tube d'ivoire, avec lequel elle fit signe à Mildred de s'installer devant un petit bureau et elle lui ordonna, sans lever les yeux, de remplir une fiche. Mildred, prenant soin d'écrire lisiblement, donna ce qui lui sembla être une abondance ridicule de renseignements sur elle-même, depuis son âge, taille, poids et nationalité jusqu'à sa religion, éducation et situation conjugale exactes. La plupart de ces questions lui parurent sans intérêt et quelques-unes indiscrètes. Cependant elle y répondit. Quand elle arriva à : « Quel travail désirez-vous ? » elle hésita. Quel travail désirait-elle ? N'importe lequel pourvu qu'il rapportât mais, en toute franchise, c'était impossible à écrire. Elle écrivit donc « réceptionniste ». Comme pour la « diététicienne », elle ne savait pas très bien ce que cela signifiait, mais elle l'avait entendu prononcer ces dernières semaines et, somme toute, il sonnait bien.

Puis, elle arriva aux larges espaces laissés en blanc pour contenir les noms et adresses des précédents employeurs. À regret, elle écrivit : « Jamais été employée. » Elle signa, s'avança et tendit sa carte. Miss Turner lui montra une chaise, lut, hocha la tête et laissa tomber le papier sur le bureau.

— Vous n'avez aucune chance.

— Pourquoi ?

— Savez-vous ce que c'est qu'une réceptionniste ?

— Pas très bien, mais...

— Une réceptionniste, c'est une personne paresseuse, qui ne sait rien faire de ses dix doigts, mais qui désire être assise bien en vue, là où tout le monde peut la contempler. Elle porte une robe de satin noir, décolletée très bas et découvrant très haut ses jambes, et elle parade juste à l'entrée, devant un petit standard, où, de temps à autre, rarement, elle obtient un numéro exact. Vous savez bien c'est cette jeune personne qui vous dit de prendre un siège, que Mr. X. va vous recevoir dans un instant... Puis, elle recommence à montrer ses jambes et à se faire les ongles. Si elle couche avec X., elle touche vingt billets ; sinon, elle en touche douze. En d'autres termes... aucune allusion personnelle dans tout cela et je ne veux aucunement heurter vos sentiments... mais, en lisant, j'ai compris que c'était parfait pour vous.

— C'est exact. Je couche très bien.

Si cette bravade eut un effet quelconque sur Miss Turner, il n'en parut rien. Elle hocha la tête et dit :

— Je suis sûre que vous couchez bien. Mais nous couchons toutes ! Seulement je ne suis pas à la tête d'une Maison, et il se trouve qu'en ce moment, les réceptionnistes sont inutiles. C'était bon autrefois. Dans le bon vieux temps, tout fripier voulait une réceptionniste en bonne place pour montrer qu'il avait de la classe. Mais aujourd'hui, ils ont découvert que ce n'était pas absolument nécessaire. Ils ont commencé à coucher avec leurs femmes et je parie que cela fait aussi bien leur affaire. En tout cas, les naissances augmentent. Aussi vous n'avez aucune chance.

— Recevoir n'est pas la seule chose que je puisse faire.

— Mais si.

— Vous ne me laissez pas parler.

— S'il y avait autre chose vous l'auriez inscrit en grosses lettres sur la fiche. Quand vous écrivez réceptionniste, je sais tout ce que j'ai à savoir. Il n'y a rien à ajouter : inutile de me faire perdre mon temps et le vôtre. Je classe votre fiche, mais je vous l'ai déjà dit et vous le redis encore, vous n'avez aucune chance.

L'entretien, c'était évident, était terminé, mais Mildred se força à faire un petit discours, un véritable boniment. Comme elle parlait, elle s'échauffa, expliquant qu'elle s'était mariée à seize ans et que, alors que les autres femmes apprenaient un métier, elle avait construit un foyer, mis au monde deux enfants, ce qui, en général, n'était pas considéré comme déshonorant. Maintenant que son mariage était brisé, elle désirait savoir s'il était juste qu'elle fût punie pour cela et qu'on lui déniât le droit de gagner sa vie comme n'importe qui. Elle ajouta que par ailleurs elle n'avait pas dormi tout ce temps, bien que mariée. Elle avait appris à être une bonne maîtresse de maison et un fin cordon-bleu, elle avait même gagné quelque argent en vendant sa cuisine à des voisins. Puisqu'elle était capable de cela, ne pouvait-elle faire autre chose ? Elle répéta plusieurs fois : « Ce que je fais, je le fais bien. »

Miss Turner sortit plusieurs tiroirs qu'elle rangea sur son bureau devant elle. Ils étaient remplis de fiches de couleurs différentes. Regardant Mildred bien en face, elle lui dit :

— Je vous ai expliqué que vous n'aviez aucune chance. Bon. Jetez un coup d'œil là-dessus, vous comprendrez ce que je veux dire. Ces trois tiroirs sont ceux des employeurs, ceux qui s'adressent à moi quand ils cherchent quelqu'un. Ils s'adressent à moi parce qu'ils ont confiance et que je leur épargne l'ennui de discuter avec des fous de votre espèce. Regardez ces fiches roses ? Elles signifient « pas de juifs ». Les bleues « pas de chrétiens ». Il n'y en a pas beaucoup, mais quelques-unes tout de même. Cela n'a rien à voir avec vous, mais cela vous donne une idée. Les gens sont vendus dans ce bureau comme du bétail dans les abattoirs de Chicago et exactement pour les mêmes raisons : ils sont ce que l'acheteur désire. Compris ? Regardez maintenant ce qui vous concerne. Les fiches vertes ? Elles veulent dire « pas de femmes mariées ».

— Puis-je demander pourquoi ?

— Parce que, au beau milieu des heures d'affluence, vous, admirables fondatrices de foyer, vous recevez un coup de téléphone annonçant que Willie a le croup, et vous vous en allez pour revenir le lendemain... ou bien la semaine suivante.

— Il faut bien que quelqu'un s'occupe de Willie.

— Ces gens-là, les employeurs des fiches vertes, ils s'en moquent. Une autre habitude des magnifiques bâtisseuses de foyer, c'est d'amonceler des factures en pensant que le cher époux payera. Mais s'il ne les paie pas, alors brusquement elles cherchent du travail. Et sur le premier chèque de leur paye, il y a dix-huit oppositions... La vie est trop courte !

— Trouvez-vous cela juste ?

— Celles-ci sont vertes. Je me fie aux cartes.

— Je ne dois pas un centime.

— Pas un ?

Mildred pensa avec angoisse aux intérêts qui venaient à échéance le 1er juillet et Miss Turner apercevant une lueur dans ses yeux, dit :

— J'en étais sûre... Jetez encore un coup d'œil à ces tiroirs-là. Ce sont ceux des candidates. Voici les sténographes, treize à la douzaine, mais au moins elles savent quelque chose. Celles-ci sont des secrétaires expérimentées — treize à la douzaine également — mais elles sont classées sur une liste différente. Ici, ce sont des sténographes ayant une culture scientifique, des infirmières, des laborantines, toutes capables de prendre la direction d'une clinique, de diriger le cabinet de trois ou quatre médecins, ou de travailler dans un hôpital. Pourquoi vous ferais-je passer avant n'importe laquelle d'entre elles? Quelques-unes sont docteurs en philosophie ou docteurs ès sciences des U.C.L.A. ou d'ailleurs. Voilà les sténographes qui sont experts-comptables. N'importe laquelle peut mener tout le travail de bureau d'une petite affaire et avoir encore un peu de temps pour coucher. Et voici des vendeurs, hommes et femmes, chacun d'eux avec des références formidables: il n'y a plus de marchandises à vendre, mais je ne vois vraiment pas comment je vous ferais passer devant eux. Et, ici, la liste privilégiée. Regardez, un plein tiroir, hommes et femmes, chacun d'eux, directeur, organisateur, spécialiste. Quand je recommande l'un d'eux, je sais qu'on en aura pour son argent. Ils sont tous chez eux, assis auprès du téléphone, attendant un appel. Et je ne les appellerai pas. Je n'ai rien à leur dire. Ce que j'essaye de vous faire entrer dans la tête, c'est ceci: vous n'avez aucune chance. Ces gens dont je vous ai parlé me bouleversent, me font passer des nuits blanches, car je n'ai rien à leur proposer. Ils méritent quelque chose, et il n'y a rien. Alors, perdez tout espoir que je vous fasse passer avant n'importe lequel d'entre eux. Vous n'êtes pas qualifiée. Vous n'êtes capable de rien et j'ai horreur des gens qui ne sont pas capables de faire quelque chose.

— Comment puis-je me spécialiser?

De nouveau, les lèvres de Mildred tremblaient, comme dans le bureau de Mrs. Boole. Miss Turner détourna rapidement les yeux, puis elle dit:

— Puis-je vous donner un conseil?

— Naturellement.

— Je n'irais pas jusqu'à vous déclarer d'une beauté captivante, mais vous êtes admirablement faite, vous cuisinez et couchez bien. Pourquoi n'abandonnez-vous pas cette idée d'un emploi, ne mettez-vous pas le grappin sur un homme pour vous remarier ?

— J'ai déjà essayé.

— Cela n'a pas marché ?

— Je ne suis pas de force à vous cacher quoi que ce soit. C'est la première solution à laquelle j'ai pensé et, au début, cela a semblé marcher tout seul. Mais après, je crois que là aussi deux petits enfants m'ont disqualifiée. Il ne m'en a pas parlé, mais...

— Attention, vous allez me briser le cœur.

— Je ne me doutais pas que vous en ayez un.

— Moi non plus.

La froide logique du discours de Miss Turner atteignit Mildred plus profond que les démarches, l'attente et les espoirs déçus de la semaine précédente. Rentrée à la maison, elle défaillit et pleura pendant une heure. Mais le jour suivant, elle s'inscrivit résolument dans trois agences. Elle se prit à faire des actes désespérés, comme d'entrer dans les magasins devant lesquels elle passait et d'y demander du travail. Un jour, elle pénétra dans un immeuble et, commençant par le haut, s'adressa à tous les bureaux, ne dépassant le seuil que dans deux d'entre eux. L'échéance de juillet la hantait sans cesse et elle devenait chaque jour plus fatiguée, plus pâle et plus mince. La robe imprimée avait été repassée tant et tant de fois qu'elle devait vérifier anxieusement les coutures après chaque coup de fer. Elle se nourrissait de flocons d'avoine et de pain, gardant pour les enfants, œufs, poulet et lait qu'elle pouvait encore acheter.

Un matin, à sa grande surprise, elle reçut un mot de Miss Turner lui demandant de passer la voir. Elle s'habilla en quatre minutes, attrapa l'autobus de neuf heures et fut dans le petit bureau à neuf heures et demie. Miss Turner lui indiqua un siège.

— Quelque chose pour vous. Alors je vous ai envoyé ce mot.

— Qu'est-ce que c'est ?

— Gouvernante.

— Oh...

— Ce n'est pas ce que vous croyez, ne faites pas cette tête. Il n'est pas question de couchage, autant que je sache. Je ne m'occupe pas de placement de domestiques, aussi je n'en tirerai pas un sou. Mais j'ai passé la soirée à Beverly l'autre soir et j'ai bavardé avec une femme qui est sur le point d'épouser un directeur. Il ne s'en doute pas encore mais sa maison est destinée à un grand branle-bas. Elle veut une gouvernante. Me basant sur toute cette magnifique science domestique dont vous vous êtes vantée, je lui ai parlé de vous et la place est à vous si vous la désirez. Les enfants, c'est réglé. Vous aurez vos appartements personnels et je crois que vous obtiendrez cent cinquante dollars si vous tenez bon, mais demandez deux cents et rabattez. Ceci sans compter vos tenues, nourriture, blanchissage, chauffage, éclairage et loyer, c'est-à-dire infiniment plus que ce qu'obtiennent la plupart de mes talentueux protégés.

— Je ne sais que vous dire.

— Décidez-vous. Je dois lui donner réponse.

— Pourquoi avez-vous pensé à moi pour cette situation ?

— Ne vous l'ai-je pas dit ? Vous avez brisé mon maudit cœur.

— Oui ; mais... c'est la seconde fois ces temps derniers que je reçois une proposition de ce genre. Il n'y a pas longtemps on m'a offert une place de... serveuse.

— Et vous l'avez repoussée ?

— J'ai dû le faire.

— Pourquoi ?

— Je n'aurais pu rentrer à la maison et regarder mes enfants si elles avaient su que j'avais toute la journée touché des pourboires, porté un uniforme et ramassé des miettes.

— Mais vous pouvez les regarder en face quand vous n'avez rien à leur donner à manger ?

— Ne parlons pas de cela.

— Écoutez, voici l'opinion d'une femme et elle ne vaut peut-être rien. Je possède cette petite affaire et je n'ai à m'en prendre qu'à moi-même si je mange dans une crémerie au lieu de manger au Baltimore. Mais, si cela continue et que j'aie à choisir entre mon estomac et mon amour-propre, je vous le dis sans ambages : je choisirai toujours mon estomac. Cela veut dire que si j'avais à porter un uniforme, je le porterais.

— J'irai donc, par courtoisie à votre égard.

Pour la première fois, Miss Turner se départit de ses manières brusques et manifesta quelque gêne :

— Qu'ai-je à faire là-dedans ? Ou vous voulez cette place ou vous n'en voulez pas. Si vous n'en voulez pas, dites-le-moi et je n'aurai qu'à téléphoner pour m'en débarrasser. Mais si vous acceptez, pour l'amour du Ciel, précipitez-vous et agissez comme vous l'entendrez.

— Je vais y aller, par politesse pour vous.

Miss Turner prit une carte et, rageusement, y écrivit quelques lignes, puis, les yeux mauvais, elle la tendit à Mildred :

— Parfait, vous vouliez savoir pourquoi cette dame

vous a offert une place de serveuse, et pourquoi je vous recommande moi pour le même genre de travail. C'est parce que vous avez passé la moitié de votre vie sans rien apprendre à part coucher, faire la cuisine et mettre la table, et que vous n'êtes bonne qu'à cela. Alors, allez-y. Faites-le. Autant commencer maintenant.

Bouleversée, Mildred prit l'autobus, mais l'adresse lui était inconnue et elle dut demander au conducteur où s'arrêter. À Coldwater Canon Drive, où il la fit descendre, pas trace de la rue indiquée et elle se mit à errer dans un quartier qui ne lui était pas familier, essayant de trouver son chemin. Les maisons étaient vastes et inhospitalières. De vraies avenues flanquées de gazon bien entretenu conduisaient à leur façade. Mildred n'eut pas le courage nécessaire pour s'en approcher. Pas un passant. Elle piétina dans tous les sens pendant près d'une heure, regardant les plaques, perdant tout sens de direction dans ces rues sinueuses. Elle eut une crise de rage contre Bert qui avait emmené la voiture, car si elle l'avait eue, non seulement elle se serait épargné de marcher, mais elle aurait pu entrer dans un poste d'essence et se renseigner sans blessure d'amour-propre. L'employé lui aurait montré un plan. Mais il n'y avait pas de station d'essence, personne à qui elle puisse demander son chemin, rien que des kilomètres de pavés déserts, ombragés par des arbres frissonnants. Enfin, un camion de blanchisserie passa et elle arrêta le conducteur qui la mit dans la bonne voie. Elle trouva la maison : une grande bâtisse entourée d'une haie basse, alla à la porte et sonna. Un maître d'hôtel en veste blanche apparut. Quand elle demanda Mrs. Forrester, il salua et s'effaça pour la laisser entrer. Il remarqua alors qu'elle n'avait pas de voiture et devint glacial :

— Gouvernante ?
— Oui, je suis envoyée par...
— La porte de service.
Les yeux de l'homme brillaient d'une soudaine lueur haineuse tandis qu'il fermait la porte et que, la rage au cœur, Mildred gagnait péniblement la porte de derrière. Là, on la fit entrer et on lui dit d'attendre. Elle se trouva dans une sorte d'office et, dans la cuisine qui était à quelques mètres, elle aperçut une cuisinière et une femme de chambre qui la dévisageaient. Le maître d'hôtel revint, la conduisit à travers des couloirs sombres et froids jusqu'à une bibliothèque et l'abandonna. Elle s'assit, heureuse de reposer ses pieds douloureux. Au bout de quelques minutes, Mrs. Forrester entra. C'était une grande femme vêtue d'un déshabillé vaporeux et qui créait autour d'elle une atmosphère gracieuse, mettant tout le monde à l'aise. Mildred se leva, tendit le mot de Miss Turner et s'assit pendant que Mrs. Forrester le lisait. Évidemment, c'était louangeux, car cela suscita un ou deux signes d'approbation. Puis Mrs. Forrester leva les yeux en souriant :
— C'est l'habitude pour les servantes, Mildred, de s'asseoir quand la maîtresse les y invite, et non de leur propre chef.
Mildred fut si ahurie de s'entendre appeler par son prénom qu'il se passa une ou deux secondes avant que le sens de la phrase parvînt à son cerveau. Elle se leva d'un bond, comme si ses jambes eussent été faites de ressorts, la face cramoisie, la bouche sèche.
— Oh ! excusez-moi !
— Cela n'a aucune importance, mais pour ces petites choses, je trouve mieux de commencer dès le commencement, surtout avec des personnes inexpérimen-

tées. Asseyez-vous. Nous avons à parler de beaucoup de choses et cela me gêne de vous voir debout.

— Je suis très bien ainsi.

— Mildred, je vous ai invitée à vous asseoir.

La gorge serrée, les yeux pleins de larmes de colère, Mildred s'assit tandis que Mrs. Forrester exposait ses vastes plans de réorganisation. Apparemment, c'était la demeure de son futur mari ; ce qu'elle y faisait, en déshabillé, un bon mois avant le mariage, elle se soucia peu de l'expliquer. Mildred aurait donc son appartement privé au-dessus du garage. Mrs. Forrester avait elle-même deux enfants d'un mariage précédent et, bien entendu, il n'était pas question de liaison entre les quatre enfants. D'ailleurs, il était inutile de s'en inquiéter puisque Mildred aurait une entrée particulière sur le sentier, mais « tous ces petits détails seront facilement mis au point ». Mildred écoutait, tout au moins tentait d'écouter, lorsque brusquement une image se précisa devant ses yeux. Elle vit Véda, sa hautaine, sa snob Véda, à qui il faudrait dire d'entrer par la porte de service et de ne pas fréquenter la progéniture Forrester.

Mildred comprit alors que si elle acceptait cette place, elle perdrait sa fille. Véda s'en irait chez son père, chez son grand-père, au commissariat de police ou sur un banc du parc, mais rien, même le fouet, ne pourrait la contraindre à rester avec Mildred au-dessus du garage des Forrester. Un sursaut de la fierté de cette enfant froide passa en elle, et elle se leva :

— Je crois, Mrs. Forrester, que je ne suis pas la personne que vous désirez.

— C'est à la maîtresse de clore l'entretien, Mildred.

— Mrs. Pierce, s'il vous plaît. Et c'est moi qui clos cet entretien.

Ce fut au tour de Mrs. Forrester de sauter sur ses pieds comme si ses jambes avaient des ressorts, mais si elle méditait un enseignement plus complet des relations entre la maîtresse et ses domestiques, elle se ravisa. Elle se surprit à regarder Mildred dans les yeux et ceux-ci flamboyaient dangereusement. Appuyant sur un bouton, elle dit froidement :

— Harris va vous reconduire.

— Je retrouverai mon chemin, merci.

Ramassant son sac, Mildred quitta la bibliothèque, mais au lieu de tourner vers la cuisine, elle alla tout droit, jusqu'à la porte d'entrée qu'elle ferma calmement derrière elle. Elle crut flotter dans les airs jusqu'à l'arrêt de l'autobus ; elle traversa Hollywood sans voir où elle passait. Mais quand elle découvrit qu'elle était descendue trop tôt et qu'elle avait à marcher deux cents mètres pour atteindre la correspondance de Glendale, elle vacilla et avança sur des jambes tremblantes. Au boulevard d'Hollywood, le banc était déjà occupé et elle dut rester debout. Tout se mit à tourner autour d'elle et le soleil lui sembla anormalement brillant. Elle se rendit compte qu'elle devait s'asseoir ou qu'elle s'affaisserait sur le trottoir. Deux ou trois maisons plus loin, elle avisa un restaurant où elle pénétra. Il était plein de gens occupés à déjeuner, mais elle trouva une petite table contre le mur et s'assit enfin.

Elle consulta la carte qu'elle laissa tomber rapidement afin que la serveuse ne vît pas ses mains grelotter, et elle commanda un sandwich au jambon et à la laitue, un verre de lait et un verre d'eau ; mais il lui fallut attendre un temps interminable avant d'être servie. La serveuse tourna en rond, se plaignit du service qu'on exigeait d'elle, du peu qu'elle gagnait et Mildred eut une vague impression qu'elle était accusée d'avoir volé un pourboire. Cependant elle était trop près de défaillir pour discuter et, se bornant à répéter qu'elle voulait l'eau tout de suite, elle ne répondit rien. À la longue, sa commande arriva et elle se mit à manger mécaniquement. L'eau lui éclaircit les idées, la nourriture la réconforta, mais elle gardait une sorte de malaise qui semblait ne rien avoir à faire avec la marche, l'irritation et les discussions du matin. Elle se sentait anéantie et quand elle entendit une gifle retentissante à quelques mètres de ses oreilles, elle tourna à peine la tête. La serveuse qui s'était occupée d'elle faisait face à une autre et, alors même que Mildred la regardait, elle lui administra une seconde claque.

— Je t'y prends, sale voleuse. Je te prends sur le fait, en flagrant délit.

— Mesdemoiselles ! *mesdemoiselles !*

— Je l'ai attrapée. Elle volait des pourboires sur mes tables. Elle avait volé dix cents sur dix-huit juste quand cette dame est entrée et maintenant elle me vole quinze cents sur quarante —, et je l'ai vue !

Pendant un moment, la salle fut comme une ruche : les autres serveuses criaient leurs accusations. La Première essayait de rétablir l'ordre et le directeur surgit de la cuisine. C'était un petit Grec tout rond, aux yeux noirs et flamboyants, qui renvoya les deux serveuses sans autre forme de procès et se répandit en excuses auprès de ses clients. Quand les deux filles, l'air morose et en vêtements de ville, prirent la porte, quelques minutes plus tard, Mildred était tellement perdue dans ses réflexions qu'elle ne fit même pas un signe de tête à sa serveuse. Ce ne fut qu'en voyant apparaître la Première vêtue d'un tablier pour exécuter les commandes en retard qu'elle comprit ceci : elle allait devoir prendre une des plus graves décisions de sa vie : on avait besoin d'aide, c'était évident, et on en avait besoin tout de suite. Elle contempla son verre d'eau, serra les dents devant cette décision. Elle songea qu'elle ne ferait jamais ce travail même si elle mourait de faim. Elle posa un dixième de dollar sur la table. Elle se leva, alla à la caisse et régla sa note. Puis, comme si elle avait marché vers la chaise électrique, elle fit demi-tour et partit du côté de la cuisine.

CHAPITRE IV

Les deux heures qui suivirent furent pour Mildred un vrai cauchemar. Elle n'obtint pas la place aussi facilement qu'elle l'avait espéré. Le propriétaire, dont le nom se révéla être Makadoulis, mais que tout le monde appelait Mr. Chris, ne demandait pas mieux, d'autant plus que la sous-directrice ne cessait de lui crier dans les oreilles: «Il faut que vous engagiez quelqu'un. C'est la pagaille là-bas, c'est la pagaille.» Mais quand les serveuses virent Mildred et devinèrent pourquoi elle était là, elles se rassemblèrent et mirent un veto absolu à son entrée, à moins qu'Anna ne fût réengagée. Anna, Mildred le comprit, était la jeune femme qui l'avait servie et qui avait déclenché la bataille; mais comme toutes les serveuses semblaient avoir été plus ou moins victimes de vols, elles considéraient Anna comme leur représentante en quelque sorte et n'entendaient pas la voir servir de bouc émissaire. Elles plaidèrent leur cause de façon bruyante, laissant les commandes s'empiler sur la caisse tandis qu'elles s'égosillaient avec gestes appropriés à l'appui. L'un de ces gestes fit voler dans les airs une assiette sur laquelle se trouvait un club sandwich. Mildred l'attrapa au vol. Le sandwich était complètement démoli, mais elle le reconstruisit en un tour de main et le remit à sa place sur le comptoir. Le chef, un homme énorme du nom d'Archie, surveilla son numéro de jonglage sans rien manifester, mais quand le sandwich se trouva à nouveau en bon état sur le comptoir, il fit un signe d'approbation.

Puis, il frappa de la main sur la table chauffante. Cela rétablit le calme comme rien n'avait pu le faire jusqu'alors. Mr. Chris se tourna vers les serveuses : « D'accord, d'accord. »

La question d'Anna ainsi réglée, la sous-directrice poussa Mildred vers le vestiaire où elle ouvrit une porte et lui tendit le menu.

— Enlevez votre robe et pendant que je cherche un uniforme qui vous aille, étudiez la carte de manière à être au courant. Quelle taille faites-vous ?

— Quarante-deux.

— Avez-vous déjà travaillé dans un restaurant ?

— Non.

— Alors, étudiez cela, surtout les prix.

Mildred enleva sa robe, la suspendit dans son placard et examina le menu. Il comportait des repas à 55 et à 65 cents, puis un choix de hors-d'œuvre, des steaks, des côtelettes, des desserts et des boissons variées dont la plupart portaient des noms fantaisistes tout à fait incompréhensibles pour Mildred. En dépit de ses efforts de concentration, dans l'ensemble c'était pour elle un véritable fouillis. Au bout de deux minutes, la sous-directrice revint avec l'uniforme, une robe bleu pâle ornée d'un col, de parements et de poches blancs. Mildred se glissa dans ce costume.

— Et voici votre tablier. C'est vous qui devez fournir votre uniforme : on le retiendra donc sur votre première paye, trois dollars quatre-vingt-quinze. C'est à vous de l'entretenir. Si vous ne nous convenez pas, nous vous demanderons vingt-cinq cents de location pour le costume, ce sera retenu également sur votre paye, mais vous n'avez pas à payer l'uniforme tant que nous ne sommes pas sûrs de vous garder. Vous serez payée vingt-cinq cents l'heure et vous garderez vos pourboires.

— Quel est votre prénom, mademoiselle ?

— Ida. Quel est le vôtre ?

— Mildred.

Elles se dirigèrent vers la salle à manger, mais en traversant la cuisine, Ida continua à parler sans arrêt. « Je vais vous donner un secteur calme : la trois, la quatre, la cinq et la six, toutes des petites tables contre le mur. Comme cela vous n'aurez jamais quatre couverts. Un ou deux, c'est plus facile. Vous allez prendre ceux qui viennent d'arriver. Moi, je me charge de ceux qui ont déjà commencé pour que vous ne vous embrouilliez pas avec les fiches des autres. »

Elles entrèrent dans la salle et Ida lui montra son domaine. Trois tables étaient occupées par des gens qui avaient passé leur commande avant le début de la bagarre, la quatrième, par deux femmes qui venaient de s'asseoir. Tous commençaient à s'impatienter du retard apporté au service. Mais Mildred n'avait pas encore la permission de commencer. Ida la conduisit à la caissière, une blonde à face de poisson, qui parla rageusement à Ida des plaintes qu'elle avait reçues et des cinq personnes qui, déjà, étaient parties. Ida lui coupa la parole et lui fit délivrer un carnet à Mildred. « Voyez, vous ferez un compte pour chaque note. Là, vous marquez votre numéro : vous êtes le 9. Ici, vous inscrivez le numéro de la table, le nombre de clients. En bas, vous noterez la commande. Avant tout, apprenez à ne jamais faire d'erreur dans une commande. Tout sera inscrit contre vous et si vous faites une erreur, elle sera déduite *et c'est vous qui devrez la payer.* »

Cet avertissement sinistre dans l'oreille, Mildred s'approcha enfin des deux femmes qui attendaient qu'on vînt prendre leurs ordres. Elle leur tendit le menu et leur demanda ce qu'elles désiraient. Elles lui répondirent qu'elles ne savaient pas si elles prendraient quelque chose, mais qu'elles étaient curieuses de savoir ce qu'était cette maison où on laissait les clients attendre sans même s'excuser de les négliger ainsi. Mildred, qui était à bout de nerfs après tout ce qu'elle avait déjà subi dans la journée, ressentit une folle envie de leur lancer quelques vérités comme elle l'avait fait à Mrs. Forrester. Cependant, elle parvint à sourire, expliqua qu'il y avait eu un incident, mais que si elles voulaient patienter encore une ou deux minutes, elle allait veiller à ce qu'elles fussent servies immédiatement. Puis, s'accrochant rapidement à la seule chose qu'elle eût retenue de tout le menu, elle ajouta : « Le poulet rôti est extrêmement bon aujourd'hui. »

Un peu calmées, les deux femmes choisirent le poulet dans le menu à 65 cents, mais l'une d'elles ordonna très haut :

— Et surtout qu'il n'y ait pas de sauce. J'ai horreur de cela.

— J'y veillerai.

Mildred partit vers la cuisine, évitant de peu une serveuse qui apparaissait à la porte marquée « sortie ». Obliquant à temps, elle se précipita par la porte « entrée » et cria à Archie : « Deux poulets rôtis. Un sans sauce. »

Mais l'éternelle Ida était déjà près d'elle et criait :

« Gardez une sauce, une. » Puis, elle attira Mildred à l'écart et lui expliqua vite :

— Commandez correctement. Vous ne pourrez travaillez nulle part si vous n'êtes pas bien avec le chef. Pour ça, attention à commander comme il l'entend. Ici, voilà : quand un client ne veut pas quelque chose, ne dites jamais « *sans ça* », mais « *Gardez ça* ».

— Bien, mademoiselle.

— Il faut être bien avec le chef.

Vaguement, Mildred comprit pourquoi cette grosse patte abattue sur une table avait rétabli l'ordre alors que Mr. Chris avait été houspillé comme un coq au milieu de poules furieuses. Elle avait remarqué que les serveuses prenaient elles-mêmes le potage. Elle attrapa donc des bols, et les remplit avec la crème à la tomate qu'avaient commandée ses clientes. Mais Ida s'approcha encore : « Et les hors-d'œuvre ? Prenez les hors-d'œuvre. » Devant l'air ahuri de Mildred, Ida empoigna elle-même deux assiettes de salade sur le comptoir aux sandwiches, fit glisser deux coquilles de beurre sur deux soucoupes, et enjoignit Mildred d'emporter le tout au plus vite dans la salle.

— Avez-vous servi l'eau ?

— Pas encore.

— Elles vont la réclamer à cor et à cri.

Ida bondit sur le monte-charge, saisit deux verres d'eau, les posa d'une main experte auprès des quatre assiettes. Puis, elle cueillit encore deux serviettes qu'elle mit contre les verres. « Apportez-leur toujours ça et en vitesse... si elles vous attendent encore ! »

Mildred jeta un coup d'œil désespéré sur ce formidable échafaudage. « Mais... pourrais-je avoir un plateau ? »

En désespoir de cause, Ida saisit assiettes, verres et

serviettes, qui se déployèrent au bout de ses doigts comme un jeu de cartes et elle fit un large mouvement du bras : « Prenez le potage et venez. » Elle était partie avant que Mildred fût revenue de la rapidité de son tour de main. Mildred emporta le potage délicatement, poussant la porte « sortie » comme elle l'avait vu faire aux autres. Prenant soin de ne rien renverser, elle finit par atteindre la table. Ida avait apaisé les deux femmes et, à leurs coups d'œil, Mildred comprit qu'elle leur avait expliqué que c'était une « nouvelle » et qu'on devait l'excuser. Du coup, elles s'amusèrent à l'appeler « La Novice » et « Ralenti ». De peur de montrer sa mauvaise humeur, Mildred partit vers la cuisine. Mais il était impossible d'échapper à Ida : « Emportez quelque chose. Ne faites jamais un voyage sans rien dans les mains, sinon vous courrez toute la journée et vous n'aurez jamais fini. Prenez ces assiettes sales, là-bas, sur la table n° 3. Débrouillez-vous. »

L'après-midi se traîna. Mildred se sentait stupide, lourde, lente et maladroite. Bien qu'elle essayât « d'emporter toujours quelque chose », les assiettes sales s'entassaient tellement sur ses tables et les commandes à la cuisine qu'elle crut devenir folle au milieu de ce désordre. Son handicap, elle le comprit vite, était de ne pas être capable de porter plus de deux assiettes à la fois. Les plateaux étaient interdits, Ida l'en avait prévenue, parce que les couloirs étaient si étroits que les plateaux amèneraient des catastrophes : cela signifiait que tout devait être porté à la main. Mais, tenir en équilibre une demi-douzaine de plats en même temps, était un exploit au-dessus de ses forces. Elle essaya une fois : sa main fléchit sous le poids et un entremets chaud faillit s'écraser sur le plancher. Elle atteignit le paroxysme vers 3 heures. La salle était enfin vide et la caissière à face de poisson vint lui dire qu'elle avait perdu une note. Le talon correspondant indiqua qu'il s'agissait d'une note de 55 cents, ce qui signifiait que sa paye horaire tout entière était fichue. Elle eut envie d'envoyer tout à la tête de la caissière, mais elle se retint. Elle répondit qu'elle était désolée, rassembla les dernières assiettes sales et partit avec elles.

Dans la cuisine, Mr. Chris et Ida parlementaient à son sujet. Cela ne faisait aucun doute. À leur allure tandis qu'ils s'avançaient vers elle, elle comprit que le verdict était défavorable et elle attendit humblement d'en avoir fini avec eux. Du moins, elle pourrait s'enfuir loin de Ida, loin du plongeur philippin, de l'odeur, du bruit. Et elle se demanda avec terreur ce qu'elle allait faire ensuite. Mais, comme ils passaient devant Archie, celui-ci leva les yeux et fit un geste semblable à celui que fait un arbitre. Ils eurent l'air surpris, mais la cause parut entendue. Mr. Chris fit «bon, bon» et s'en alla dans la salle à manger. Ida vint vers Mildred: «Moi, Mildred, je crois que vous n'êtes absolument pas faite pour ce travail, et Mr. Chris n'avait pas meilleure impression. Mais le Chef pense que vous ferez l'affaire. Aussi, en dépit de notre opinion, vous pourrez tenter votre chance.»

Mildred se souvint du sandwich réparé par elle et du petit signe d'approbation qu'elle avait reçu d'Archie, et elle comprit qu'il était vraiment important d'être bien avec le chef. Mais son horreur d'Ida était intense et elle ne fit aucun effort pour atténuer l'acidité de sa voix quand elle lui répliqua: «Eh bien! remerciez Archie de ma part et dites-lui que j'espère ne pas le décevoir.» Elle parla assez haut pour qu'Archie l'entendît et elle fut récompensée par un grognement d'ours satisfait.

Ida riposta : « Votre journée commence à 11 heures. À 10 heures et demie si vous voulez le petit déjeuner, et elle finit à 3 heures de l'après-midi. Si vous voulez déjeuner, c'est possible. Nous ne faisons pas de vrais dîners ici, aussi trois serveuses suffisent le soir. C'est par roulement. Vous serez de service deux fois par semaine de 5 à 9, avec les mêmes gages que dans la journée. Nous fermons le dimanche. Il vous faudra des chaussures blanches. Demandez l'article pour infirmière à 2 dollars 95 dans n'importe quel magasin. Mais qu'avez-vous, Mildred ? Vous ne voulez pas rester ?

— Je suis un peu fatiguée, c'est tout.

— Cela ne m'étonne pas, à la manière dont vous trottez. »

Quand elle arriva chez elle, les enfants rentraient juste de classe. Elle leur donna du lait, des gâteaux et les envoya jouer dehors. Puis, elle changea de robe et mit des chaussons à ses pieds douloureux. Elle était sur le point de s'allonger quand elle entendit un « hou, hou » et Mrs. Gessler, l'humeur quelque peu maussade, vint la rejoindre. Ike, semblait-il, n'était pas rentré chez lui la veille au soir. Il avait téléphoné vers 9 heures pour prévenir sa femme qu'un rendez-vous urgent l'empêchait de revenir avant le lendemain matin. C'était tout à fait conforme à son genre de travail. Il était bien arrivé à 10 heures, comme il l'avait annoncé et pourtant... La confiance que pouvait avoir Mrs. Gessler en Ike, ou en n'importe qui, était apparemment très limitée.

Mildred lui demanda :

— Lucy, pouvez-vous me prêter trois dollars ?

— Davantage si vous voulez.

— Non, merci. J'ai trouvé du travail et j'ai besoin de certaines choses.

— Tout de suite ?

— Pour demain.

Mrs. Gessler sortit et Mildred retourna dans la cuisine lui préparer du thé. Quand Lucy revint, elle s'assit avec satisfaction devant la tasse fumante et elle tendit un billet à Mildred :

— Je n'avais pas trois dollars, en voici cinq.

— Merci. Je vous les rendrai.

— Qu'est-ce que c'est, ce travail ?

— Oh… une besogne comme une autre…

— Tant pis… Mais si c'est ça, j'espère au moins que c'est dans une « maison à 5 dollars ». Vous êtes trop jeune pour celles à 2 dollars, et, moi, les marins, je n'aimerais pas ça.

— Je suis serveuse. Dans un restaurant.

— C'est pareil.

— À peu près.

— C'est drôle, hein ! Cela ne me regarde pas, mais pendant que vous répondiez à ces annonces et que vous essayiez de vous faire engager comme vendeuse, je me demandais pourquoi vous ne pensiez pas à vous faire serveuse ?

— Pourquoi donc, Lucy ?

— Voyons, supposez que vous ayez une place de vendeuse : qu'est-ce que vous en tirez ? Quoi qu'on dise, on vous paye à la commission, parce que cela saute aux yeux : si vous n'étiez pas à la commission, on ne vous paierait pas. Or, qui achète en ce moment ? Vous passez donc votre journée dans un magasin à attendre l'occasion de gagner votre vie, sans la gagner. Mais, même de nos jours, les gens doivent manger. Dans un restaurant, ils viennent toujours. Et puis, cela peut vous paraître drôle, mais vous n'avez pas le genre « vendeuse ». Tandis que là...

Brusquement, ce qu'avaient dit Mrs. Boole et Miss Turner, ce qu'inconsciemment elle-même avait senti après son expédition à Beverly Hills, submergea Mildred et elle dut se précipiter vers la salle de bains. Le lait, le sandwich, le thé, tout y passa, tandis que les sanglots l'étouffaient. Mrs. Gessler vint auprès d'elle, lui soutint la tête, lui essuya les lèvres, lui donna de l'eau, puis elle la conduisit doucement jusqu'à son lit. Mildred, sanglotante et tremblante, s'y écroula dans une crise de nerfs. Alors, Mrs. Gessler la déshabilla, lui frictionna le dos, la consola, lui dit de se laisser aller, de ne pas essayer de se retenir. Elle se détendit et pleura jusqu'à ce que son visage fût inondé de larmes que Mrs. Gessler essuyait au fur et à mesure. Au bout d'un long moment, elle se calma, mais son calme était triste, désespéré. Puis, elle s'écria :

— Je ne peux pas, Lucy. Je... je ne peux pas.

— Enfant ! Vous ne pouvez pas, quoi ?

— Porter un uniforme. Recevoir leurs pourboires. Affronter toutes ces affreuses gens. On m'a donné des surnoms. Il y en a même un qui m'a pincé le mollet. Oh... c'est impossible. Il a mis sa main... Oh !

— Combien vous paie-t-on ?

— Vingt-cinq cents l'heure.

— Pourboires en plus ?

— Oui.

— Vous êtes folle. Avec les pourboires, vous vous ferez deux dollars par jour. Voyons... au moins vingt dollars par semaine, plus que vous n'en avez vu depuis que les Maisons Pierce ont dégringolé. Vous devez continuer dans votre propre intérêt. Personne ne s'arrête plus à cette histoire d'uniforme. Je parie que vous êtes ravissante là-dedans. Et puis, aujourd'hui, on fait ce qu'on peut...

— Oh! assez, Lucy. Cela me rend folle. Je...

Devant le regard de Mrs. Gessler, Mildred fit un effort sur elle-même, ou, du moins, essaya d'expliquer sa réaction violente :

— Tout le monde m'a parlé comme vous, aux bureaux de placement, partout... je ne suis bonne qu'à cela, endosser un uniforme et servir les autres.

— C'est probablement vrai pour l'instant. On essaye de vous faire comprendre ce que je tente de vous expliquer. Vous êtes à bout. C'est très joli d'être fière, et moi, je vous aime pour cela. Mais vous mourrez de faim, mon petit. Croyez-vous que je ne me sois pas fait du souci pour vous dans le fond de mon cœur? Ne savez-vous pas que je vous aurais envoyé du roastbeef, du jambon, tout ce que j'avais chaque jour, si je n'avais pas su que vous m'en voudriez d'agir ainsi. Allez, vous devez accepter ce travail...

— Je le sais. Je ne peux pas, et je sais aussi que je dois continuer.

— Alors, puisque vous le comprenez, agissez, et cessez de vous lamenter.

— Lucy, promettez-moi une chose.

— Ce que vous voudrez.

— N'en parlez à personne.

— Je n'en parlerai même pas à Ike.

— Ike, je m'en moque, des autres aussi et de ce qu'ils pensent. Mais c'est à cause des enfants. Je ne veux pas qu'on le sache pour qu'on ne leur en parle pas. Elles ne doivent rien savoir... surtout Véda.

— Si vous voulez mon avis, votre Véda a des idées bizarres.

— Je respecte ses idées.

— Pas moi.

— Vous ne la comprenez pas. Elle a en elle ce que je croyais avoir et ce que je suis sûre, maintenant, de ne pas avoir, l'orgueil. Rien au monde ne pourrait obliger Véda à faire ce que j'accepte.

— Pour cet orgueil-là, je ne remuerais pas le petit doigt. Vous avez parfaitement raison au sujet de votre fille : Véda n'accepterait certainement pas elle-même, mais elle acceptera très bien que vous le fassiez et elle ne refusera pas d'en profiter.

— Je veux qu'elle ait tout : pas seulement du pain, du gâteau aussi.

Pendant les six semaines où Mildred avait cherché du travail, elle avait peu vu Wally. Il était passé un soir alors que les enfants étaient couchées, il s'était confondu en excuses sur ce qu'il avait dit, et il avait affirmé, avec repentir, qu'il s'était conduit comme un idiot. Elle lui avait répondu qu'elle ne lui en voulait pas et l'avait introduit dans le studio, bien qu'elle se souciât peu d'allumer du feu ou de lui offrir un verre. Mais quand il s'était assis près d'elle et l'avait enlacée, elle s'était levée et lui avait tenu un petit discours. Elle lui avait déclaré qu'elle serait heureuse de le voir quand il voudrait, car elle désirait le conserver comme ami. Toutefois, elle tenait à ce qu'il fût bien entendu que le passé était le passé, que sous aucun prétexte, il ne devait y être fait allusion. S'il acceptait ces conditions, elle essayerait volontiers de lui faire bon accueil et au fond, elle désirait qu'il vînt. Il avait répliqué qu'il était d'accord, que c'était chic de sa part et que, si vraiment elle pensait ainsi, ça lui allait.

Par la suite, il passa assez fréquemment, habituellement vers 9 heures, car Mildred ne voulait pas que les enfants s'aperçoivent qu'il était là souvent. Un jour, alors que les fillettes étaient pour le week-end chez les Pierce, il vint le samedi soir et il la «sortit». Elle manifesta une préférence pour un endroit calme, car elle craignait que sa robe imprimée ne fût pas assez chic ailleurs. Ils filèrent donc en voiture et dînèrent dans une auberge au bord de la route, près de Ventura. Mais une nuit, au moment où les affaires de Mildred commençaient à aller vraiment mal, il parvint à s'asseoir auprès d'elle sur le divan, et elle ne bougea pas. Quand il passa son bras autour de sa taille, d'un geste machinalement amical, elle ne recula pas, et quand il attira sa tête contre son épaule, elle l'y laissa. Ils restèrent ainsi un long moment sans dire un mot. Et ainsi les portes soigneusement bouclées, les persiennes fermées et le trou de la serrure aveuglé, ils reprirent leur idylle là, dans le studio. Idylle n'était peut-être pas le terme exact, car Mildred ne ressentait pas le moindre soupçon d'émotion. Mais, quoi que ce fût, cela lui apporta du moins deux heures de détente, d'oubli.

Ce soir donc, elle désira que Wally vînt pour ne plus penser à l'uniforme qu'elle devait acheter le lendemain, ni à l'obligation d'avoir à servir. Mais quand la sonnette retentit, elle fut un peu surprise, car 7 heures étaient à peine passées. Elle alla à la porte et, au lieu de Wally, ce fut Bert qu'elle vit.

— Oh! Bonjour... revenant.

— Comment ça va, Mildred?

— Pas mal. Et toi?

— Ça va. J'ai voulu te faire une petite visite et pendant que j'y étais reprendre une ou deux choses que j'ai oubliées dans le bureau.

— Eh bien! entre.

Mais soudain de tels cris éclatèrent derrière la maison que toute discussion dut être remise à plus tard. Les deux enfants arrivèrent en courant, se jetèrent dans les bras de Bert. Il fallut solennellement les mesurer pour déterminer de combien elles avaient grandi depuis qu'il les avait vues. Son verdict fut «au moins deux centimètres, peut-être trois». Comme Mildred soupçonnait qu'il les avait vues au week-end précédent, elle trouva que cette croissance était bien rapide, mais puisque cela semblait devoir être un secret, elle ne se donna pas la peine de le dénoncer, elle acquiesça pour les trois centimètres, et ils devinrent officiels. Puis, elle les emmena tous dans le studio, Bert s'installa sur le divan et les deux enfants sautèrent à côté de lui. Mildred lui raconta les menus faits les concernant: les bonnes notes obtenues en classe, les progrès extraordinaires de Véda en piano, la nouvelle dent de Ray. La dent fut incontinent exhibée et, comme c'était une molaire, demanda force écartement de joue avant d'être vue convenablement. Mais Bert l'admira sans réserve et trouva un penny pour commémorer cet événement.

Les deux enfants lui montrèrent leurs nouvelles possessions: poupées rapportées de San Pedro par Mrs. Gessler quelques jours auparavant; couronnes dorées qu'elles porteraient à la fête de la fin des classes dans deux semaines; balles, dé translucide et bouteilles de parfum, résultats d'échanges avec d'autres enfants. Ensuite, Bert demanda à Mildred des nouvelles de différents amis et elle lui répondit amicalement. Mais comme cela tenait les enfants en dehors de la conversation, elles s'ennuyèrent rapidement. Après une tentative de partie de ballon que Mildred stoppa et une tentative de récitation qui dégénéra en dispute sur le texte exact, Ray commença une campagne obstinée pour montrer à papa le nouveau seau que lui avait donné son grand-père. Comme le seau était dans le garage et que Mildred ne voulait pas qu'on sorte, Ray se mit à bouder. Alors Véda, avec l'air de sauver une situation délicate, dit : « N'as-tu pas très soif, papa ? Maman, veux-tu que j'ouvre le scotch ? »

Mildred fut aussi furieuse qu'elle pouvait l'être contre Véda. N'était-ce pas ce scotch qu'elle avait réservé pour le soir redouté où elle aurait à le vendre pour acheter du pain. Que Véda sût que cette bouteille existait et comment l'ouvrir, cela était aussi stupéfiant. Et de plus, si elle acquiesçait, Bert allait s'installer là, bien confortablement, jusqu'à ce qu'il n'en restât plus une goutte. Le scotch y passerait, et la soirée aussi.

La remarque de Véda fit oublier son seau à Ray qui hurla : « Oh, oui, papa : nous allons boire un verre, nous allons être pafs ! » Et quand Bert répondit : « Je suis très capable de boire un verre si l'on m'en prie gentiment », Mildred comprit que son scotch était condamné. Elle passa dans sa chambre, le prit dans le placard, alla dans la cuisine et l'ouvrit. Elle sortit des cubes de glace, disposa des verres sur un plateau et trouva l'unique siphon d'eau de Seltz laissé là depuis l'hiver. Tout était prêt lorsque Véda parut :

— Puis-je t'aider, maman ?

— Qui t'a permis d'aller fouiller dans mes placards pour savoir ce qu'ils contiennent ?

— Je ne savais pas que c'était secret.

— Dorénavant, c'est moi qui proposerai à boire.

— Mais c'est papa, maman.

— Ne reste pas là à me regarder en face et à prétendre que tu ne comprends pas de quoi je parle. Tu sais parfaitement que ce n'était pas à toi de dire ce que tu as dit et tu le savais au moment même, je l'ai vu à ton air cafard.

— Bien, maman. Tu dois avoir raison.

— Cesse immédiatement de t'exprimer de cette manière.

— Je te rappelle tout de même qu'il n'y avait jamais de mesquinerie quand papa invitait quelqu'un. Les choses ont bien changé ici en vérité, et pas à leur avantage, hélas ! On pourrait croire que des paysans ont mis la main sur la maison.

— Sais-tu ce que c'est qu'un paysan ?

— Un paysan est... un individu très mal élevé.

— Je me demande parfois, Véda, si tu as le moindre bon sens.

Véda sortit fièrement et Mildred arrangea mélancoliquement le plateau, tout en cherchant pourquoi sa fille l'obligeait si facilement à être sur la défensive et la blessait tellement.

Prendre un verre était un rite joyeux dans la famille. Il avait été créé quand Bert fabriquait son « gin de baignoire », et il se déroula ce soir-là suivant le processus habituel. Bert prépara d'abord deux mélanges soi-disant forts pour les enfants, s'inquiétant tout haut des folies qu'elles allaient être entraînées à faire et déclarant qu'il ne savait vraiment pas ce qu'il adviendrait de cette jeune génération. Puis, il versa deux boissons soi-disant plus légères avec une ou deux gouttes d'alcool, pour Mildred et lui-même. Il mit ensuite un cube de glace et de l'eau gazeuse, il posa les verres sur le plateau et les offrit à la ronde. Par un extraordinaire tour de passe-passe que Mildred n'avait jamais complètement compris, il finissait toujours par donner aux enfants les boissons légères, et les autres à Mildred et à lui. Son escamotage était si adroit que les enfants, en dépit de leur surveillance attentive, ne parvenaient jamais à prendre les verres soi-disant préparés pour elles. Au jour, toutes les boissons ayant la même couleur, il restait toujours un doute merveilleux : Bert soutenait que les enfants avaient eu « leurs » verres, et comme tous les verres avaient, du moins, une odeur de genièvre, elles se décidaient habituellement à acquiescer. Ce soir-là, bien que le tour ait été aussi bien réussi qu'à l'ordinaire, la couleur du scotch le trahit. Mais il allégua la fatigue et le besoin d'un stimulant et elles acceptèrent de prendre les boissons faibles ; il donna un verre à Mildred et prit l'autre.

Tout ceci était rituel, mais ces préliminaires terminés, les enfants en jouirent d'une manière très différente. Pour Véda, ce fut une occasion de relever le petit doigt, de boire élégamment, de jouer les Constance Bennet. Elle considérait cela comme propice à une conversation élevée et accabla son père de questions impressionnantes sur « les conditions d'existence actuelles ». Il lui répondit gravement et donna des renseignements sérieux, car il considérait de telles questions comme autant de preuves d'une intelligence supérieure chez l'enfant. Il expliqua que la situation avait été très mauvaise pendant quelque temps, mais qu'il voyait maintenant des signes irréfutables d'amélioration et qu'il croyait que « nous serons bientôt sur le point de doubler le cap ».

Mais pour Ray, ce fut une occasion « d'être paf », comme elle disait, et elle s'en acquitta avec un grand enthousiasme. Aussitôt qu'elle eut bu la moitié de son verre d'eau gazeuse, elle se leva d'un bond, et se mit à tourner au milieu de la pièce en riant aux éclats. Mildred retint son verre, l'enfant tourna jusqu'à ce qu'elle fût étourdie et qu'elle tombât dans un paroxysme de ravissement. La gorge de Mildred se serrait toujours quand commençait cette danse sauvage. Elle sentait, d'une façon assez vague, qu'elle aurait dû l'arrêter, mais l'enfant était si charmante qu'elle ne pouvait jamais s'y décider. Aussi l'admira-t-elle, les larmes lui coulant des yeux, le scotch oublié. Mais Véda, n'étant plus le centre de la conversation, prononça : « À mon avis, cette exhibition est répugnante. »

Ray attaquait maintenant la période suivante du rituel. C'était une récitation que son père lui avait apprise et que voici :

J'ai été au carnaval des animaux ;
Les oiseaux et les bêtes y étaient.
Le vieux babouin,
À la lumière de la lune,
Peignait ses cheveux auburn ;
Le singe s'enivra
Et tomba sur la trompe de l'éléphant,
L'éléphant éternua
Et tomba sur les genoux...
Et qu'advint-il alors du petit singe ?

Mais l'interprétation de Ray connaissait certaines modifications[1]. « Bêtes » était un peu difficile à pro-

1. Intraduisibles en français.

noncer pour elle, aussi le vers devenait-il « les oiseaux et les abeilles ». « Auburn » était également un peu trop compliqué, et le vieux babouin acquérait « une chevelure vieux brun ». Quant au « petit singe », c'était là une expression si amusante, qu'elle devenait « un petit-petit-tout petit-singe », une bête presque fabuleuse. Pendant qu'elle récitait, son père s'arrangeait pour enlever sa ceinture et en attacher la boucle derrière lui, de sorte que, tout à coup, il éleva l'extrémité libre au-dessus de sa tête et commença à trompeter à tue-tête, devenant un éléphant tout à fait plausible pour n'importe quel carnaval d'animaux. Ray tourna en rond, s'approchant de plus en plus au fur et à mesure qu'elle récitait. Quand elle fut presque sur lui et qu'elle eut secoué la trompe deux ou trois fois, il émit une série d'éternuements sonores, qui l'anéantirent complètement. Quand il ouvrit les yeux, Ray avait disparu. Il entra alors dans une énorme crise d'inquiétude sur ce qui avait bien pu lui arriver, il mit sa tête dans la cheminée et appela à haute voix : « Petit, petit, petit singe. »

— As-tu regardé dans le placard ?

— Mildred, je parie qu'elle est justement là.

Il ouvrit le placard, y mit la tête et cria : « Hou, hou. » Mildred suggéra l'entrée et il y alla. En vérité, il chercha partout, un peu plus inquiet à chaque fois. Puis, d'un ton sépulcral, il dit :

— Mildred, tu ne crois tout de même pas que ce singe a été complètement atomisé, n'est-ce pas ?

— J'ai déjà entendu parler de cas semblables.

— Ce serait épouvantable.

Véda prit son verre, releva son petit doigt, but négligemment une gorgée :

— Vraiment, papa, je ne peux pas comprendre

pourquoi vous faites tant d'histoires. Il me semble qu'il est facile de voir qu'elle est simplement derrière le divan.

— Pour cette découverte géniale, tu peux filer au lit.

Les yeux de Mildred flamboyaient et Véda se leva en vitesse. Mais Bert n'y fit pas attention. Il leva la ceinture par-dessus sa tête de nouveau et se mit à quatre pattes ; il fit « woof, woof », et chargea autour du divan. Il empoigna Ray, hurlant de joie dans ses bras, dit qu'il était temps qu'elles aillent au lit toutes les deux : voulaient-elles que papa les borde ? Tandis qu'il faisait sauter l'enfant en l'air, Mildred détourna la tête, car il lui semblait aimer Bert plus qu'elle ne pourrait jamais en aimer un autre, et son cœur lui faisait mal à en suffoquer.

Mais, quand il revint après les avoir bordées, lorsqu'il remit la ceinture à son pantalon et se versa un autre verre, elle pensait avec mauvaise humeur à la voiture. Elle ne réfléchit pas qu'il était au moins la cinq ou sixième personne contre laquelle elle avait été furieuse dans la journée et que chacune, d'une façon ou d'une autre, n'était que le visage différent de sa situation désespérée. Elle était un peu trop absorbée pour tirer une telle conclusion : à ses yeux, tout cela n'était qu'une simple question de justice. Elle travaillait, Bert ne faisait rien. Il n'avait donc aucun droit à un véhicule qui lui rendrait, à elle, les choses tellement plus faciles ; lui, il pouvait bien se débrouiller sans cela. Bert lui demanda à nouveau comment ça allait, elle lui répondit que tout allait bien, mais tandis qu'elle parlait, elle sentait sa colère augmenter en elle et elle savait qu'avant longtemps, elle éclaterait.

La sonnette retentit, Mildred alla ouvrir. Mais quand Wally lui donna une tape amicale sur les fesses, elle murmura rapidement : « Bert est ici. » Il se rembrunit un moment, puis il entra dans son rôle avec un naturel surprenant. D'une voix que l'on pouvait entendre de toute la maison, il claironna :

— Salut, Mildred. Il y a des siècles que je ne vous ai vue. Ma parole, vous êtes en pleine forme. Est-ce que Bert est là ?

— Il est justement à la maison.

— Je ne reste qu'une minute, mais j'ai à le voir.

Si Wally acceptait de croire que Bert vivait toujours là, Bert ne demandait évidemment qu'à en faire autant. Il lui serra la main avec des démonstrations de bienvenue comme si rien ne s'était passé, lui offrit un verre comme si la bouteille lui appartenait et lui demanda des nouvelles de tout. Wally répondit qu'il avait essayé de le rencontrer depuis au moins deux mois, au sujet de quelque chose qui était survenu, et que, Dieu le pardonne, c'était la première fois qu'il parvenait à le voir. Bert répliqua qu'il ne fallait pas lui en parler, qu'il ne savait pas comment le temps filait. Wally expliqua qu'il s'agissait des trois maisons du bloc 14 au sujet desquelles il désirait savoir si, au moment de la vente, la société avait verbalement promis de construire derrière un mur de soutènement. Bert affirma qu'aucune promesse n'avait été faite et il se perdit dans les détails sur la façon dont ces lots s'étaient vendus. Wally expliqua alors que cette histoire lui avait semblé louche, mais qu'il avait voulu avoir une certitude.

Mildred, ne songeant plus à Wally, écoutait distraitement, l'esprit fixé sur la voiture et cherchant comment mettre la question sur le tapis. C'est alors qu'une idée complètement folle lui traversa l'esprit et à peine y eut-elle songé qu'elle la mit à exécution.

— Dieu! qu'il fait lourd ici! Vous n'étouffez pas avec vos vestons, vous autres? Si vous les enleviez?

— Hé, Bert, il me semble que c'est une idée?

— Une fameuse idée!

— Ne bougez pas. Donnez-les-moi...

Ils ôtèrent leurs vestes; Mildred les plia sur son bras et alla les suspendre sur des portemanteaux dans le vestiaire. Quand elle les eut gentiment disposées, elle passa les doigts dans la poche intérieure de celle de Bert et y trouva comme elle l'avait soupçonné la clé de la voiture. Elle la prit et la glissa dans sa chaussure. Quand elle revint du vestiaire, elle leva son verre qu'elle avait à peine touché:

— Je crois que je vais me saouler!

— Bravo!

— Attends, un peu de glace...

Bert mit un nouveau morceau de glace dans son verre, il ajouta un peu plus d'alcool et un jet d'eau de Seltz; Mildred but rapidement deux ou trois gorgées. Elle fit tinter sa glace, raconta l'histoire de Harry Engel et de ses ancres, pour la plus grande joie des deux hommes. Quand elle eut fini, elle sentit la clé avancer dans sa chaussure et elle lança le premier franc éclat de rire qu'elle ait eu depuis des mois. Elle avait un rire charmant, un peu comme celui de Ray, et il atteignit les deux hommes de sorte que, pendant un instant, ils rirent avec elle comme s'il n'y avait pas eu la Crise, la rupture d'un ménage ou une arrière-pensée amère à propos d'un poste d'administrateur.

Mais Wally, évidemment un peu mal à son aise et

encore plus incertain de sa position, décida soudain qu'il devait partir. Cérémonieusement, Bert le conduisit à la porte où Wally s'aperçut qu'il avait oublié son veston ; cela lui donna une occasion de retourner vite dans le studio pour dire un mot à Mildred :

— Est-il de retour ? Enfin... vit-il ici ?

— Il était juste venu dire bonjour.

— Alors, je vous reverrai.

— Mais comment donc !

Quand Bert rentra, il reprit son siège, but rêveusement une gorgée et déclara :

— C'est à croire qu'il n'avait entendu parler de rien. En ce qui nous concerne. J'ai pensé que ce n'était pas la peine de l'informer.

— Tu as très bien fait.

— Ce qu'il ne sait pas ne peut pas lui faire mal.

— Sûrement pas.

La bouteille était maintenant presque vide, mais Bert se versa un autre verre et en arriva à la raison de sa visite :

— Avant que je m'en aille, Mildred, rappelle-moi de prendre une ou deux choses dans le bureau. Rien d'important, mais j'aime autant les emporter.

— Puis-je te les chercher ?

— C'est ma police d'assurance.

Sa voix était un peu rauque, comme s'il s'attendait à une discussion. L'assurance était de 1 000 dollars, 256 dollars versés. Bert n'avait jamais fait d'augmentation, car préférant l'A. T. and T., il ne croyait pas aux assurances en tant que placement. Cela avait été la cause de nombreuses disputes entre eux, Mildred soutenant que s'il arrivait un accident à Bert « ce serait la seule chose entre les enfants et l'hôpital». Cependant elle savait que c'était la première garantie à sacrifier et, visiblement, il s'attendait à une opposition. Mais, calmement, Mildred alla la chercher et il dit : «Merci, Mildred.» Puis, soulagé d'avoir obtenu aussi facilement gain de cause, il s'enquit :

— Eh bien ! Bon Dieu, te débrouilles tu ?

— Très bien.

— Buvons encore, alors.

Ils se servirent deux derniers verres et Bert déclara qu'il devait s'en aller. Mildred lui donna sa veste, le conduisit à la porte, accepta un baiser triste, et il partit. Elle éteignit rapidement les lumières, alla dans sa chambre et attendit. Naturellement, au bout de quelques minutes, la sonnette retentit. Elle ouvrit ; Bert se tenait sur le pas de la porte, l'air un peu confus.

— Désolé de t'embêter, Mildred, mais ma clé de voiture doit être tombée. Cela ne te fait rien que je regarde ?

— Pourquoi ? Pas du tout.

Il retourna dans le studio, alluma la lumière, et chercha partout où il avait joué avec Ray. Mildred le contemplait avec un intérêt satisfait, légèrement enivré. Puis elle lança :

— À y bien réfléchir, c'est peut-être moi qui ai pris cette clé.

— Tu l'as prise ?

— Oui.

— Eh bien ! donne-la-moi... Je dois rentrer chez moi. Je...

Elle resta là debout, souriante tandis que la vérité se faisait jour dans l'esprit de Bert et que son visage durcissait. Puis, elle fit un saut de côté quand il leva le poing vers elle.

— Je ne te la donnerai pas. Inutile d'essayer de la reprendre, car je l'ai mise dans un endroit où tu ne la dénicheras pas. À partir de maintenant, la voiture est à moi. Je travaille et elle m'est utile, tu ne fiches rien et tu n'en as aucun besoin. Si tu crois que je vais me balader à pied, courir après des autobus, perdre mon temps et jouer les idiotes pendant que tu vis avec une autre femme et que tu ne te sers même pas de la voiture, tu te trompes, voilà tout.

— Tu travailles ?

— Oui, je travaille.

— Alors, c'est d'accord. Pourquoi ne l'as-tu pas dit plus tôt ?

— Veux-tu que je te reconduise ?

— Je l'apprécierais grandement.

— Tu demeures chez Maggie ?

— Je préfère ne pas te dire où je demeure. J'habite là où j'habite. Mais si tu me déposes chez Maggie, d'accord. J'ai à la voir une minute, aussi tu peux m'y déposer... si cela te va.

— Tout me va.

Ils sortirent ensemble et montèrent en voiture. Mildred ayant pêché la clé au fond de sa chaussure, ils démarrèrent et roulèrent silencieusement jusque chez Mrs. Biederhof. Arrivés là, elle lui dit qu'elle était extrêmement heureuse qu'il soit passé la voir et qu'elle espérait qu'il se considérerait toujours comme le bienvenu, non seulement pour les enfants, mais pour elle aussi. Il la remercia gravement, lui dit avoir passé une excellente soirée et ouvrit la portière pour descendre. Il chercha la clé à tâtons. Mais elle avait prévu cette éventualité et elle avait enlevé la clé en coupant le contact. Elle éclata de rire, pleine d'une malicieuse gaieté :

— C'est raté, n'est-ce pas ?

— On dirait.

— Bonne nuit, Bert. J'ai un vieux soutien-gorge à la maison, dis-le-lui à ta Maggie. Il est lavé et repassé, elle n'a qu'à le prendre quand elle voudra bien passer le chercher !

— Écoute, Bon Dieu. Tu as la voiture. Maintenant fais-moi le plaisir de la fermer.

— Entendu...

Elle claqua la portière et repartit vers sa maison. Arrivée là, elle vit la lumière allumée, tout comme elle l'avait laissée. Jetant un coup d'œil à l'essence, elle nota qu'il restait dix litres dans le réservoir et elle poursuivit sa route. Elle tourna dans l'avenue Colorado. C'était la première fois qu'elle allait sur un grand boulevard. Les signaux étaient arrêtés, clignant seulement leur lumière jaune. Elle appuya sur l'accélérateur, regardant joyeusement l'aiguille dépasser 60, 80, puis 90. À 90, dans une petite côte, elle découvrit un grésillement et se fit mentalement la réflexion qu'il y avait une saleté à enlever. Elle ralentit un peu et poussa un long soupir de soulagement. La voiture insufflait dans ses veines une sorte de fierté, d'orgueil, de respect de soi enfin retrouvé, que n'avaient pu lui donner ni les paroles, ni l'alcool, ni même l'amour. Une fois de plus, elle se retrouvait elle-même, commençait à envisager son travail non plus avec honte mais avec détachement, et ses angoisses, transport des plats ou acceptation des pourboires, passaient en son esprit les unes après les autres ; elle rit presque à l'idée que peu d'heures auparavant tout cela lui avait paru insurmontable.

Quand elle eut rentré la voiture au garage, elle inspecta les pneus avec une torche électrique pour voir dans quel état ils étaient. Elle fut heureuse de les trouver solides, de sorte qu'elle n'en aurait pas besoin d'autres avant longtemps. Alors, elle rentra en fredonnant dans la maison, éteignit la lumière et se déshabilla dans le noir. Elle alla dans la chambre des enfants, prit Véda dans ses bras et l'embrassa. Comme Véda ouvrait des yeux ensommeillés, elle lui dit :

— Il est arrivé quelque chose de très agréable ce soir et tu es la cause de tout cela. Je retire donc tout ce que je t'ai dit. Dors bien maintenant, n'y pense plus.

— Je suis si contente, maman.

— Bonne nuit.

— Bonne nuit.

CHAPITRE V

Dans les quelques jours qui suivirent, les difficultés de Mildred se trouvèrent un peu aplanies, car rapidement elle devint la meilleure serveuse du restaurant, non seulement dans l'accomplissement de son service, mais aussi pour obtenir des pourboires. Elle avait saisi le truc du transport des assiettes en s'exerçant après le coucher des enfants. Elle se servait d'assiettes d'aluminium qu'elle alourdissait avec des pierres du jardin et elle était parvenue à en équilibrer trois sur les doigts de la main gauche, à en laisser deux autres sur son bras, à se rappeler de ne pas tirer la langue et à circuler autour de la table de la cuisine sans rien laisser tomber.

Les pourboires, elle l'avait instinctivement compris, provenaient surtout des habitués, qui donnaient un pourcentage au lieu de laisser seulement la monnaie. Comme toutes ses camarades, elle soignait particulièrement les hommes, car ils étaient beaucoup plus généreux que les femmes. Elle avait trouvé de petits stratagèmes pour découvrir leur nom. Elle se souvenait de leurs préférences, de leurs dégoûts et de leurs manies et veillait à ce qu'Archie leur servît exactement ce qu'ils voulaient. Elle avait le chic pour flirter tranquillement, mais elle s'aperçut vite que cela ne rapportait pas. Servir à manger à un homme était déjà en soi une intimité ; aller au-delà le gênait et mettait une note triviale dans ce qui devait être des relations sérieuses. Une simple sympathie, doublée d'une attention précise des désirs, semblait rendre beaucoup mieux, et en se basant sur ces données, elle fut fréquemment invitée à des balades en auto, à dîner ou à aller au théâtre. Au début, elle ne savait pas exactement comment faire mais elle apprit bientôt qu'un refus n'est pas obligatoirement une rebuffade. Elle répondit donc qu'elle tenait à « continuer à plaire », qu'il « changerait probablement d'avis s'il la voyait sans uniforme ». Cela eut pour résultat d'éveiller une crainte salutaire — peut-être n'était-elle pas en effet aussi excitante en tenue de ville — mais, en même temps, de laisser suffisamment de pitié pour cette pauvre femme obligée à travailler et inciter à revenir afin qu'elle puisse servir un déjeuner de plus. Avoir le mollet pincé s'avéra un incident quotidien et elle se rendit compte que le mieux était de ne pas y prêter attention. Même un peloteur, s'il est convenablement manœuvré, peut devenir un client régulier qui laisse de bons pourboires, pour prouver sans doute qu'il a vraiment un cœur d'or.

Mildred se tenait à l'écart du restaurant lui-même et des gens ayant un rapport quelconque avec lui. Cela ne tenait pas seulement à ses idées de supériorité sociale. En son for intérieur, elle critiquait sévèrement la cuisine, et redoutait de se laisser entraîner dans une discussion par peur de dire ce qu'elle pensait et de perdre sa place. Aussi gardait-elle ses observations pour Mrs. Gessler et, tous les soirs, lui donnait-elle un compte rendu féroce de la manière dont marchaient les choses. Son principal grief portait sur les «pies». Ils venaient de la Société de boulangerie Handy, et Mrs. Gessler riait souvent des descriptions que lui faisait Mildred sur leur apparence peu appétissante, leur jus filandreux et sans goût, leur croûte dure et indigeste. Mais au restaurant, elle ne broncha jamais, jusqu'au jour où elle entendit Ida apostropher Mr. Chris: «J'ai honte de servir ça sur une table. J'ai honte de proposer à un client de manger ça. C'est tout simplement une horreur ce "pie" que vous servez ici et vous avez la prétention de les faire payer.» Mr. Chris, qui écoutait toutes les plaintes avec un air de martyr, lui répondit simplement: «Peut-être le "pie" n'est-il pas fameux, mais qu'est-ce que vous espérez dans des temps comme ceux-ci? Si le client ne le mange pas, dites-le-moi, j'accepterai une nouvelle fiche.» Mildred ouvrit la bouche pour soutenir Ida et déclara énergiquement que la fiche supplémentaire ne donnerait pas meilleur goût au «pie». Mais au même moment il lui vint à l'esprit que le seul remède était peut-être d'obtenir le contrat des «pies» pour elle. À l'idée de gagner quelques précieux dollars, toute son attitude se modifia. Elle sut qu'il lui fallait conquérir Ida, et non seulement Ida, mais tout le monde dans la maison.

Cet après-midi-là, elle fut beaucoup plus aimable avec les autres serveuses que ne l'exigeait le strict règlement. Puis, au déjeuner, elle s'assit avec elles et se montra sociable. En même temps, elle réfléchissait à l'attitude à tenir vis-à-vis d'Ida. Comme elle était de service le soir, après la fermeture, elle remarqua qu'Ida se dépêchait, les yeux sur la pendule, comme si elle avait un autobus à prendre. Tenant la porte ouverte, elle lui demanda :

— De quel côté allez-vous, Ida ? Peut-être pourrais-je vous déposer ?

— *Vous* avez une voiture ?

— En tout cas, elle roule.

— J'habite à Vermont. En haut, près de Franklin.

— C'est justement sur mon chemin. J'habite Glendale.

La glace était rompue lorsqu'elles démarrèrent. Quand elles se séparèrent, Mildred proposa à Ida de s'arrêter le matin et de la prendre en allant au restaurant. De ce jour, Ida fit le trajet en auto et Mildred eut une condition meilleure. Chose beaucoup plus importante encore, elle eut chaque jour sans interruptions possibles l'oreille d'Ida pendant un long moment. Elles devinrent amies intimes et, d'une manière ou d'une autre, la conversation revint toujours sur les «pies Ida était vraiment indignée de ce que Mr. Chris offrait à ses clients et Mildred l'écoutait avec sympathie. Et puis, un soir, elle lui demanda innocemment :

— Combien paye-t-il ces «pies», Ida ?

— S'il les paye vingt cents, il se fait voler.

— Mais combien les paye-t-il ?

— Je n'en sais rien... Pourquoi ?

— Je fais des «pies». Et quel que soit le prix qu'il en donne, je ferai au même prix des «pies» que les clients auront vraiment envie de manger. Ils seront même bien réussis.

— Sérieusement. Vous savez les faire ?

— J'en ai toujours vendu.

— Alors, je saurai combien il les paye.

Après cette conversation, les «pies» devinrent l'enjeu d'une conspiration fiévreuse entre Mildred et Ida, et, un dimanche, Mildred se rendit chez Ida avec un magnifique «pie» aux airelles, tout chaud, admirable à voir. Ida était mariée à un plâtrier qui était maintenant en chômage et Mildred pensait bien qu'un «pie» améliorerait le dîner du dimanche. Le lendemain, pendant le coup de feu du déjeuner, Ida arrêta Mildred dans le couloir et lui glissa dans un murmure enroué :

— Il les paye trente-cinq cents net et il en prend trois douzaines par semaine.

— Merci.

Le soir, Ida, ravie des renseignements qu'elle avait découverts dans la comptabilité et, sur l'assurance que Mildred pouvait fournir des «pies» à trente-cinq cents, exposa son plan d'attaque : «Laissez-moi agir, Mildred. Laissez-moi. Vous n'aurez pas un mot à dire. J'ai toujours su que je devrais un jour faire une scène à propos de ces "pies". C'est le moment maintenant. Comptez sur moi.»

La «scène», le lendemain matin, fut un peu plus bruyante que ne l'avait imaginé Mildred. Mr. Chris déclara qu'il travaillait avec la société de boulangerie Handy depuis des années et qu'il n'allait pas changer ; à quoi Ida répondit qu'il avait perdu des clients pendant des années et qu'il n'avait pas assez de bon sens pour le comprendre. Et pourtant, poursuivit Ida, il avait à sa disposition quelqu'un qui faisait des «pies» fameux, alors, de quoi s'agissait-il ? Ne voulait-il plus de clients ? Mr. Chris lui répliqua qu'elle l'embêtait, qu'il avait du travail. Mais Ida lui dit de réfléchir à la variété de ce qu'elle offrait : cerises, airelles, fraises... «Pas de ce'ises, pas d'ai'elles, pas de f'aises», explosa Mr. Chris avec volubilité. «*Tous* les mo'ceaux s'éc'oulent dans le jus, la moitié du "pie" est fichue, pas bon.

Pommes, poti'on, cit'on, pas aut'e chose, n'en p'end'ai pas. »

Là-dessus, Ida passa dans la salle, entraînant Mildred à sa suite. Quand elles furent seules, elle murmura avec excitation : « Vous avez entendu ce qu'il a dit ? Des pommes, du potiron, du citron, rien d'autre. Cela signifie qu'il accepte, mais il a beaucoup trop mauvais caractère pour le reconnaître. Alors, écoutez, Mildred. Demain, vous apportez trois "pies", un aux pommes, un au citron, un au potiron. Juste trois, pas un de plus, et je veillerai à ce qu'ils soient servis. Ils seront les échantillons, mais vous devez vous souvenir d'une chose : cela doit être sa "découverte" à lui. »

Ida passa la tête par la porte, fit un signe et Anna pénétra dans la pièce. Anna, l'auteur du drame du premier jour, avait réintégré la maison quelque temps auparavant. Ida la mit dans le secret :

— Dites-moi, Anna, vous avez entendu ce que je lui ai dit tout à l'heure ?

— Ida, ces « pies » sont une véritable honte et…

— D'accord, alors faites exactement ce que je dis et nous aurons ici les « pies » de Mildred à la place de ces infâmes saletés que nous servons en ce moment. Ils seront merveilleux tout simplement. Mais vous savez comment est Chris… Aussi, demain, quand je placerai les échantillons que Mildred doit apporter, vous mettrez le grappin dessus et vous lui direz que c'est ce qu'il a toujours désiré. Alors il marchera et nous briserons sa tête de mule.

— Faites confiance à la petite orpheline Annie.

— Et n'y allez pas de main morte.

— Je viendrai à bout de ce Grec comme Grant est venu à bout de Richmond. Ne vous en faites pas, Mildred. Nous vendrons vos « pies » pour vous.

Mildred au bord des larmes éprouva envers elle un sentiment de chaude affection et décida qu'Anna aurait, elle aussi, son « pie » de temps à autre. Elle fit les échantillons dans l'après-midi et Ida les prit en charge le lendemain matin, se précipitant avec eux dans la cuisine comme un conjuré qui transporte une bombe. En se changeant pour mettre son uniforme, Mildred se sentait aussi nerveuse qu'une actrice un soir de générale et quand elle se rendit à la cuisine, il y flottait une atmosphère d'attente. Mr. Chris était à son bureau, dans un coin, et au même moment se levait pour aller à la porte « sortie ». Il y afficha avec une punaise un morceau de carton sur lequel était écrit, de son écriture méditerranéenne, le menu du jour :

Jambon et Pommes de terre.

Tous se rassemblèrent et le regardèrent. Ida alla au bureau, prit le crayon bleu, revint à la porte et ajouta :

et Pie.

Une à une les serveuses entrèrent dans la salle à manger.

Le déjeuner avait à peine commencé quand Mildred eut l'occasion de vendre deux parts de « pies ». Mr. Rand, l'un de ses habitués, était venu de bonne heure avec un ami et quand elle lui tendit le menu pour qu'il choisît son dessert, elle demanda innocemment : « Aimeriez-vous un peu de "pie", Mr. Rand ? Le citron est très bon aujourd'hui. »

Mr. Rand jeta un coup d'œil à son convive :

— Cela montre exactement ses principes. Le « pie » est infect, elle sait qu'il est infect, et elle dit cependant que le citron est très bon aujourd'hui. Pas de « pies »...

à moins que tu ne sois vraiment fatigué de la vie et que tu préfères la mort.

— C'est une nouvelle fabrication aujourd'hui, Mr. Rand.

— Et alors... est-ce bon ?

— Essayez. Je crois que vous aimerez ça.

L'invité choisit une glace au chocolat et Mildred se précipita vers la cuisine pour passer la commande. Comme elle revenait avec les deux desserts et le café, son cœur fit un bond quand elle entendit quelqu'un déclarer :

— Ce « pie » a bon air.

Et quand elle le posa devant Mr. Rand, son ami ne lui laissa même pas poser la glace :

— Dites-moi, j'en veux aussi. Puis-je changer ?

— Mais certainement.

— Cette meringue est épaisse d'au moins deux doigts.

À midi, le « pie » au citron n'était plus que quelques traces dans un plat vide, et à une heure les trois « pies » avaient disparu. À trois heures, Ida entreprit Mr. Chris, tout le personnel faisant cercle pour voir le résultat. Elle dit que le « pie » au citron avait disparu avant même qu'elle ait le temps de se retourner, qu'un client en voulait une seconde tranche et qu'elle n'avait pas pu lui en donner. Elle dit que cela avait été épouvantable quand, les « pies » de Mildred finis, il lui avait fallu servir les « pies » de la boulangerie. À tout cela, Mr. Chris ne répondit pas, se contentant de pianoter sur son bureau et se comportant comme s'il était sourd. Ida poursuivit, de plus en plus fort. Elle dit qu'une dame, à une table de quatre, avait voulu savoir où ils achetaient d'aussi merveilleux « pies » et quand elle avait désigné Mildred, la dame avait été ahurie.

Mr. Chris se tortillait, mal à l'aise, et il répliqua qu'on l'ennuyait, qu'il était occupé, et...

— Ainsi, c'est cela que vous cherchiez.

Mr. Chris se leva et trouva le doigt d'Anna à vingt-cinq centimètres de son nez, dirigé vers lui comme s'il était un revolver. Ne lui donnant pas le temps de se ressaisir, elle enchaîna : « Alors c'est pour cela que vous avez posé toutes ces questions sur Mildred. C'est pour cela que vous avez tourné autour du pot. Et qui vous a dit qu'elle faisait des "pies", j'aimerais bien le savoir ? Je parie n'importe quoi : hein, dès qu'on n'a plus les yeux sur lui, il manigance quelque chose. »

À ce discours indirectement flatteur, Mr. Chris répondit tout d'abord par un regard noir. Puis, il éclata bruyamment de rire et agita un index moqueur dans la direction d'Ida, comme s'il lui avait fait une excellente farce. Ida prétendit être violemment indignée qu'il « l'ait fait marcher de cette façon » alors qu'il avait toujours connu les « pies » de Mildred et qu'il avait déjà décidé de les prendre. Plus elle parlait, plus il riait fort, et après qu'il eut essuyé ses yeux pleins de larmes, la discussion fut close. Il y eut encore un petit marchandage sur le prix : il essaya d'obtenir trente cents de Mildred, mais elle tint bon et il finit par accepter. Ce soir-là Mildred invita Ida et Anna dans une boîte où l'avait emmenée Wally, et elle aida Anna à lever un homme à une table voisine. Ayant encore sa première demi-douzaine de « pies » à faire, elle rentra très tard chez elle, pleine d'une affection débordante pour tout le genre humain.

À la suite de ce nouveau contrat, elle fit installer le téléphone et se chargea de la publicité pour ses produits auprès de ses clients du voisinage, sous prétexte que quelques «pies» en plus ne donnaient pas plus de travail, mais qu'un peu plus d'argent ne lui ferait pas de mal. Pour les «pies» achetés au détail, elle avait fixé le prix, qu'elle garda, de quatre-vingts cents pièce. Bientôt, à la suite des commandes dans son quartier, elle hérita un accord avec un autre restaurant. Mr. Hatbaugh, mari de l'une de ses clientes, parla de ses «pies» un soir à l'Auberge de la Goutte, un café du boulevard Brand, à deux pas de la rue Pierce. On l'appela et il fut convenu qu'elle en fournirait deux douzaines par semaine. Si bien qu'un mois après avoir commencé son métier de serveuse, elle travaillait plus dur qu'elle n'aurait jamais cru pouvoir le faire, aspirant au dimanche pour dormir enfin. Il n'était plus question de s'occuper elle-même des enfants et elle engagea une jeune bonne, appelée Letty, qui fit pour elles le déjeuner, le dîner, et l'aida à la vaisselle, l'épluchage et aux préparatifs qu'occasionnaient les «pies». Elle acheta deux autres uniformes, et put ainsi les laver tous les trois en même temps pendant le week-end. Mais elle faisait cette lessive elle-même dans la salle de bains, toutes portes fermées. Dissimuler les «pies» eût été impossible. D'accord. Mais elle voulait que ni les enfants, ni Letty ne fussent au courant de son labeur.

Et, cependant, fatiguée comme elle l'était la plupart du temps, il y avait une nouvelle lueur dans son regard, un changement même dans son vocabulaire. Parlant à Mrs. Gessler, elle disait «mes pies», «mes» clients, «mes» achats. Les pronoms de la première personne dominaient. Sans aucun doute, elle prenait à ses propres yeux une certaine importance; elle devenait un peu vaniteuse, un peu indépendante. Et d'ailleurs pourquoi pas? Deux mois auparavant, elle avait à peine de quoi acheter du pain. Aujourd'hui, elle se faisait, avec sa paye, huit dollars par semaine, quinze dollars environ de pourboires, plus de dix dollars de bénéfice sur les «pies». C'était une affaire en plein essor. Elle acheta un tailleur sport et se fit faire une indéfrisable.

Une seule chose l'inquiétait. Juin tirait à sa fin et le 1er juillet, elle aurait à verser 75 dollars pour l'hypothèque. Sa prospérité était de fraîche date et elle n'avait pas mis plus de 50 dollars de côté. Mais elle était décidée à ne pas s'angoisser. Un soir, pendant une promenade avec Wally, elle lui dit brusquement:

— Wally, donnez-moi cinquante dollars.

— Comment... tout de suite?

— Oui, maintenant. C'est un emprunt et je vous rembourserai. Je gagne de l'argent et je peux vous le rendre facilement dans un mois. Mais j'ai à payer l'intérêt de l'hypothèque qu'a prise Bert, et je ne vais pas me laisser expulser de chez moi pour cinquante pauvres dollars. Je veux que vous me les donniez demain.

— D'accord. Je dois les avoir.

— Demain.

— Bon Dieu. Voulez-vous un chèque maintenant?

Un soir, peu après cela, elle trouva Letty revêtue d'un de ses uniformes. Elle n'avait pas encore acheté de blouse pour Letty. Elle lui faisait passer un tablier sur ses robes lavables, et elle avait déclaré que la question d'uniforme serait réglée le jour où il serait sûr qu'elle faisait l'affaire. À la vue de Letty dans la livrée du restaurant, elle sentit sa figure s'enflammer, mais elle quitta la cuisine par crainte de ce qu'elle pourrait dire. Letty surprit son regard et la suivit :

— Je lui avais dit que vous ne seriez pas contente, Mrs. Pierce. Je le lui avais bien dit, mais elle a insisté et m'a poursuivie jusqu'à ce que je cède, juste pour qu'elle se tienne tranquille.

— Qui a insisté et vous a poursuivie ?

— Mademoiselle Véda, madame.

— *Mademoiselle* Véda.

— Elle m'a ordonné de l'appeler ainsi.

— Et elle vous a ordonné de mettre cet uniforme ?

— Oui, madame.

— Parfait. Tout est bien si cela s'est passé ainsi, mais vous pouvez m'enlever ça maintenant. Et dorénavant, rappelez-vous que c'est moi qui commande ici, et non mademoiselle Véda.

— Oui, madame.

Mildred fit ses « pies » et rien d'autre ne fut dit à ce sujet, ni dans l'après-midi, ni au dîner, Véda ne s'étant pas aperçue du changement de costume de Letty. Mais, après le dîner, quand Letty fut rentrée chez elle, Mildred emmena les deux enfants dans le studio et s'adressant surtout à Véda, annonça qu'on allait vider la question de l'uniforme.

— Certainement, maman. Il lui va à ravir, ne trouves-tu pas ?

— Je me moque qu'il lui aille ou non. Ce que je veux d'abord savoir est ceci : ces uniformes étaient sur la planche du haut de mon placard, sous une pile de draps, comment se fait-il que tu les aies découverts ?

— J'avais besoin d'un mouchoir, maman, et j'ai été voir si l'un des miens n'aurait pas été rangé dans tes affaires par erreur.

— Dans la penderie ?

— J'avais regardé partout ailleurs et...

— Tes mouchoirs sont toujours dans ton tiroir, et ils y sont encore, et ce n'était pas un mouchoir que tu cherchais. Une fois de plus tu fouillais dans mes affaires pour voir ce que tu pourrais y dénicher, n'est-ce pas ?

— Maman, comment, peux-tu insinuer une telle...

— Est-ce vrai ?

— Jamais de la vie et je n'admets pas une pareille question.

Véda regarda Mildred dans les yeux avec une dignité hautaine, offensée. Mildred attendit un moment et poursuivit :

— Et comment se fait-il que tu aies donné un de ces uniformes à Letty ?

— J'ai tout bonnement supposé que tu avais oublié de lui dire de les porter, maman. Ils ont de toute évidence été achetés pour elle. Or si Letty doit m'accompagner à la piscine, je veux, naturellement, qu'elle soit convenablement vêtue.

— À la piscine ? Pourquoi ?

— Letty m'apportera mon costume de bain, maman.

La petite Ray éclata de rire et Mildred resta sidérée. L'école étant terminée, elle avait acheté un carnet de tickets d'autobus pour que les enfants puissent se promener et aller se baigner dans la piscine du parc Griffith. Mais que Letty pût être de ces excursions ne lui était pas venu à l'esprit. Elle découvrit assez vite ce que Véda entendait par là : aller en paradant avec Ray jusqu'à l'arrêt de l'autobus ; Letty, revêtue de l'uniforme, en tablier et bonnet blancs, portant les deux sacs, les suivant de deux pas en arrière. Elle exhiba même le bonnet que Mildred reconnut pour être le col de l'une de ses robes. Il avait été arrangé de manière à faire un diadème blanc brodé sur les bords, tout à fait présentable.

— Je n'ai jamais de ma vie entendu une telle stupidité.

— Mais, maman, cela me semble, à moi, tout à fait normal.

— Est-ce que Letty entre dans la piscine ?

— Certainement pas.

— Qu'est-ce qu'elle fait ?

— Elle s'assied à l'entrée et attend, comme il convient.

— Aux ordres de *mademoiselle* Véda, je suppose ?

— Elle sait se tenir à sa place, j'espère.

— Eh bien ! dorénavant il n'y aura plus de mademoiselle Véda. Et si Letty va avec vous à la piscine, elle ira avec ses vêtements à elle et elle se baignera. Si elle n'a pas de maillot, je lui en achèterai un.

— Il en sera comme tu veux, maman.

La petite Ray qui avait écouté tout cela avec un grand plaisir, se roula sur le plancher, criant au milieu d'éclats de rire et agitant ses talons en l'air : « Elle ne sait pas nager. Elle ne sait pas nager et elle se noiera. Et il faudra que Red la sorte. C'est son garde du corps et il est toujours collé après elle. »

À ces mots, Mildred commença à comprendre l'étrange attitude de Letty et elle rit malgré elle. Là-dessus, Véda décréta que l'enquête était finie : « En vérité, maman, il me semble que tu fais beaucoup de bruit pour rien. Tu as acheté ces uniformes pour Letty — pour qui d'autre aurais-tu pu les prendre ? — alors pourquoi donc ne les porterait-elle pas ? »

Là, Véda avait légèrement dépassé la mesure. Dans un éclair, à l'air particulièrement innocent que l'enfant avait pour lancer que l'uniforme ne pouvait être pour quelqu'un d'autre, Mildred devina qu'elle savait la vérité et qu'il fallait aller jusqu'au bout des explications. Car le dessein de Véda en donnant l'uniforme à Letty pouvait n'être rien de plus pervers que le désir de faire une exhibition de paon à la piscine, mais il pouvait aussi être beaucoup plus sournois. Mildred n'agit pas immédiatement. Elle regarda Véda, ses yeux se durcissant peu à peu, puis, elle souleva Ray dans ses bras et annonça qu'il était l'heure d'aller au lit. En la déshabillant, elle joua avec elle comme elle le faisait toujours, soufflant dans les boutonnières de son petit pyjama, la roulant dans son lit avec un houp ! bruyant et un dernier baiser dans le cou. Mais elle ne cessa pas de penser à Véda qui ne prenait jamais part à ces futilités. Du coin de l'œil, Mildred la voyait campée devant la coiffeuse pour une séance de « beauté » dont le principal objet semblait être le déploiement d'autant de peignes, de brosses et de bouteilles qu'en pouvait supporter la table. L'enfant ne fut guère aimable quand Mildred, en ayant fini avec Ray, lui intima l'ordre de la suivre dans le studio pour lui parler. Elle saisit une brosse et la jeta par terre avec colère : « Oh... quoi encore ? »

Quand elles furent dans le studio, Mildred ferma la porte, s'assit dans un fauteuil et tint Véda debout devant elle :

— Pourquoi as-tu donné cet uniforme à Letty ?

— Pour l'amour de Dieu, maman, ne te l'ai-je pas déjà dit une fois. Combien de fois vais-je avoir à le répéter ? Je n'ai pas à être questionnée de cette façon. Bonsoir, je vais me coucher.

Mildred l'attrapa par le bras et la retint :

— Tu savais, quand tu as donné cet uniforme à Letty, que c'était le mien, n'est-ce pas?

— Ton uniforme?

La surprise simulée de Véda était si froide, si calculée, si insolente que Mildred attendit plus longtemps qu'à l'ordinaire pour se mettre en colère. Puis elle poursuivit:

— J'ai pris un emploi de serveuse dans un restaurant d'Hollywood.

— De... quoi?

— De serveuse, et tu le sais très bien.

— Oh! Oh! nom d'...

Mildred la gifla, mais Véda eut un petit rire et termina avec effronterie: «... nom d'un chien.»

À cela, Mildred répondit par une gifle si magistrale sur l'autre joue qu'elle la fit tomber sur le plancher. Comme elle gisait là, Mildred commença à parler:

— Grâce à cela toi et ta sœur vous pouvez manger, avoir un endroit où dormir et quelque chose à vous mettre sur le dos. J'ai pris le seul travail dont je sois capable et si tu crois que je vais écouter un tas de sottises à ce sujet, tu te trompes. Et si tu crois que tes bêtises vont me faire abandonner mon travail, tu te trompes aussi. Comment as-tu découvert ce que je faisais...

— Par l'uniforme, idiote. Crois-tu que je sois abrutie?

Mildred la gifla de nouveau et continua: «Tu peux ne pas le comprendre, mais tout ce que tu as coûte de l'argent, depuis la bonne que tu veux emmener avec toi à la piscine, jusqu'à ta nourriture et le reste. Or, comme personne ne se préoccupe de m'en donner...»

Véda s'était relevée, les yeux secs, elle coupa: «Est-ce que les "pies", ce n'était pas déjà assez moche? Devais-tu nous déshonorer encore en...»

Mildred la saisit par les deux bras; la coucha sur son genou, d'un geste releva la veste, d'un autre fit glisser le pantalon, et abattit sa main sur le derrière nu de Véda avec toute la force que pouvait lui donner sa colère. Véda hurla et lui mordit la jambe. Mildred l'obligea à lâcher, puis lui battit le derrière, qui devenait écarlate, jusqu'à ce qu'elle n'en puisse plus, et Véda hurla comme si elle était possédée du démon. Alors Mildred la laissa glisser sur le sol et s'assit haletante, luttant contre la nausée qui lui soulevait l'estomac.

Véda se releva, chancela jusqu'au divan et s'y affaissa en proie à un désespoir tragique. Puis, elle eut un rire léger et murmura, avec plus de chagrin que de colère: « Serveuse. »

Mildred se mit à pleurer. Elle avait rarement battu Véda, affirmant à Mrs. Gessler que « cette enfant n'en avait pas besoin » et qu'elle « ne croyait pas utile de corriger les enfants pour des fautes minimes ». Mais ce n'était pas la vraie raison. Les quelques fois où elle avait essayé de la battre, elle n'était arrivée à rien. Elle ne pouvait briser Véda, quelque battue qu'elle fût. Véda sortait victorieuse de ces luttes, Mildred restait tremblante, honteusement défaite. Cela finissait toujours de la même façon. Elle avait peur de Véda, de son snobisme, de son mépris, de son orgueil invincible. Et elle avait peur d'autre chose qui semblait toujours être aux aguets sous l'élocution caressante, affectée de Véda : un désir froid, cruel, grossier de torturer sa mère, de l'humilier, et, par-dessus toutes choses, de la blesser. Mildred aspirait à obtenir de la part de l'enfant une chaude affection comparable à celle que recevait Bert. Or, elle n'avait jamais qu'une contrefaçon théâtrale et consciente. Elle devait accepter cette demi-mesure, se forcer même à ne pas voir ce qu'elle était en réalité.

Elle pleura, puis s'assit, envahie peu à peu par un affreux sentiment, car elle se voyait toujours aussi loin d'une situation éclaircie qu'elle l'avait été auparavant. Véda devait être amenée à accepter le travail que faisait sa mère, sinon les jours de cette dernière seraient misérables à tel point qu'elle devrait tout abandonner. Comment arriver à ce résultat? Brusquement, sans avoir conscience d'avoir préparé le moindre plan, elle parla:

— Tu ne crois jamais que je puisse avoir un sentiment noble, n'est-ce pas?

— Oh, maman, s'il te plaît... ne parlons plus de cela. C'est très bien. Tu travailles dans un... à Hollywood, je vais tâcher de ne pas y penser.

— D'ailleurs, je sens exactement ce que tu ressens toi-même et je n'aurais certainement jamais pris cette place si je... Mildred avala, chercha avidement comment poursuivre et reprit: si je n'avais pas décidé d'acheter moi-même un commerce et par conséquent d'apprendre le métier. Je dois savoir tout ce que cela comporte...

Là enfin Véda s'assit et manifesta quelques signes d'intérêt:

— À quel commerce penses-tu, maman?

— Un restaurant, naturellement.

Véda sourcilla et, pendant un affreux moment, Mildred sentit qu'elle n'était pas allée tout à fait dans les visées sociales de sa fille. Elle poursuivit avec désespoir:

— On gagne beaucoup d'argent dans un restaurant, s'il est convenablement géré, et...

— Tu veux dire que nous pourrions être riches?

— Bien des gens ont fait fortune ainsi.

Le tour était joué. Bien qu'un restaurant ne fût pas tout à fait la chose du meilleur ton qu'eût pu imaginer Véda, la richesse la toucha au plus profond d'elle-même. Elle courut à sa mère, lui jeta les bras autour du cou, l'embrassa, la cajola, insista pour être punie de son horrible conduite. Quand Mildred lui eut donné une tape mal assurée sur le derrière, elle grimpa sur le fauteuil et heureuse, bavarda avec Mildred de la limousine qu'elles auraient et du piano à queue sur lequel elle pourrait travailler.

Mildred lui promit tout avec joie, mais plus tard, quand Véda fut au lit, pendant qu'elle se déshabillait, elle se demanda combien de temps cette folie serait soutenable et comment elle pourrait trouver un autre emploi avant que son bluff ne soit dévoilé. Alors jaillit dans son cerveau une idée brûlante, électrique : et pourquoi n'aurait-elle pas son restaurant à elle ? Elle regarda dans la glace et y vit une figure de femme réfléchie, confiante, qui lui rendit son regard. *Eh oui, pourquoi pas ?* Sa respiration s'accéléra tandis qu'elle passait en revue ses possibilités. Elle savait faire la cuisine, elle était même douée. Elle apprenait le métier ; d'ailleurs, depuis que les « pies » marchaient, elle était en quelque sorte déjà dans le métier. Elle était jeune, en bonne santé, plus forte qu'elle ne le paraissait. Elle avait deux enfants, qu'elle avait voulues, qu'elle avait mises au monde, elle n'avait besoin de rien d'autre. Elle était implacablement décidée à arriver. Elle mit son pyjama, éteignit la lumière, mais continua dans le noir à tourner autour de la pièce. Malgré elle, la limousine, le chauffeur et le piano à queue brillèrent devant ses yeux, mais comme des objets réels cette fois, et non plus comme des fictions. Elle allait se coucher, quand elle se précipita dans la chambre d'enfants :

— Véda ?

— Oui, maman, je suis réveillée.

Mildred s'avança, s'agenouilla, entoura l'enfant de ses bras, la serra passionnément :

— Tu avais raison, chérie, et j'avais tort. Ne fais pas attention à ce que je dis, à ce que les autres disent, n'abandonne jamais cet orgueil, cette manière que tu as d'envisager les choses ! Je souhaiterais tant l'avoir... Ne l'abandonne jamais.

— Je n'y peux rien, maman. Je suis ainsi.

— Et puis, il y a autre chose ce soir.

— Raconte-moi.

— Rien à raconter. Seulement maintenant je sens, je sais qu'à partir de maintenant, tout va s'arranger pour nous. Nous aurons ce que nous voudrons. Peut-être ne serons-nous pas riches, mais... nous réussirons. Et ce sera grâce à toi. Tout ce qui arrive d'heureux, c'est toujours grâce à toi, si maman avait assez de bon sens pour ne pas l'oublier.

— Oh, maman, je t'adore. C'est vrai, tu sais.

— Dis-le encore... Dis-le, juste une fois.

CHAPITRE VI

L'attitude de Mildred vis-à-vis du restaurant se transforma de nouveau, son esprit critique et désapprobateur devint une vive curiosité. Bien que sa cuisine ne plût pas à Mildred, Mr. Chris n'en était pas moins dans le métier depuis des années, et elle sentait confusément que son expérience était basée sur une organisation éprouvée, celle que doit employer tout restaurant s'il veut bien marcher. Elle se mit donc à tout étudier sérieusement, la tenue des livres, le marché, la façon d'utiliser les restes, et plus particulièrement les trucs qu'employait Archie, qui, s'il agissait d'une manière que Mildred n'appréciait pas souvent, ne faisait jamais deux mouvements là où un seul suffisait, ne s'inquiétait jamais si un plat était cuit, mais, sûr de lui, l'enlevait du four au moment opportun. Elle adopta immédiatement quelques-uns de ces principes pour fabriquer ses « pies », car elle avait coutume de jeter de nombreux coups d'œil aux plats, de les laisser cuire pour plus de sûreté une minute en plus. Désormais, elle les mit au feu en regardant l'heure, les en retira sur l'avis de la pendule, s'épargna ainsi de la fatigue et réussit des « pies » meilleurs.

Et tandis que se développait sa confiance en elle,

ses idées se précisaient sur le genre d'établissement qu'elle voulait avoir. Mais une chose la tourmentait sans cesse. Où trouverait-elle l'argent ? Certains après-midi, quand elle avait une heure libre, elle se rendait dans les magasins d'accessoires de restaurant, dans Main Street, à Los Angeles, et, notant les prix, elle calculait, additionnait. — Eh, il lui faudrait au bas mot mille dollars d'équipement avant de pouvoir débuter même sur un petit pied. Un fourneau, une glacière, une table chauffante et un vide-ordures coûteraient déjà la moitié. Le mobilier, la vaisselle, l'argenterie et le linge absorberaient le reste. Économiser une telle somme sur son salaire actuel, prendrait beaucoup de temps, et elle courait toujours le risque de perdre son emploi ou de voir un avatar dans l'affaire des « pies » la couler complètement et la ramener au point où elle était au printemps. Il fallait qu'on l'aidât à démarrer, mais qui l'aiderait, elle ne le savait pas. Elle songea à Wally, et même à Mrs. Gessler, mais elle douta qu'ils eussent une telle somme ; de plus, une sorte d'instinct lui conseillait de ne pas la leur demander.

Elle caressa quelque temps l'idée de l'obtenir de Mr. Otis, ancien boucher devenu inspecteur fédéral des viandes, qui était un fidèle client et lui laissait toujours un gros pourboire. Elle s'efforça de lui plaire et l'amena à lui proposer de la rencontrer hors du restaurant. Elle comprit vite qu'elle devrait lui montrer des détails précis et des chiffres exacts si elle voulait l'impressionner assez pour qu'il accepte de faire l'affaire. Aussi, un soir, quand Wally fut parvenu au stade des bâillements et de la cigarette, elle se leva et s'assit devant son bureau.

— Wally, aurais-tu envie de m'aider un peu ?

— Pas spécialement.

— J'ai besoin de quelque chose, vite. Demain, peut-être.

— Qu'est-ce que c'est ?

— Je ne sais comment cela s'appelle. Un devis, je crois. J'en ai besoin pour quelqu'un qui peut m'aider dans une affaire. Je veux donc que tout soit écrit, avec les mots précis, de manière que cela fasse sérieux.

Wally secoua la cendre de sa cigarette dans la cheminée, se retourna et cligna des yeux :

— Quelle affaire ?

— Un restaurant.

— Eh là ! attends une seconde, attends.

Il écrasa sa cigarette et se dirigea vers Mildred. Puis, il attira une chaise et s'assit : « Raconte-moi toute l'histoire. Commence par le commencement. Pas au milieu. »

Bafouillant un peu, tout à coup confuse de ce qu'elle voulait obtenir, elle lui exposa son plan : un petit restaurant où elle ferait la cuisine elle-même et ne vendrait que du poulet.

— Il existe des spécialistes pour les steaks. D'autres pour le poisson. Alors j'ai pensé... parce que là où je travaille, une commande sur deux est pour du poulet... j'ai donc pensé que je pourrais avoir beaucoup de clients. Et de plus ainsi, je n'aurais pas à m'inquiéter des prix différents sur la carte, les livres de compte, les menus, les restes, et tout. On prendra du poulet avec des gaufres ou du poulet avec des légumes, au choix, mais au même prix. J'aurai des « pies » à emporter et je continuerai ma vente de « pies » tant que je pourrai... Il me semble que l'un soutiendra l'autre. Tu comprends, les « pies » aideront le restaurant et le restaurant les « pies »...

— Et qui est le type ?

— Un brave vieux qui déjeune à l'une de mes tables tous les jours. Je crois qu'il a de l'argent. Si je lui prouve que c'est un bon placement, il me prêtera peut-être ce dont j'ai besoin.

Wally fit plusieurs fois le tour de la pièce, sans quitter Mildred des yeux. Elle était tellement habituée à le considérer comme un gros pouf qu'elle oubliait combien en réalité il était froid et lucide. Il demanda :

— Crois-tu vraiment pouvoir tenir le coup ?

— Tu ne le penses pas ?

— Je te pose une question.

— Il me semble que cela devrait rapporter. J'ai bien étudié la question et je suis absolument sûre d'avoir pensé à tout. Je sais cuisiner, cela ne fait aucun doute. J'ai vérifié la marche de l'affaire là-bas, tous les petits détails, tout le système. Et même comment épargner de l'argent, car c'est ça ma principale ambition dans mon projet, Wally. Ce qui coûte dans un restaurant, c'est la dépense inutile et les extras comme l'impression des menus, et le personnel indispensable. Avec mon système, il n'y aura aucun frais d'imprimerie, aucun extra d'aucune sorte. Je crois vraiment que je peux mener cela à bien.

— Alors, si tu peux, je peux, moi, t'aider à démarrer d'une façon qui te lancera avec un boum. Tu feras un départ qui t'établira de telle sorte que tu n'auras même pas besoin d'un commanditaire.

— Oh, Wally, si tu ne fais pas attention, je vais pleurer.

— Tu pleureras ensuite. Écoute plutôt ce que je vais te dire. Te souviens-tu de notre maison « modèle » ? Cette maison idéale que Bert a construite pour convaincre les éventuels acheteurs et leur montrer ce que serait leur maison, s'ils dépensaient deux fois plus d'argent qu'ils n'en avaient ?

— Bien sûr.

Mildred avait de bonnes raisons, assez romanesques, pour se rappeler la maison « modèle ».

— Bon. Eh bien ! Ils veulent s'en débarrasser.

— Qui ?

— Les administrateurs des Maisons Pierce, Inc. La bande qui me paie pour être leur avoué, leur messager, leur voleur, ou ce qui leur passe par la tête. Ils doivent s'en débarrasser et si tu veux la prendre pour y installer ta boîte à poulets, elle est à toi. Crois-moi, Mildred, si ça ce n'est pas l'endroit rêvé pour un restaurant, alors je ne comprends plus rien à rien. Ce coin-là sent déjà le poulet rôti. À l'ombre des arbres, avec ce vieux style colonial pour lequel Bert a dépensé tout son argent, mais c'est l'endroit idéal pour ronger un os ! Tu jetteras un peu de gravier d'un côté : garage gratuit pour les clients. La grande salle de réception : parfaite pour le restaurant. La chambre à coucher Modèle Pierce : ton office ; le bureau Pierce : voilà ta cuisine. Chaque détail de cette maison est en règle avec la loi sur l'incendie et celle sur l'hygiène, même les toilettes, et il y en a deux. Si tu envisages la chose sérieusement, je peux avoir pour quatre mille dollars, maison, terrain et tout le confort qui s'y trouve.

— Wally, c'est maintenant que je vais vraiment pleurer.

— T'ai-je demandé les quatre mille dollars ? Je sais ce que tu as et ce que tu n'as pas, et je te répète que si tu la veux, elle est à toi.

Il se pencha très bas, tout près d'elle. Il lança à la ronde un coup d'œil soupçonneux, comme pour s'assurer que personne ne pouvait entendre. Puis, à voix basse :

— Ils ont à se créer des pertes.

— Qui ?

— Les administrateurs. Pour l'impôt fédéral sur le revenu dû en mars prochain pour l'année 1931, ils doivent faire figurer des pertes. S'ils ne le font pas, ils sont cuits. Voilà pourquoi la maison peut être à toi pour quatre mille dollars.

— Mais, Wally, encore faut-il les avoir !

— Qui te parle de cela ? Là, est la beauté du fait. Une fois que tu seras en possession d'un titre de propriété dans cette ville, on n'ira pas chercher plus loin, tu auras tout le crédit que tu voudras, plus même que tu n'en voudras. Crois-tu que les affaires immobilières ne souffrent pas, elles aussi, de la crise ? On ne peut pas envoyer tout promener, et la seule chose qu'ils demandent, c'est que l'on ait une propriété à soi. Ils te livreront ce que tu voudras et ils arrangeront tout pour toi pardessus le marché. Si tu as besoin d'une petite provision, deux ou trois cents dollars, par exemple, je m'en charge. Tu n'as qu'à faire le nécessaire pour devenir propriétaire et pour te lancer, vite.

Pour la première fois de sa vie, Mildred éprouva l'exaltation violente que ressent le conspirateur. Elle avait compris l'aspect financier de l'affaire dès que Wally le lui avait expliqué et elle n'avait pas besoin qu'on lui prouve combien l'endroit convenait à ses projets. Déjà dans son esprit, elle voyait l'enseigne lumineuse, d'un bleu franc, sans trace de jaune ou de rouge :

MILDRED PIERCE
Poulet — Gaufres — Pies.
Garage gratuit.

Mais tout cela lui semblait trop beau pour être vrai et Wally, devant ses questions anxieuses, dut lui expliquer : « Il n'y a rien de louche là-dessous. Ils sont dans un pétrin du diable. Même s'ils arrivaient à se débarrasser de l'une des autres maisons, les règlements fédéraux les laisseraient dans une plus mauvaises posture encore. Tu comprends, quand *nous* ne bâtissons pas la maison, même si nous devons la reprendre parce que l'acheteur fait défaut, nous n'avons aucun moyen de faire la preuve de nos pertes. Mais pour celle-là, nous avons les 2 500 dollars payés à Bert par la société, sur lesquels le gouvernement lui-même ne peut poser aucune question. Nous avons aussi les 11 500 dollars que Bert a dépensés sur la caisse de la société pour cette maison. L'un dans l'autre quatorze mille dollars. Si on te la vend pour quatre, la perte est encore de dix mille dollars, ce qui bouchera juste le trou qu'il nous faut camoufler pour 1931.

— Mais pourquoi moi ?

— Pourquoi pas ? Qui d'autre désire cette maison ? Personne ne peut vivre là-dedans. Bert voulait y faire le bureau du lotissement. Il faut donc que cela serve à autre chose. C'est ton cas.

— D'accord. Mais avant que je m'emballe trop là-dessus, tâche d'en être sûr. Parce que s'il en est comme tu dis, il se pourrait qu'il y ait déjà quelqu'un sur l'affaire...

— Oh, je vois ce que tu crains. En réalité deux des administrateurs avaient eu cette riche idée. C'est moi qui ai mis le holà ! Ce sont des actionnaires, or, j'ai assez eu affaire avec le gouvernement pour savoir que si notre combine était découverte, nous nous retrouverions tous en tôle. Pour un truc de ce genre, il faut être "de bonne foi", et c'est pourquoi, toi, tu colles. Si l'inspecteur officiel n'est pas content, il pourra toujours aller chez toi, goûter ton poulet et s'assurer par lui-même que tu en fais bien l'usage que tu as déclaré vouloir en faire. Il peut même jeter un coup d'œil sur nos livres et voir que nous avons saisi la meilleure offre qui nous a été faite. Tout collera à merveille. Tu n'es rien chez nous. Tu n'as jamais été actionnaire. Tu es... »

Il s'arrêta court, s'assit et commença à grommeler, doucement d'abord, puis avec une véhémence accrue. Sentant que quelque chose ne tournait pas rond, Mildred demanda :

— Qu'est-ce qui ne va pas, Wally ?

— Bert.

— Qu'est-ce qu'il a à faire là-dedans ?

— Il a été actionnaire à l'origine.

— Et alors ?

— Il a été actionnaire à l'origine, et tu es sa femme, foutus ton restaurant et la plus jolie affaire que j'avais l'occasion de mettre sur pied depuis que les Maisons Pierce ont fait faillite.

Il fallut dix minutes à Mildred pour comprendre les ramifications du régime de communauté, qui faisait que Bert, son époux, serait Copropriétaire du restaurant et, par conséquent, sujet à caution. Elle plaida alors avec indignation et passion, mais elle voyait bien, à l'expression de Wally, combien l'objection était sérieuse. Il la quitta alors, lui disant qu'il allait en parler à ses collègues et étudier la loi. Elle se coucha, terrorisée à l'idée que sa première chance réelle fût coulée par une chinoiserie juridique. Elle eut un nouvel accès de colère amère contre Bert et contre la manière qu'il avait, semblait-il, de la coincer à chaque tournant. La nuit suivante, Wally revint, l'air plus satisfait :

— Eh bien, c'est d'accord, si tu veux bien divorcer.
— Est-ce le seul moyen ?
— Mais Bert t'a plaquée, n'est-ce pas ?
— J'aimerais trouver un autre moyen.
— Pourquoi ?
— Parce que je ne sais comment Bert réagira. Impossible de compter sur lui. S'il suivait toujours les impulsions de son cœur, tout irait bien. Mais il se fourre des idées dans la tête et on ne peut jamais prévoir ce qu'il va faire. Il est capable de créer des complications.
— Comment ?
— Il trouvera bien quelque chose.
— Impossible. S'il accepte de divorcer pour cruauté mentale, tout ira gentiment et sans bruit, ce sera pour le mieux. S'il ne marche pas, tu lâches l'histoire de cette Biederhof, et il sera obligé de céder, parce qu'il ne peut rien opposer à une déclaration d'adultère. Ne lui demande rien. Préviens-le.
— Mais cela prendra un an.
— Tu as peur ?
— Non, mais si cela ne sert à rien, pourquoi le faire ?
— Il faut un an pour que l'ordonnance prenne effet, mais aussitôt qu'il y a jugement de séparation, le régime de communauté est terminé et c'est tout ce qui nous importe pour le moment.
— Bon... Je verrai Bert.
— Cesse d'hésiter. Écoute, Mildred, tu as tout intérêt à mettre les choses au clair. Même en dehors de cette question législative, tu ne pourras pas te lancer dans les affaires en étant toujours mariée à Bert. Sais-tu où il trouve de l'argent ? À peine auras-tu pendu une enseigne que tu seras submergée par des juge-

ments, des saisies et des hypothèques que tu ne soupçonnes pas. Tu serais ruinée avant d'avoir démarré. Dès que tu auras liquidé Bert, tout ira bien.

— Je t'ai dit que je le verrais.

— Si la question d'argent t'inquiète, n'y pense pas. Je te représenterai moi-même devant le tribunal et le reste ne compte pas. Alors, vas-y. Le fer est chaud, tu n'as pas un jour à perdre.

. . . .

Le dimanche suivant quand les enfants furent invitées à déjeuner par les Pierce, Mildred comprit que Bert viendrait. Elle lui avait envoyé un mot demandant à le voir et, visiblement, cet arrangement l'assurait de la trouver seule. Elle commença ses «pies» de bonne heure dans l'espoir qu'elle aurait fini avant son arrivée, mais elle avait encore de la pâte jusqu'au coude quand il franchit la porte de la cuisine. Il demanda comment ça allait et elle lui répondit très bien, puis, elle lui posa la même question, à quoi il affirma n'avoir pas à se plaindre. Il s'assit alors de fort bonne humeur et la regarda travailler. Il fallut à Mildred un certain temps pour se décider à aborder le sujet, et quand elle l'aborda, elle ne le fit qu'après avoir bien tourné autour. Elle parla de la maison-modèle, des problèmes juridiques que cela soulevait et elle cita Wally aux passages les plus délicats. Puis, un peu émue, elle lui dit: «Nous allons donc être obligés de divorcer, Bert.»

Il accueillit cette déclaration avec un visage extrêmement grave et attendit un long moment avant de parler. Puis il déclara:

— Il va falloir que je réfléchisse.

— As-tu des objections?

— … Pas mal. Tout d'abord, j'appartiens à une religion qui a là-dessus un certain nombre de règles assez strictes.

— Oh.

Elle ne put dissimuler l'aigreur de sa voix. Qu'il fasse état de sa vague appartenance à l'Église Épiscopale lui paraissait particulièrement tiré par les cheveux, d'autant plus que son opinion était que l'Église en question ne voyait pas d'objection au divorce lui-même, mais au remariage de personnes divorcées. Cependant, avant qu'elle ait pu tirer la chose au clair, Bert reprit :

— Et je dois en savoir davantage sur toute cette histoire de Wally Burgan. Bien davantage.

— Qu'est-ce que tu as à y voir ?

— Tu es ma femme, non ?

Elle se détourna rapidement, plongea ses mains dans la pâte, s'efforçant de se souvenir que discuter avec Bert était comme discuter avec un enfant. Elle l'entendit bientôt ajouter :

— J'en connais sans doute dix fois plus que Wally Burgan sur les taxes fédérales, et je peux t'assurer que cela m'a l'air d'un ramassis de stupidités. Cela nous ramène à une affaire de connivence : y a-t-il connivence ou non ? Si oui, au gouvernement de la prouver et, dans le cas présent, c'est impossible puisque moi je peux jurer, chaque fois qu'on me citera, qu'il n'y a jamais eu connivence.

— Mais voyons, Bert, il n'est pas question de prouver quoi que ce soit à un tribunal. Il s'agit seulement que la société me donne la maison. Et si je ne suis pas divorcée, elle ne marchera pas.

— Pourquoi donc refuserait-elle ?

— Oh!... alors, que dois-je dire à Wally?
— Tu n'as qu'à me l'envoyer.
Bert se tapa sur les cuisses, se leva et parut considérer la discussion comme terminée. Mildred travaillait sa pâte avec fureur, cherchant à garder son calme. Elle se retourna enfin:
— Bert, moi je veux divorcer.
— Mildred, j'ai très bien entendu.
— Et crois-moi, j'y parviendrai.
— Pas sans que je dise mon mot.
— Tu oublies Maggie Biederhof?
— *Et toi Wally Burgan?*
Aux plus glorieux jours de sa carrière de figurant, Bert n'avait jamais aussi bien encaissé qu'il le fit alors, la pâte faisant office de pommes cuites. Il la reçut en pleine face où elle colla un moment, puis se détacha pour révéler une dignité gravement outragée. Mais tandis qu'elle dégringolait en grosses bulles jusqu'au plancher, la dignité fit place à une violente colère et Bert cria. Il dit qu'il avait des amis, qu'il savait ce qui se passait. Il dit qu'elle devait comprendre maintenant, qu'elle ne pouvait plus lui masquer la vérité. Il alla jusqu'à l'évier pour se laver et, tandis qu'il grattait la pâte, Mildred parla. Elle lui reprocha de n'avoir pas été capable de faire vivre sa famille, de s'être mis en travers de sa route chaque fois qu'elle avait tenté de réagir. Il essaya de ramener le sujet sur Wally, mais elle répliqua par des cris. Il dit alors qu'il était d'accord, mais qu'elle n'essaye pas de mêler Maggie Biederhof à cela, sinon elle verrait ce qui lui arriverait. Il avait décidé qu'elle n'obtiendrait jamais le divorce, jamais, au moins dans ces conditions. Comme elle hurlait une fois de plus qu'elle obtiendrait son

divorce, qu'elle se moquait bien de ce qu'il ferait, il répliqua qu'on verrait et s'en alla.

. . . .

Mrs. Gessler écouta, but une gorgée de thé, hocha la tête :

— C'est extrêmement drôle, mon petit. Vous avez pourtant vécu avec Bert... Combien de temps ? Dix ou douze ans, et vous ne le comprenez pas encore.

— Il a un esprit de contradiction foncier.

— Mais non. Une fois qu'on a compris Bert, il n'est pas contradictoire. Bert est comme Véda. S'il ne fait pas tout de façon grandiose, il est perdu. C'est tout.

— Qu'y a-t-il de grandiose dans la façon dont il a agi ?

— Pour une fois, envisagez les choses sous l'angle où il les envisage. Il se moque de l'Église, des lois et de Wally. Il n'en a parlé que parce que cela sonnait bien. Ce qui le gêne, c'est qu'il ne peut rien pour les petites. Plutôt qu'avouer à un tribunal qu'il est incapable de verser un centime pour elles, il aimerait mieux mourir.

— Que fait-il pour elles maintenant ?

— Oh, mais maintenant, c'est un détail sans importance, une situation passagère qu'il ne fait pas entrer en ligne de compte. Quand il aura mis sur pied une affaire...

— Ça n'arrivera jamais.

— Voulez-vous bien me laisser parler cinq minutes ? Je vous dis que c'est la crainte de se comporter comme un dégonflé dans une des heures les plus dramatiques de la vie d'un homme qui l'a fait vous disputer le morceau. Mais il ne peut pas tenir le coup très longtemps. D'abord, il y a la Biederhof. Elle ne sera pas contente quand elle saura que vous avez proposé de divorcer et qu'il n'a pas accepté. Elle va se demander s'il l'aime vraiment — bien que cela me dépasse qu'on puisse aimer cette créature. De plus, il comprendra bientôt que plus il vous rend la vie dure, plus il la rend dure aux petites. Il les adore, ces gosses. Voyons, mon petit, Bert est au bout du rouleau, et il ne peut plus que s'incliner.

— Oui, mais quand ?

— Quand il aura le « pie ».

— Quel « pie » ?

— Le « pie » que vous allez lui envoyer ? Cela va être un « pie » tout à fait spécial. Il ne flattera pas son estomac, si ce n'est par contrecoup. Il fera appel au sentiment le plus fort chez Bert, c'est-à-dire à sa vanité. Ce sera un « pie » que vous aurez réalisé par hasard et sur les possibilités commerciales duquel vous lui demanderez son opinion.

— Faire un « pie » pour lui ne me tente guère.

— Alors, mettez-vous-y.

Mildred fit donc un « pie », un plat de marque, fourré de pommes d'amour habilement enrobées de sucre de telle sorte que l'amertume des pommes ressortait autant que la douceur cristallisée du sucre. C'était à peu près aussi commercial qu'une épingle de chapeau aiguisée à la main, mais Mildred y ajouta un petit mot, demandant son avis et un post-scriptum précisant qu'elle avait mis ses initiales sur le dessus pour voir si elle était encore capable de tracer des monogrammes. Elle l'envoya par Letty, et comme elle s'y attendait, une nouvelle invitation pour les enfants au déjeuner du dimanche arriva au milieu de la semaine. Cette fois, Mildred prit soin de faire ses « pies » de bonne heure et de préparer un déjeuner froid. Letty était là et Mildred, après un cocktail, lui fit servir le déjeuner dans le studio. Bert accepta ces attentions d'un air grave et discuta du « pie » longuement, déclarant que ce serait une révélation. Le champ à exploiter dans le domaine de la pâtisserie était vaste, estima-t-il, depuis que les gens n'avaient plus de domestiques comme autrefois, et qu'ils étaient souvent embarrassés par les desserts. C'était bien ce que Mildred pensait depuis quelque temps ; mais elle n'en avait pas été frappée particulièrement et elle fut heureuse d'entendre un avis si prometteur. Ensuite, Bert exposa de nouveau son point de vue tout au long, puis un silence s'établit entre eux. Bert reprit :

— Alors, Mildred, je t'avais dit que je réfléchirais à tout cela, et je l'ai fait.

— Eh bien ?

— De quelque manière qu'on l'envisage, c'est assez désagréable.

— Cela est extrêmement désagréable pour moi.

— C'est exactement le genre de choses à quoi on déteste penser. Mais nous n'y pouvons rien.

— Que veux-tu dire, Bert ?

— Je veux dire que ce qui est désagréable pour nous n'a pas d'importance. Ce qui compte, c'est ce qui conviendra le mieux aux enfants et c'est ce à quoi nous devons réfléchir... Il faut en parler.

— Ai-je une autre raison ? N'est-ce pas pour elles que je veux saisir cette occasion ? Si je réussis dans cette affaire, je leur donnerai ce que je veux qu'elles aient, et ce que tu dois désirer qu'elles aient, toi aussi.

— Je veux y prendre part.

— Personne ne te demande rien. Je sais que dès que tu le pourras, tu seras trop heureux de faire tout ton possible. Mais pour le moment… t'ai-je demandé quelque chose ?… quoi que ce soit ?

— Mildred, je peux faire une chose et si tu es bien décidée, je la ferai. Je peux vous donner un toit sous lequel dormir, toi et les petites, et personne ne pourra vous le retirer. Je veux vous donner la maison.

Mildred, stupéfaite, eut à la fois envie de rire et de pleurer. La maison avait depuis longtemps cessé de représenter un bien à elle. C'était seulement l'endroit où elle vivait et un poids d'hypothèques, d'impôts et d'entretien. Que Bert pût en la regardant en face la lui offrir à ce moment, cela la frappa comme parfaitement grotesque. Mais elle se souvint de ce que lui avait dit Mrs. Gessler et elle comprit qu'elle était en présence d'un homme et de son orgueil. Elle se leva d'un bond, traversa la pièce et mit les bras autour du cou de Bert :

— Oh ! tu n'as pas à aller jusque-là.

— Je le désire, Mildred.

— Alors, si tu le désires, je n'ai qu'à accepter. Mais, tu sais, ce n'est pas indispensable.

— Entendu, mais accepte.

— Bert, il faut m'excuser pour ce que j'ai dit à propos de Mrs. Biederhof.

— Oh ! tu sais, je ne me pardonne pas ce que j'ai dit sur Wally. Seigneur, je sais bien qu'il n'y a jamais rien eu entre toi et ce gros porc. Mais…

— Nous avons dépassé notre pensée.

— Exactement. Nous ne pensions pas ce que nous disions.

— Nous ne pouvions pas le penser, Bert. Tu sais, tout cela me navre autant que toi. Mais il faut le faire dans l'intérêt des enfants.

— Oui, c'est leur intérêt.

Ils parlèrent à voix basse, tout près l'un de l'autre, pendant un long moment, et ils se mirent à rire en se rappelant la tête qu'il avait fait quand elle l'avait coiffé avec la pâte. Puis, ils continuèrent à plaisanter sur les accusations qu'elle aurait à porter contre lui et sur les cruautés dont il se serait soi-disant rendu coupable.

— Je parie que tu m'as frappée, Bert. Elles disent toutes qu'elles ont été battues et qu'elles vivent dans une angoisse affreuse.

— Tu parles comme Véda. Elle désire toujours être frappée.

— Je suis heureuse qu'elle ait un peu de moi.

Il ferma le poing et effleura le menton de Mildred. Et tous deux, brusquement éclatèrent en sanglots, incontrôlables.

. . . .

— Les guiboles! Les guiboles! Votre visage ne compte pas.

Il fallut un moment à Mildred pour comprendre ce qu'on lui criait mais vite alors elle retroussa un peu sa jupe et ne fut pas précisément fâchée d'entendre le sifflement admiratif d'un photographe.

Mrs. Gessler, qui n'avait pas de «guiboles» à montrer, se tenait derrière elle et le magnésium éclata. Et puis, Mildred fut devant le tribunal, la main levée. Jurant de dire avec le secours de Dieu la vérité, toute la vérité, rien que la vérité et donnant ses nom, adresse et profession, elle déclara être «maîtresse de maison». Elle répondit alors aux questions que lui posa un Wally inconnu d'elle: solennel, compatissant, rouquin et qui doucement la pressait de dire à un bon vieux juge les cruautés intolérables de Bert: ses silences durant lesquels il restait des jours sans parler; ses absences du domicile conjugal, ses «voies de fait» à propos d'une question d'argent. Enfin, elle s'assit à côté de Wally, et Mrs. Gessler se leva, corroborant tout ce que Mildred avait dit, ajoutant juste une touche d'indignation contenue. Quand Mrs. Gessler en arriva à la gifle et que Wally lui demanda sévèrement si elle l'avait vraiment vue, elle ferma les yeux et murmura: «Je l'ai vue.»

Alors Mildred et Mrs. Gessler se trouvèrent dans un couloir où Wally vint les rejoindre:

— O.K. Le jugement est entériné.

— Quoi... déjà?

— Voilà comment cela se passe quand vous avez préparé correctement une affaire. Aucune difficulté dans un divorce s'il est mené comme il faut. La loi accepte la cruauté: c'est donc ce que vous avez à prouver, mais c'est aussi tout ce que vous avez à prouver. Une gifle vaut deux heures de plaidoirie.

Wally les reconduisit. Mildred prépara à boire et Bert arriva pour signer des papiers. Mildred était heureuse, d'une certaine façon, que depuis le début de l'affaire de la maison, Wally ait été si curieusement silencieux sur le chapitre des sentiments. Cela lui permit de s'asseoir auprès de Bert sans ressentir d'hostilité et même d'éprouver à son égard des sentiments de réelle affection. À la première occasion, elle lui murmura à l'oreille:

— J'ai dit que notre accord au sujet de la maison s'était fait en dehors du tribunal. J'ai dit ça aux journalistes. J'ai bien fait.

— C'est parfait.

Que ce geste élégant soit imprimé, Mildred savait que cela comptait énormément pour lui. Elle tapota sa main et il lui serra la sienne. Wally s'en alla et Bert, après un regard mélancolique à son verre, décida qu'il devait partir, lui aussi. Mais Mildred sentit sa gorge se serrer quand elle le vit s'éloigner, le chapeau incliné suivant un angle qui voulait être faraud, les épaules bravement rejetées en arrière. Mrs. Gessler la regarda et dit brusquement :

— Eh bien, qu'y a-t-il ?

— Je ne sais pas. J'ai l'impression de ne lui laisser que les os. D'abord ses enfants, puis sa voiture, et maintenant sa maison... tout ce qu'il possédait.

— Voudriez-vous amicalement me dire à quoi lui servirait la maison ? À la première échéance de l'hypothèque, il la perdrait, n'est-ce pas ?

— Il a l'air pitoyable.

— Enfant, ils ont tous l'air pitoyable. Et c'est comme ça qu'ils nous ont.

CHAPITRE VII

C'était une chaude matinée d'octobre, la dernière que Mildred passait au restaurant. Les deux semaines précédentes avaient été une telle suite de courses effrénées qu'il lui avait semblé qu'elle ne parviendrait jamais à tout faire. Il y avait eu les visites à la rue Los Angeles pour commander l'équipement auquel son précieux crédit lui donnait droit ; les visites aux propriétaires de restaurant pour obtenir des commandes de « pies » en quantité suffisante pour équilibrer les dépenses ; les discussions sans fin à la maison-modèle où des peintres opéraient les transformations ; les calculs compliqués, secrets, pour l'argent ; du travail et des soucis qui, le soir, l'amenaient au lit trop exténuée pour dormir. Mais maintenant, c'était fini. L'équipement était en place, en particulier, un fourneau gigantesque qui faisait bondir son cœur quand elle le voyait, les peintres étaient partis, ou presque, et trois nouveaux contrats de « pies » avaient fait dépasser le stage d'essai. La charge de dettes qu'elle allait avoir à supporter, les intérêts, les impôts et les acomptes que cela impliquait, l'épouvantait et, en même temps, la stimulait. Si elle pouvait soutenir la lutte pendant un an ou deux, elle songeait qu'elle aurait « quelque chose à elle». Aussi s'assit-elle pour prendre son petit déjeuner avec ses camarades et, en écoutant Ida donner des instructions à Shirley qui allait la remplacer, elle éprouva une sensation de légèreté bizarre, comme si elle devenait fluide et était prête à s'envoler.

Ida parlait avec sa véhémence habituelle.

— Quand vous avez à faire attendre un client, vous ne devez pas le planter là comme vous l'avez fait hier avec cette vieille dame. Il faut lui manifester de l'intérêt, lui faire sentir que vous vous occupez de lui. Par exemple, demandez-lui s'il n'a pas envie d'un peu de consommé ou autre chose tandis qu'il prend patience.

— Proposez-lui au moins de vous pincer le mollet.

Ida ne voulut pas entendre l'interruption d'Anna, et poursuivit. Un client entra et s'assit à l'une des tables d'Anna, Mildred renvoya celle-ci à son café : « Asseyez-vous. Je m'en charge. »

Elle ne prêta aucune attention au client, sauf qu'elle se demanda si sa calvitie était naturellement brune ou bronzée par le soleil. Elle était minuscule, entourée de cheveux noirs, mais c'était comme une petite tonsure. Tandis qu'il examinait le menu, Mildred se décida pour le coup de soleil. Elle remarqua alors qu'il était entièrement bronzé par le soleil, mais ce n'était pas cela qui lui donnait ce petit air latin. Il était grand, assez efflanqué, et il avait tout d'un adolescent avec son pantalon de flanelle usé. Mais ses yeux étaient bruns et sa petite moustache nettement continentale. Elle enregistra tous ces détails sans le moindre intérêt jusqu'à ce qu'il pose le menu et la regarde :

— Pourquoi diable ai-je consulté ce menu ? Pourquoi regarde-t-on un menu pour le petit déjeuner ? On sait toujours ce qu'on va avoir et quand même on regarde le menu.

— Pour connaître les prix.

Elle n'avait pas l'intention de faire une plaisanterie, mais les yeux du client étaient amicaux et ils s'attardèrent sur elle. Il fit claquer ses doigts comme si c'était la réponse qu'il attendait depuis toujours : « C'est cela. » Ils rirent ensemble et il revint aux choses sérieuses :

— O.K. vous êtes prête ?

— Allez-y.

— Jus d'orange, gruau, œufs au jambon, frits d'un seul côté et pas trop, toast sans beurre et beaucoup de café. Ça colle ?

Elle le lui récita avec ses propres intonations, et ils rirent de nouveau.

— Et si vous pouviez faire sauter ça un peu... pour que ça aille plus vite... je pourrais être à Arrowhead à temps pour nager un moment avant le coucher du soleil.

— J'aimerais bien aller à Arrowhead, moi aussi !

— Venez.

— Méfiez-vous, je suis capable d'accepter.

Quand elle revint avec son jus d'orange, il sourit et dit :

— Alors ? Vous venez avec moi.

— Je vous ai dit de faire attention. C'était peut-être sérieux aussi.

— Si seulement vous agissiez de façon originale ?

— Comment donc ?

— Dire oui, tout de suite... sans manières.

Une vague chaude, brusque, la submergea. Il lui sembla soudain que tout à coup elle était libre, libre comme un oiseau. Ses « pies » étaient faits et livrés, les enfants étaient au bord de la mer avec les Pierce. Les peintres auraient fini à midi, plus rien ne la retenait. C'était comme si, pour un petit moment, elle faisait partie des créatures de Dieu et tandis qu'elle s'éloignait, elle crut sentir le vent dans ses cheveux. Elle alla à la cuisine et fit signe à Ida : « Ida, je crois que c'est moi qui trouble la nouvelle. Je la rends nerveuse. Et il faut bien qu'elle s'y mette un jour. Pourquoi ne m'en irais-je pas tout de suite ? »

Ida lança un coup d'œil à Mr. Chris qui faisait ses comptes du matin :

— Il sera ravi d'économiser du fric.

— Bien sûr !

— Alors, Mildred, partez et je vous souhaite beaucoup de chance... avec votre petit restaurant. J'irai vous voir à la première occasion... Oh ! et votre feuille de paye ?

— Je la prendrai la semaine prochaine.

— C'est cela, quand vous viendrez pour les « pies ».

Mildred emporta les œufs au jambon et s'en alla. Les yeux du client rencontrèrent les siens avant qu'elle ait passé la porte de la cuisine et elle ne put retenir un sourire tandis qu'elle approchait. Quand elle posa le plat, il demanda :

— Pourquoi souriez-vous ?

— Oh... on peut bien être originale une fois par hasard.

— Bon Dieu, vous me plaisez.

Ce qui suivit fut rapide, haletant et impatient. Il voulait partir immédiatement, mais elle insista sur la nécessité de ramener sa voiture chez elle. Il voulut l'y accompagner ; elle dit qu'elle avait une course à faire. C'est qu'elle tenait à s'assurer que la maison-modèle était bien fermée après le départ des peintres, mais elle ne le lui expliqua pas. Ils prirent rendez-vous à la pharmacie du Colorado pour midi un quart. Puis Anna vint desservir et ramasser son pourboire. Mildred se précipita vers son placard, se changea, fit des adieux hâtifs et disparut.

. . . .

Cependant elle ne rentra pas tout de suite chez elle. Elle fila jusqu'au Broadway d'Hollywood et acheta des vêtements de plage, remerciant le ciel d'avoir assez d'argent sur elle pour les payer. Puis, elle courut à sa voiture et rentra à la maison. Il était midi moins quatorze à la pendule automatique quand elle tourna dans l'allée. Elle rangea la voiture, ferma le garage et courut dans la maison avec ses paquets. Elle jeta un coup d'œil machinal chez les Gessler, mais tous les volets étaient fermés : sans doute étaient-ils partis pour le week-end. Chez elle, elle tira ses propres contrevents, ferma toutes les portes, le frigidaire, le four, le chauffe-bain et les robinets. Enfin, elle fit glisser sa robe, mit un petit costume de sport, un chapeau rabattu. Elle ouvrit son nouveau sac de plage et y entassa ses acquisitions. Elle prit sur sa coiffeuse un peigne ; dans la salle de bains, elle attrapa une serviette propre et un morceau de savon qu'elle mit aussi dans le sac. Elle le ferma, ramassa un manteau léger et se précipita vers la porte. Après avoir essayé d'ouvrir pour être sûre que c'était bien clos, elle avança dans l'allée mais à une allure qui contrastait comiquement avec sa hâte précédente. Pour ceux qui, peut-être, la surveillaient, elle avança à une allure nonchalante : une jeune femme s'en allait un samedi se baigner, son sac de plage se balançait innocemment au bout de son bras qui supportait négligemment un manteau.

Mais quand elle eut dépassé le pâté de maisons, son allure s'accéléra. Elle courait presque quand elle arriva à la maison-modèle. Celle-ci était convenablement barricadée, et un coup d'œil à travers les fenêtres prouva que les peintres étaient partis. Mildred fit le tour sur la pointe des pieds, examinant chacun des merveilleux recoins. Puis, satisfaite que tout fût en ordre, elle partit en direction de la pharmacie. Elle n'en était éloignée que d'une rue ou deux quand un coup de klaxon très proche la fit sursauter. Son compagnon était à quelques pas d'elle, au volant d'une grosse Cord bleue.

— J'ai déjà klaxonné, mais impossible de vous arrêter.

— C'est égal, nous sommes tous les deux à l'heure.

— Montez. Vous êtes épatante.

En traversant Pasadena, ils décidèrent que le moment était venu de se dire leurs noms, et, quand il entendit celui de Mildred, il lui demanda si elle était apparentée aux Maisons Pierce. Elle lui répondit qu'elle « avait été mariée avec elles pendant un certain temps », et il se déclara enchanté, affirmant qu'elles étaient les plus affreuses maisons qu'on eût jamais bâties, car tous leurs toits faisaient eau. Elle lui répliqua que ce n'était rien à côté de la trésorerie et ils éclatèrent gaiement de rire. Il dut lui épeler son nom, Beragon, avant qu'elle le saisît et comme il mettait l'accent sur la dernière syllabe, elle lui demanda :

— Est-ce un nom français ?

— Espagnol, ou du moins on le suppose. Mon arrière-arrière-grand-père était un de ces colons de la première heure, vous savez, ces joyeux « caballeros » qui chipèrent leurs terres aux Indiens, les impôts au roi, puis vendirent aux Américains quand Polk commença l'annexion. Mais si vous voulez mon avis, le vieux pirate était au fond un macaroni. Je ne peux pas en faire la preuve, mais je crois qu'à l'origine notre nom était Bergoni. Quoi qu'il en soit, s'il s'est hispanisé, cela me va. Macaroni ou piment, je ne ferais pas plus confiance à l'un qu'à l'autre, de sorte que cela ne fait aucune différence pour moi !

— Et quel est votre prénom ?

— Montgomery, que vous le croyiez ou non ! Mais Monty, ça ne sonne pas si mal.

— Alors si, un jour, je vous connais assez pour vous appeler par votre prénom, je vous appellerai ainsi.

— Est-ce une promesse, Mrs. Pierce.

— C'en est une, Mr. Beragon.

Elle était heureuse de tous ces détails, car ils lui prouvaient qu'il lui avait donné son vrai nom, et non un pseudonyme quelconque forgé pour une aventure plus ou moins régulière. Elle s'adossa, perdit l'impression assez désagréable qu'elle ressentait encore d'avoir tout bonnement été « levée ».

Le trajet de Glendale au Lac Arrowhead, pour n'importe quel citoyen respectueux des lois, est une affaire de deux heures et demie. Mais Mr. Beragon ne prêtait pas grande attention aux lois. La voiture bleue grimpa à 110 et s'y maintint : il était à peine deux heures quand ils s'arrêtèrent à la grille du Club. Ils n'entrèrent pas cependant. Ils prirent une petite route sur la droite et, en un instant, ils roulèrent au milieu des grands pins qui remplissaient l'air de leur parfum. Ils suivirent ensuite une piste poussiéreuse, tracée à travers des buissons que secouait le vent et s'arrêtèrent, avec une secousse, derrière une maisonnette en bois. Mr. Beragon serra le frein, se prépara à descendre ; puis, comme s'il venait juste d'y penser :

— Peut-être auriez-vous préféré un Club quelque part sur l'autre rive ? Cette maisonnette est à moi, mais...

— Je la trouve épatante.

Il prit le sac de Mildred et ils avancèrent jusqu'à la façade par un chemin de côté. Il déverrouilla la porte et Mildred se trouva dans la pièce la plus chaude, la plus étouffante où elle ait jamais pénétré.

— Ouf!

Il marcha à grandes enjambées, ouvrant les fenêtres, ouvrant les portes, établissant des courants d'air dans cette chambre qui, de toute évidence, n'avait pas été ouverte depuis un mois. Pendant ce temps, Mildred regardait autour d'elle. C'était la pièce centrale habituelle d'un chalet de montagne, avec un plancher de bois rugueux à travers les lattes duquel elle apercevait la terre rouge. Deux ou trois tapis mexicains étaient jetés çà et là, et les meubles étaient en chêne avec des sièges de cuir. De plus, une cheminée en pierre. L'ensemble dégageait une atmosphère masculine un peu rude qui ne lui plut qu'à moitié. Au même moment, il réapparut et dit :

— Bon, avez-vous faim ? Nous pouvons déjeuner à l'auberge, ou bien préférez-vous vous baigner d'abord ?

— Faim ? Mais vous venez de prendre votre petit déjeuner.

— Alors, on se baigne.

Il ramassa son sac et la mena dans une petite chambre dont l'ameublement était composé d'une descente de lit de coton, d'une chaise et d'un lit de fer soigneusement fait avec des couvertures.

— Si vous pouvez vous débrouiller ici, j'utiliserai la pièce de devant et... nous nous retrouverons dans deux minutes.

— Je ne serai pas longue.

Tous deux parlaient avec une négligence voulue mais dès que Mildred fut seule, elle jeta son sac sur le lit et en tira la fermeture éclair encore plus rapidement qu'elle ne l'avait fermée. Elle était épouvantée à l'idée qu'il pouvait revenir avant qu'elle fût prête. Cependant ce n'étaient pas les conséquences qui l'effrayaient. La chaleur, et maintenant la brise parfumée qui soufflait jusque dans la pièce, la remplissaient d'un sentiment profond, langoureux, qui ne demandait qu'à être exploité, qu'à être surpris moitié vêtu, sans aucune fausse honte. Mais au moment où il l'avait quittée, une mèche de ses cheveux était tombée sur son visage et elle y avait retrouvé le fumet de la graisse de cuisine d'Archie. Cela lui était déjà arrivé, surtout lorsqu'elle retardait d'un jour ou de deux d'aller chez le coiffeur, mais que Wally le remarque, que cela lui plaise ou non, elle ne s'en souciait pas plus qu'elle ne se souciait qu'il vînt ou non. Mais que cet inconnu s'en aperçût était une éventualité qui la faisait frissonner. Elle était obsédée par l'envie de se jeter dans l'eau, de se laver avant qu'il ne l'approchât.

Hâtivement, elle ôta ses vêtements, les posa sur la chaise, enfila son maillot. C'était avant l'époque des paréos et ce simple maillot marron la faisait paraître mince, douce et absurdement puérile. Elle chaussa des sandales de caoutchouc et prit le savon. Une petite porte semblait mener à une sortie de côté. Elle l'ouvrit et jeta un coup d'œil. C'était une véranda en treillage, devant le chemin qui faisait le tour de la maison. Elle sortit sur la pointe des pieds, fit doucement le tour, puis courut droit à la jetée. Serrant le savon dans sa main, elle plongea. L'eau était si froide qu'elle suffoqua, mais elle nagea vers le fond jusqu'à ce qu'elle soit seulement à quelques centimètres des pierres qu'elle apercevait. En sûreté, loin des regards, elle se savonna les cheveux, nageant de sa seule main libre, retenant sa respiration jusqu'à ce que son cœur lui fît mal.

Quand elle revint à la surface, Beragon était là, sur le radeau, si bien qu'elle laissa le savon tomber au fond.

— Vous étiez bien pressée.

— J'avais chaud.

— Vous avez oublié votre bonnet.

— Moi ? Je dois être jolie.

— Vous avez l'air d'un rat noyé.

— Si seulement vous saviez à quoi vous ressemblez !

À cette remarque impertinente, il plongea et il s'ensuivit la poursuite traditionnelle avec cris, coups de pied et éclaboussures obligatoires. Mildred se mit hors de son atteinte ; il la poursuivit à brasses lentes, paresseuses ; de temps en temps, ils s'arrêtaient et flottaient, puis recommençaient, lorsqu'il découvrait un nouveau moyen de l'attraper. Au bout d'un moment, elle se fatigua et commença à tourner en rond pour regagner le radeau. Mais, nageant sous l'eau, il lui coupa la retraite et se trouva devant elle. Elle était prise. Ensuite, elle se souvint seulement d'avoir été emportée à bras le corps dans le chalet. Avec la sensation de chaleur, l'engourdissement langoureux lui revint. Elle se sentit désarmée, impuissante, et elle eut juste la force de pousser du pied le sac de plage hors du lit.

Il faisait sombre quand ils se levèrent, et ils allèrent en auto dîner à l'auberge. Quand ils revinrent, l'air était froid et ils décidèrent d'allumer un feu de pommes de pin. Mais alors, ils découvrirent qu'ils n'avaient pas assez mangé. Ils reprirent la voiture, et se rendirent à San Bernardino pour acheter un steak que Mildred proposa de faire griller. Il était tard quand ils furent de retour, mais ils ramassèrent des pommes de pin à la lueur des phares, les apportèrent à l'intérieur et les allumèrent. Quand elles furent rouges, Mildred posa le steak dessus et elle le maintint avec les pincettes tandis qu'il grésillait. Monty Beragon sortit des assiettes et ils coupèrent des tranches épaisses pour affamés, les engloutissant comme des loups. Puis, il l'aida à faire la vaisselle. Alors, il lui demanda solennellement si elle était prête à rentrer et elle répondit avec emphase qu'elle l'était. Il l'emporta dans la chambre où ils frissonnèrent, surpris par le froid. Au bout de cinq minutes, ils s'exclamaient sur le bienfait d'avoir des couvertures.

Au bout d'un moment, ils commencèrent à bavarder et elle apprit qu'il avait trente-trois ans, qu'il avait fréquenté l'Université de Californie à Los Angeles, qu'il vivait à Pasadena avec sa famille. Quand elle lui demanda de quoi il s'occupait, il répondit :

— Je ne sais pas. De fruits, oranges, pamplemousses, et le reste.

— Tu travailles pour l'Exchange ?

— Sûrement pas. Le California Fruit Growers Exchange m'arrache le pain de la bouche. Je hais les Sunkist et les Sunmaid et toutes ces étiquettes où sourit une plantureuse créature !

— Alors, tu es un indépendant ?

— Bon Dieu, qu'est-ce que ça change ce que je suis ? Oui, c'est ça, je suis un indépendant. J'ai une société. Exportation de fruits. Elle n'est pas à moi. J'en fais partie. Pour les terrains aussi, j'ai un morceau de propriété. Chaque trimestre, on m'envoie un chèque, qui va en s'amenuisant depuis que l'affaire Sunkist nous coupe l'herbe sous le pied. Je ne fais rien, si c'est ce que tu veux savoir.

— Tu... te laisses vivre ?
— Tu dois appeler ça comme ça.
— Et tu n'as pas envie de faire quelque chose ?
— Pourquoi ferais-je quelque chose ?
Il avait l'air froissé et Mildred abandonna ce sujet, mais elle était choquée. Elle avait un préjugé contre l'oisiveté masculine qu'elle haïssait, mais elle sentait qu'il y avait une nuance entre celle de Monty et celle de Bert. Bert au moins avait des projets, des rêves grandioses qu'il espérait voir se réaliser. Mais l'oisiveté de Monty n'était pas une faiblesse, c'était une façon de vivre et cela faisait sur elle le même effet que les folies de Véda : sa raison les réprouvait, mais son cœur en était curieusement impressionné ; et cela lui donnait le sentiment d'être vulgaire, terre à terre, rien du tout. Le brusque rejet de ce sujet la mit sur la défensive. La plupart des hommes qu'elle connaissait étaient extrêmement prolixes sur leur travail et considéraient comme leur devoir de l'accomplir sérieusement. Leur conversation était souvent assommante, mais elle était normale et Mildred y croyait. L'affirmation cynique que cette question était ennuyeuse et ne méritait même pas d'être discutée, dépassait sa compréhension. Cependant ce malaise disparut subitement quand il chuchota doucement à son oreille. Au petit jour, elle eut froid et poussa son derrière contre lui. Quand il la prit dans ses bras, elle se blottit contre son ventre d'une manière toute possessive, et s'abandonna au sommeil avec un soupir de profond bien-être.

. . . .

Le lendemain, ils mangèrent, se baignèrent, sommeillèrent, et quand Mildred ouvrit les yeux après l'un de ces petits sommes, elle n'en revint pas qu'il fût si tard et déjà l'heure de regagner la maison. Mais ils flânèrent encore. Monty prétendait qu'ils devaient rester encore un jour et s'offrir un vrai week-end. Mais les «pies» du lundi trottaient dans la cervelle de Mildred et elle savait qu'il lui fallait rentrer, pour eux. Il était six heures quand ils reprirent la voiture pour aller à l'auberge avaler un dîner hâtif, et sept heures, avant qu'ils fussent partis. Mais la grosse Cord bleue redescendit encore plus vite qu'elle était montée, et neuf heures sonnaient à peine quand ils arrivèrent à Glendale. Il lui demanda où elle habitait et elle le lui dit. Mais une idée lui vint alors :

— Veux-tu voir quelque chose, Monty ?

— Quoi donc ?

— Laisse-moi te conduire.

Il continua de suivre le boulevard du Colorado, puis sur les indications de Mildred, tourna et s'arrêta : «Attends ici. Je reviens dans une minute.»

Elle prit sa clé et courut à la porte, ses pieds firent crisser le gravier qu'on avait répandu pour le parc à autos. Dans la maison, elle marcha à tâtons jusqu'au compteur et alluma l'enseigne au néon. Elle se précipita alors à l'extérieur pour constater l'effet produit. Monty clignant des yeux, aveuglé, était déjà en contemplation. L'enseigne était vraiment un excellent travail d'art, exécuté comme elle l'avait dépeint, avec, en plus, une flèche, rouge étincelant, qui traversait le milieu. Monty admira, puis se tourna vers Mildred.

— Qu'est-ce que c'est ? C'est à toi ?

— Ne vois-tu pas, quel nom est écrit ?

— Une seconde. Hier encore, tu baladais du ragoût dans ce...

— Mais c'est fini. C'était hier mon dernier jour. Je

suis partie plus tôt pour aller avec toi. Dorénavant, je suis une femme d'affaires.

— Pourquoi ne me l'as-tu pas dit ?

— M'en as-tu laissé le temps ?

Devant cet hommage rendu à ses prouesses d'amant, il sourit et elle l'entraîna à l'intérieur pour lui montrer le reste. Elle alluma les lampes et lui fit tout visiter, enlevant les housses des peintres, pour lui montrer les tables d'érable neuves, lui désignant l'élégant tapis de linoléum, lui expliquant qu'il était exigé par les services d'hygiène. Elle le conduisit dans la cuisine, ouvrit le grand four. Il la harcela de questions, et elle lui débita toute l'histoire, avec volubilité, flattée qu'un oisif professionnel s'y intéressât. Cependant elle lui exposa une version expurgée. Il y était très peu question de Wally, de Bert ou des vraies circonstances de cette réalisation, mais on y parlait énormément de ses ambitions, de sa décision « d'être quelqu'un avant de mourir ». Il lui demanda quand elle comptait ouvrir :

— Jeudi, jour de congé de la cuisinière... de la cuisinière de tout le monde.

— Jeudi prochain ?

— À six heures précises.

— Suis-je invité ?

— Bien entendu.

Elle éteignit les lumières et l'odeur de la peinture flottant autour d'eux, ils demeurèrent un moment dans l'obscurité. Puis, elle l'entoura de ses bras :

— Embrasse-moi, Monty. Je crois bien que je tiens à toi.

— Pourquoi ne m'as-tu rien dit de tout cela ?

— Je ne sais pas. J'étais sur le point d'en parler, mais j'ai eu peur que tu ne trouves cela drôle.

— Je serai là jeudi. Avec la fanfare.

— Je t'en prie. Sans toi, ce ne serait pas la même chose.

Il la reconduisit chez elle, jusqu'à sa porte, s'assura qu'elle avait bien sa clé. Tandis qu'elle faisait des signes d'adieu à la Cord qui disparaissait, elle s'entendit appeler. Elle regarda automatiquement dans la direction des Gessler, mais leur maison était encore obscure. Elle vit alors une femme qui traversait la pelouse et elle reconnut Mrs. Floyd qui habitait deux portes plus loin.

— Mrs. Pierce ?

Il y avait une pointe de dureté dans la voix et Mildred eut immédiatement le pressentiment qu'il était arrivé quelque chose de fâcheux. Alors, sur un ton de vertueuse indignation que toute la rue pouvait entendre, Mrs. Floyd explosa : « Où diable avez-vous été ? On a essayé de vous joindre partout depuis hier au soir... où étiez-vous donc ? »

Mildred réprima son premier mouvement qui était de lui répondre que cela ne la regardait pas mais elle se força à demander poliment :

— Qu'est-ce qu'on me voulait, Mrs. Floyd ?

— C'est votre fille.

— Ma...

— Votre fille Ray. Elle a attrapé la grippe et on a dû la conduire à l'hôpital, et...

— Quel hôpital ?

— Je ne sais pas quel hôpital, mais...

Mildred se précipita dans la maison ; puis dans le studio, tournant partout les commutateurs. Comme elle saisissait le téléphone, une affreuse pensée lui vint : Dieu savait bien comment la coincer.

CHAPITRE VIII

Tandis que Mamy émettait la douzième allusion à sa disparition pendant le week-end, Mildred laissa éclater sa mauvaise humeur. Il faut dire qu'elle venait de vivre une heure éprouvante. Elle avait d'abord essayé une douzaine de numéros sans obtenir de réponse tandis que Mrs. Floyd, assise auprès d'elle, poursuivait sa harangue sur les mères qui vont courir avec des hommes et laissent les autres prendre soin de leurs enfants. En dernier ressort, elle avait appelé Mrs. Biederhof. Cette dame lui avait indiqué dans quel hôpital avait été transportée Ray, et en plus d'un ou deux autres détails, avait ajouté des vœux doucereux qui n'avaient pas précisément mis Mildred de bonne humeur. Maintenant, après avoir couru à Los Angeles et fait une courte visite à Ray, Mildred se trouvait assise avec Bert, Véda, Mamy et Mr. Pierce au bout d'un couloir de l'hôpital, attendant le docteur et écoutant Bert lui raconter ce qui s'était exactement passé : Ray avait été grognon le vendredi soir, et comme elle semblait la veille, à la plage, avoir de la fièvre, on avait appelé le docteur Gale qui avait conseillé de la conduire à l'hôpital. Mamy interrompit Bert et rectifia : le docteur n'avait pas fait cela. Il avait ordonné que l'enfant gardât la chambre. Mais, quand ils étaient arrivés chez Mildred, la maison était fermée du haut en bas et ils avaient téléphoné de nouveau au docteur. C'est alors que celui-ci avait conseillé l'hôpital puisqu'il n'y avait pas d'autre endroit où la mettre. Mildred fut sur le point de demander si la maison des Pierce n'existait pas, mais elle s'obligea à avaler sa question.

Bert reprit son récit : ce n'était rien de grave ; juste un gros rhume, et non la grippe comme on l'avait dit à Mildred. « La bande de locoplaste sur sa lèvre, ce n'est rien. On lui a simplement ouvert un petit bouton. C'est tout. » Mamy rentra en scène, faisant de nouvelles insinuations, jusqu'à ce que Mildred dît : « Je crois que l'endroit où j'étais ne regarde personne. »

Mamy pâlit et s'assit toute droite, mais Pierce parla rapidement et elle se laissa de nouveau aller contre son dossier, les lèvres serrées. Alors Mildred, ayant essayé de se taire, poursuivit :

— J'ai été au Lac Arrowhead, si cela vous intéresse. Lorsque des amis m'ont invitée à venir dans leur villa au bord du lac, je n'ai vraiment pas cru devoir être la seule personne à rester chez moi. J'aurais dû, bien sûr. Je l'admets. Mais je ne supposais pas, alors, que j'avais une belle-famille incapable de trouver une place pour une enfant malade que j'avais laissée à sa garde. Je le saurai la prochaine fois.

— J'estime que maman a parfaitement raison.

Jusqu'à ce moment, Véda avait été froidement neutre, mais quand elle entendit parler de l'élégante villa au bord du lac, elle sut immédiatement de quel côté elle était. Bert avait l'air malheureux et ne disait rien. Mr. Pierce lança une réplique solennelle :

— Mildred, chacun a agi de son mieux et je ne vois

pas la nécessité de faire des remarques personnelles blessantes.

— Qui a commencé les remarques blessantes ?

Personne ne répondit et pendant un moment, le silence régna. Mildred n'avait guère envie de discuter, car au fond d'elle-même elle avait le pressentiment que Ray était gravement malade. Après une interminable attente, le docteur Gale arriva. C'était un grand homme voûté, médecin de la famille depuis la naissance de Véda. Il emmena Mildred dans la chambre de la malade, examina Ray, écouta les chuchotements de l'infirmière de nuit. Puis, il parla à Mildred de manière rassurante :

— Nous voyons une quantité de cas semblables, surtout à cette époque de l'année. Ils nous font de grosses températures, leur nez se prend, ils refusent tout ce qu'on leur donne à manger, on est persuadé qu'ils couvent quelque chose de grave. Et puis, le lendemain, ils sont debout et se promènent. Toutefois, j'avoue que je suis heureux que vous l'ayez amenée ici plutôt que chez vous. Même en cas de grippe, on n'est jamais trop prudent.

— Je suis contente que vous ayez ouvert le bouton. J'avais l'intention de le faire hier..., et j'ai oublié.

— Eh bien, j'aime autant que vous ne l'ayez pas fait. La règle veut qu'on laisse évoluer ces choses-là toutes seules, surtout à la lèvre supérieure. Je ne l'ai pas ouvert : je me suis contenté de mettre ce petit pansement pour l'empêcher de s'écorcher, c'est tout.

Mildred ramena Véda à la maison, inventant une histoire d'amis qui s'étaient arrêtés chez elle le samedi soir et l'avaient invitée à aller au lac. Elle ne donna aucun nom, mais laissa entendre qu'ils étaient riches et distingués. Elle s'était déjà déshabillée et avait éteint sa lumière quand elle se souvint de ses «pies». Et il était trois heures quand, exténuée, elle gagna enfin son lit.

Toute la journée du lendemain, elle eut l'impression irraisonnée, maladive, d'être privée de quelque chose qu'exigeait tout son être: le droit d'être assise auprès de son enfant, d'être là quand elle avait besoin d'elle. Et cependant pour cela elle parvint seulement à trouver quelques minutes dans la matinée et une heure après le dîner. Elle arriva à l'hôpital de bonne heure le matin et ne fut pas le moins du monde rassurée par la conversation joviale de l'infirmière. Son cœur se serra quand elle vit Ray, toute sa vitalité débordante envolée, la figure rouge, la respiration difficile. Mais elle ne pouvait pas rester. Elle devait s'en aller, livrer les «pies», régler les peintres, compulser des annonces, passer des marchés pour les poulets, faire encore des «pies». L'heure du dîner arriva, sans qu'elle ait eu le moindre répit, et elle ne put manger. Elle s'énerva tandis que Letty servait Véda, puis elle embarqua l'enfant dans la voiture et l'emmena avec elle pour sa seconde visite. De retour à la maison, elle mit Véda au lit; mais quand elle se coucha elle-même, elle ne put dormir.

. . . .

Elle téléphona à l'hôpital le lendemain matin à 8 heures, et après avoir obtenu un bulletin de santé satisfaisant, elle resta au téléphone, dépêchant ses affaires durant les deux heures qui suivirent. Vers dix heures, elle chargea les «pies» dans la voiture, fit sa livraison et arriva à l'hôpital vers onze heures. Elle fut surprise d'y trouver déjà le docteur Gale en conversation dans le corridor, avec un grand homme hirsute, en gilet de flanelle, les bras ornés de tatouages. Il appela Mildred auprès de lui :

— Je ne veux pas vous inquiéter. Mais la température monte. Ray a plus de quarante maintenant et cela ne me plaît pas. Je n'aime pas non plus cette affaire de la lèvre.

— Cela s'est infecté ?

— Je n'en sais rien, et il n'y a aucun moyen de le savoir. J'ai prélevé au niveau du bouton, un peu de mucus nasal et deux centimètres cubes de sang. Ils doivent être au laboratoire maintenant. On me téléphonera aussitôt. Mais, Mildred, voilà où nous en sommes. Si nous avons des ennuis ici, l'enfant ne pourra attendre le résultat du laboratoire. Il lui faut une transfusion immédiatement. J'ai cet homme sous la main ; c'est un donneur professionnel : c'est son gagne-pain et il n'entrera pas dans la chambre avant d'avoir reçu ses vingt-cinq dollars. Cela dépend de vous, mais...

Sans penser un instant au trou que feraient les vingt-cinq dollars dans sa petite réserve, Mildred écrivit un chèque avant même qu'il eût terminé. L'homme exigea qu'il fût endossé. Le docteur signa et Mildred, les mains moites d'inquiétude, pénétra dans la pièce. Elle ressentit au plus profond d'elle-même la même horrible sensation que l'autre jour, sur le boulevard. Les yeux de l'enfant étaient tristes, sa figure brûlante, sa respiration rapide, accompagnée de gémissements incessants. Le pansement sur sa lèvre était plus important et recouvrait une couche de gaze tachée du rouge lavé du mercurochrome. Une infirmière la regarda, mais ne s'arrêta pas d'introduire de la glace dans la petite bouche qui s'y refusait : « C'est arrivé après notre conversation, Mrs. Pierce. Elle avait passé une bonne nuit, la température se maintenait et nous pensions qu'elle serait bien dans quelques heures. Alors, sans aucune raison, cela a empiré. »

Ray commença à s'agiter et l'infirmière se mit à lui parler, disant que c'était sa maman. Ne reconnaissait-elle pas sa maman ? Mildred lui parla :

— C'est maman, ma chérie.

— Maman !

La voix de Ray était un gémissement et Mildred souhaita la prendre dans ses bras, mais elle se contenta de saisir une des petites mains et de la caresser. Le docteur Gale entra alors, suivi d'autres médecins en blouses blanches, d'infirmières et du donneur de sang, les manches relevées haut cette fois, découvrant une véritable exposition de tatouages. Il s'assit et Mildred resta immobile comme une femme de pierre tandis qu'une infirmière nettoyait le bras de l'homme. Puis Mildred sortit dans le couloir et se mit à marcher de long en large, tranquillement, lentement. Par un suprême effort de volonté, elle réussit à tuer le temps. Deux infirmières apparurent enfin, un médecin suivit, puis le donneur et quelques sous-ordres. Mildred rentra. La même infirmière, celle qui lui avait parlé auparavant, était à la tête du lit, penchée sur un thermomètre et une montre. Le docteur Gale regardait Ray fixement.

— Sa température descend, docteur.

— Bon.

— Trente-neuf.

— Splendide. Et le pouls ?

— Descendu aussi : à 96.

— Parfait. Mildred je vous ai probablement entraînée à une grosse dépense pour rien. De toute façon...

Ils s'en allèrent dans le couloir, arrivèrent à un

coude, revinrent. Le docteur reprit la conversation d'une manière machinale :

— Cela m'ennuyait d'agir ainsi, Mildred, j'étais navré de vous poser cet ultimatum... je veillerai à ce que les prix soient aussi modérés que possible. Mais si j'avais à recommencer, je vous dirais exactement la même chose. Voyez-vous, voilà ce à quoi nous nous heurtons. Toute infection de la bouche se propage dans le sinus latéral, autant dire vers le cerveau. Aussi avec ce petit bouton sur sa lèvre, pas moyen de porter un diagnostic. Tous les symptômes font croire à une grippe, mais ces mêmes symptômes pourraient tout aussi bien être causés par le streptocoque, et si nous avions attendu d'être sûrs, il aurait peut-être été trop tard. La manière dont elle réagit à la transfusion prouve que c'était une fausse alerte, mais, je vous le répète, si cela avait été l'autre éventualité. et que nous n'ayons pas agi rapidement, je ne me le serais jamais pardonné, et vous non plus.

— C'est très bien.

— Ce sont des choses qui arrivent, on n'y peut rien.

Quelque part, à l'étage, une sonnette retentit ; puis, elle retentit de nouveau, violemment, avec insistance. Il sembla à Mildred que le docteur Gale faisait demi-tour assez vite, que leur promenade n'était plus une promenade. Comme ils approchaient de la chambre, un domestique les dépassa, en se hâtant ; il portait des bouillottes d'eau chaude. Il pénétra dans la chambre. Quand ils entrèrent, l'infirmière mettait les bouillottes sous les draps, sur lesquels s'amoncelaient déjà des couvertures supplémentaires.

— Elle a un frisson, docteur.

— Infirmier, allez chercher le docteur Collins.

— Bien, monsieur.

À l'angoisse qui lui glaçait le cœur, Mildred comprit que ce n'était pas une fausse alerte, cette fois. Elle s'assit, regarda le visage de Ray devenir blanc, puis bleu. Quand les petites dents se mirent à claquer, elle détourna les yeux. Un domestique vint avec d'autres bouillottes que l'infirmière glissa sous les couvertures sans lever la tête. Puis le docteur Collins arriva : un petit homme épais, qui se pencha sur Ray et l'étudia comme si elle était un insecte.

— C'est le bouton, docteur Gale.

— Je ne peux pas le croire. Elle a réagi à la transfusion...

— C'est possible.

Le docteur Collins se tourna vers un infirmier et lui aboya des ordres d'une voix brève, coupante : oxygène, adrénaline, glace. L'infirmier sortit. Les deux médecins observèrent Ray en silence : le claquement de ses dents était le seul bruit dans la pièce. Au bout d'un long moment, l'infirmière déclara :

— Son pouls est plus rapide, docteur Collins.

— Combien ?

— 104.

— Enlevez les bouillottes.

Comme l'infirmière ôtait les bouillottes et les faisait tomber sur le plancher, la pièce commença à se remplir. D'autres infirmières apparurent poussant un appareil à oxygène et une table blanche chargée d'ampoules et de seringues. Elles restèrent debout autour de la chambre. Les dents de Ray cessèrent de claquer et sa figure perdit sa teinte bleue. Des taches rouges apparurent sur ses pommettes et l'infirmière tâta son front.

— Sa température monte, docteur Collins.

— Enlevez les couvertures.

Deux infirmières tirèrent les couvertures et une troisième s'avança avec une vessie de glace qu'elle mit sur la tête de Ray. Pendant un long moment, ils se tinrent tous immobiles et il n'y eut plus aucun bruit, sauf la respiration haletante de Ray et le rapport que faisait l'infirmière : « 112... 124... 132... »

Ray haletait comme un petit chien et ses gémissements avaient un son si pitoyable que Mildred aurait voulu crier contre une telle injustice : un être si petit, si faible, obligé de supporter une telle agonie. Mais elle demeura parfaitement tranquille, ne voulant pas distraire par un seul mouvement l'attention de ceux dont la vie de Ray dépendait. La lutte de l'enfant se poursuivit, et tout à coup, Mildred se raidit. La respiration s'était arrêtée pendant une seconde, mais elle reprit, en trois ou quatre râles, courts, déchirants, puis, elle s'arrêta de nouveau. Le docteur Collins s'avança rapidement et deux infirmières firent un pas en avant. Ils avaient à peine commencé à relever et à abaisser rapidement les bras de Ray que le docteur Gale mettait le masque sur le visage et que Mildred saisissait l'odeur d'orage de l'oxygène. Le docteur Collins scia le bout d'une ampoule, le cassa. Rapidement, il remplit une seringue, rejeta les couvertures et fit une piqûre dans la fesse de Ray. L'infirmière tenait le poignet de l'enfant et Mildred la vit rencontrer les yeux du docteur Collins et secouer tristement la tête. On continuait la respiration artificielle. Au bout d'une minute ou deux, le docteur Collins remplit de nouveau sa seringue et fit une autre piqûre dans la fesse. Il s'écoula une autre minute et Mildred vit les regards échangés par les infirmières. Comme le docteur Collins remplissait encore sa seringue, elle se leva. Elle savait la vérité, et elle savait aussi qu'une piqûre de plus dans ce petit derrière sans vie serait plus qu'elle ne pouvait supporter. Elle enleva le masque à oxygène, se pencha, embrassa Ray sur la bouche et tira le drap sur son petit visage.

Elle était assise de nouveau dans l'alcôve, mais là ce fut le docteur Gale qui flancha, pas elle. La cruelle brutalité des choses la laissait engourdie, comme si elle ne pouvait plus souffrir. Le docteur Gale s'approcha : il était comme affaissé. Il s'écroula auprès d'elle, enleva ses lunettes, se massa la figure pour l'empêcher de trembler : « Je le savais. Je l'ai su quand j'ai vu cet infirmier courir avec les bouillottes. À partir de ce moment-là, il n'y avait plus d'espoir. Mais... nous avons fait tout ce que nous pouvions. Nous devions tout tenter. »

Mildred regardait droit devant elle et il poursuivit : « Je l'aimais comme si elle était ma fille. Et je ne peux que répéter : j'ai fait tout ce que j'ai pu. Si une chose avait pu la sauver, c'était la transfusion... et elle l'a eue. Et vous aussi, Mildred. Nous avons tous les deux fait ce qui pouvait être fait. »

Ils restèrent assis pendant quelques minutes, ravalant leurs larmes, serrant les dents derrière leurs lèvres tremblantes. Puis, d'une voix différente, il demanda :

— Avez-vous un entrepreneur de pompes funèbres, Mildred ?

— Je n'en connais pas.

— J'indique habituellement Mr. Murock, qui est installé dans Glendale, à quelques maisons de chez vous. Il est raisonnable, ne vous ruinera pas et il a l'habitude de tout organiser comme les gens le désirent.

— Si vous le recommandez, d'accord.

— Je lui téléphonerai.
— Y a-t-il un téléphone ici ?
— Je vais vous en trouver un.
Il la mena dans un petit bureau au même étage ; elle s'assit et appela Mrs. Biederhof. Elle demanda Bert, mais il était sorti et elle dit :
— Mrs. Biederhof, ici Mildred Pierce. Voudriez-vous dire à Bert que Ray est morte il y a quelques instants, à l'hôpital. Je voulais qu'il le sache tout de suite.
Il y eut un long, énorme silence, et puis :
— Mrs. Pierce, je le préviendrai dès que je l'aurai trouvé, mais je veux vous dire que je suis peinée du fond du cœur. Que puis-je faire pour vous maintenant ?
— Rien, merci.
— Puis-je vous garder Véda quelque temps.
— Non, merci infiniment.
— Je préviendrai Bert.
— Merci, Mrs. Biederhof.
Mildred prit machinalement la voiture pour rentrer chez elle : mais après quelques croisements, elle en vint à redouter les signaux d'arrêt, car assise là, à attendre que la couleur change, elle avait le temps de penser et sa gorge se serrait, sa vue se brouillait. Quand elle parvint chez elle, Bert sortit pour l'accueillir et il l'emmena dans le studio, où Letty essayait de calmer Véda. Letty retourna à la cuisine et Véda éclata en sanglots bruyants. Sans cesse, elle répétait : « Je lui devais des sous. Oh, maman, je les avais gagnés en trichant et j'avais l'intention de les lui rendre, oh !... je lui devais des sous. »
Tendrement, Mildred lui expliqua que si elle avait vraiment l'intention de les rembourser, c'était l'essentiel, et Véda se tranquillisa. Puis elle recommença à s'agiter. Mildred l'embrassa et lui demanda :

— Aimerais-tu retourner chez ton grand-père, ma chérie ? Tu pourrais travailler ton piano, jouer, faire ce que tu voudrais.

— Mais, maman, crois-tu que ce serait convenable ?

— Ray n'y verrait aucun inconvénient.

Véda sortit de la maison en courant, et Bert parut un peu choqué. « C'est une enfant, Bert. Elle ne ressent pas les choses comme nous. Il vaut mieux qu'elle ne soit pas là pendant... que nous prendrons les dispositions indispensables. »

Bert approuva d'un signe de tête et erra dans la pièce. Une allumette dans la cheminée attira son attention et il se pencha pour la ramasser. Ce faisant, il se cogna la tête. S'il avait été frappé avec une hache, il n'aurait pas pu s'effondrer plus complètement. Instinctivement, Mildred en comprit la cause : fourrager dans la cheminée lui avait rappelé le jeu qu'il avait coutume de jouer avec Ray, toute la joyeuse plaisanterie entre l'éléphant et le singe. Mildred le conduisit au divan, le prit dans ses bras et, ensemble, dans la pièce sombre, ils pleurèrent leur enfant. Quand Bert put parler, il évoqua le caractère de Ray, si doux, si parfait. Il dit que si une enfant méritait d'être au Ciel, c'était elle, et qu'elle y était sûrement. *Bon Dieu,* elle y était. Mildred comprit que c'était un adoucissement à une peine trop lourde à supporter : il se réfugiait dans la conviction que son enfant n'était pas tout à fait morte. Trop réaliste, trop terre à terre, pour être séduite par l'idée du Paradis, Mildred aspirait cependant à un allégement de ce vide douloureux qui était en elle, et de petites bouffées de chaleur commencèrent à la transpercer. Ce qu'elles représentaient l'épouvanta et elle lutta pour les repousser.

Le téléphone sonna. Bert répondit et dit sèchement

qu'il y avait un deuil dans la famille et que Mrs. Pierce ne pouvait absolument pas parler d'affaires aujourd'hui. Mildred l'entendit à peine. Le restaurant semblait faire partie d'un monde lointain, irréel, qui ne la concernait plus.

Vers trois heures et demie, Mr. Murock se présenta. C'était un petit homme à l'aspect gélatineux qui, après sept secondes de condoléances ronronnantes, en arriva au fait. Tout ce qui concernait le corps avait été prévu. De plus, des avis avaient été envoyés aux journaux du soir ; mais les journaux du matin attendraient jusqu'à ce que Mildred ait décidé quand auraient lieu les funérailles, aussi était-ce la première chose à envisager. Mildred essaya de concentrer son esprit sur cette question, mais elle ne put y arriver. Elle fut reconnaissante à Bert quand il lui caressa la main et lui dit qu'il allait s'occuper de tout cela :

— À propos, Pop tient à se charger des frais. Mamy et lui voulaient venir en même temps que moi ; mais je leur ai dit d'attendre un petit peu.

— Je suis heureuse que tu sois venu seul.

— Mais Pop tient à se charger des frais.

— Alors, occupe-toi de tout.

Aussi Bert discuta-t-il avec Mr. Murock. Il semblait savoir d'instinct ce que désirait Mildred. Il fixa l'enterrement au lendemain midi. « Inutile de le crier sur les toits », détail auquel souscrivit Mr. Murock immédiatement. La tombe serait creusée dans la concession de la famille Pierce, au cimetière de Forest Lawn, concession acquise à la mort de l'oncle qui avait légué son ranch à Bert. La cérémonie religieuse serait faite à la maison par le Rev. Dr. Aldous, que Mr. Murock déclara très bien connaître et auquel il proposa de téléphoner tout de suite. Le Dr. Aldous était le recteur de Bert, et, durant un instant désagréable, Mildred se sentit honteuse de ne pouvoir réclamer un prêtre à elle. Étant enfant, elle avait fréquenté l'école du dimanche méthodiste, puis sa mère avait commencé à aller d'une église à l'autre, pour échouer finalement chez les astrologues qui avaient donné leur nom à Véda et à Ray. Les astrologues, réfléchit-elle tristement, ne semblaient vraiment pas pouvoir faire l'affaire dans cette circonstance.

Pour le choix du cercueil, Bert marchanda courageusement, faisant appel à toutes ses facultés commerciales pour l'emporter. Il se décida à la fin pour un cercueil blanc émaillé, tapissé de satin, avec des poignées d'argent, qui serait fourni tout garni, avec deux voitures et les porteurs habituels, pour 200 dollars. Mr. Murock se leva. Le corps, dit-il, serait apporté à cinq heures. Ils le reconduisirent à la porte, sur laquelle deux employés avaient déjà tendu une draperie blanche. Mr. Murock s'arrêta un moment pour examiner les carcasses qu'ils installaient dans le salon, pour les fleurs. Il partait: «Oh, j'allais oublier. Les vêtements de votre fille.»

Mildred et Bert allèrent dans la chambre d'enfants. Ils choisirent la robe blanche que Ray avait portée pour la fête de l'école et ils l'emballèrent avec le petit pantalon, les chaussettes et les chaussures dans une valise. La couronne dorée et la baguette de fée firent flancher Bert de nouveau et Mildred dut, une fois de plus, le réconforter.

— Elle est au Paradis, elle y est sûrement.

— Bien sûr, Bert.

— Je sais bien, Bon Dieu, qu'elle ne peut être ailleurs.

Une minute ou deux après le départ de Mr. Murock, Mrs. Gessler arriva et les rejoignit dans le studio. Elle avança sans un mot, s'assit auprès de Mildred et commença à lui caresser la main avec ce tact inné qui semblait être la principale caractéristique de sa nature en apparence si mal embouchée. Il s'écoula une à deux minutes avant qu'elle parlât. Puis elle proposa :

— Voulez-vous boire quelque chose, Bert ?

— Pas maintenant, Lucy.

— C'est là, vous savez, et je suis à votre disposition.

— Merci, je préfère ne rien prendre.

S'adressant à Mildred :

— Enfant, maman est à vos ordres.

— J'ai plusieurs choses à faire, Lucy.

Elle l'emmena dans la chambre, écrivit un numéro sur un bout de papier.

— Voudriez-vous téléphoner à ma mère à ma place et la prévenir ? Dites-lui que je suis bien et que l'enterrement aura lieu demain à midi... soyez gentille avec elle.

— Je téléphonerai de chez moi. Quoi d'autre ?

— Je n'ai pas de robe noire.

— Je vais vous en chercher une. Mannequin 44 ?

— 42.

— Un crêpe ?

— Croyez-vous ?

— Ce n'est pas nécessaire.

— Alors pas de crêpe. Et pas de chapeau. J'en ai un qui ira. Pas de chaussures, non plus, j'en ai. Mais des gants, du 6. Et un mouchoir de deuil peut-être...

— Je m'occuperai de tout. Et...

— Qu'est-ce qu'il y a, Lucy ?

— Ils vont s'amener… les gens. Alors… je vais faire quelque chose… Je voulais seulement vous prévenir pour que vous sachiez que j'avais une raison, et pour que vous ne vous étonniez pas.

Un peu plus tard, Mrs. Gessler fut de retour et de fait, elle avait préparé quelque chose. Déjà, un certain nombre de personnes étaient arrivées : Mrs. Floyd, Mrs. Harbaugh, Mrs. Whitley, Wally et, à la grande surprise de Mildred, Mr. Otis, l'inspecteur fédéral des viandes, qui avait lu l'avis dans un journal du soir. Letty voulant être utile avait préparé le thé et les sandwiches qu'elle commençait juste à passer quand Mrs. Gessler entra, chapeautée, gantée, et portant une énorme gerbe de lis. D'un geste de la main, elle renvoya le livreur du fleuriste et, découvrant la carte, lut : « Mr. et Mrs. Otto Hildegarde. Oh, quelle merveille, ils sont absolument splendides. » Puis, à tous ceux qui l'écoutaient, elle expliqua : « Vous savez, c'est ce ménage chez qui Mildred a passé le week-end, au bord du lac. Des gens charmants. Moi, j'en suis tout bonnement folle. »

Mildred se rendit alors compte qu'on avait jasé, et sérieusement. Mais elle se rendit également compte, d'un coup d'œil à la ronde, que c'était terminé maintenant, une fois pour toutes. Elle éprouva un élan de gratitude pour Mrs. Gessler, qui avait réglé cette affaire quelle aurait été incapable de mener elle-même. Bert emporta les lis dehors où il les étala sur la pelouse. Puis, branchant le tuyau, il mit le tourniquet en marche, de telle sorte qu'ils furent doucement arrosés par la retombée des gouttelettes. D'autres fleurs arrivèrent et Bert les emporta toutes sur le gazon, jusqu'à ce qu'il y eût un parterre de bouquets tout étincelant de gouttes. Un panier de glaïeuls envoyé par l'Auberge de la Goutte toucha Mildred, mais celui qui lui serra la gorge, fut un coussin de gardénias blancs auquel était attachée une carte bleue, portant :

IDA.	ANNA.	CHRIS MAKADOULIS.
ERNESTINE.	MAYBELLE.	ARCHIE.
ETHEL.	LAURA.	SAM.
FLORENCE.	SHIRLEY.	X. (FUJI).

Elle la tenait entre ses doigts quand un silence s'établit dans la pièce et elle se retourna pour voir sur le seuil les employés de Mr. Murock qui apportaient Ray. Sur les indications de Bert, ils installèrent des tréteaux près de la fenêtre, calèrent le cercueil et se reculèrent pour permettre aux assistants de défiler. Mildred ne pouvait pas regarder. Mais à ce moment, Mrs. Gessler la saisit par le bras, et elle se détourna malgré elle. Dans le soleil couchant, un arc-en-ciel luisait au-dessus du jet d'eau, auréolant la tête de Ray. Cela anéantit Bert de nouveau et la plupart des gens s'en allèrent silencieusement sur la pointe des pieds. Mildred resta insensible. Il y avait quelque chose d'irréel dans l'aspect de Ray. La rougeur fiévreuse des derniers instants avait disparu, disparu aussi l'animation de la vie et le bouton mortel. Il ne restait plus qu'une pâleur cireuse qui n'évoquait rien d'autre que le Ciel que Bert invoquait en bafouillant pour la quatrième ou cinquième fois.

Letty servit le reste des sandwiches pour le dîner : Bert et Mildred mangèrent en tremblant, silencieusement, ne sachant pas ce que l'on mettait devant eux. Mr. Pierce et Mamy arrivèrent alors avec Véda et, après avoir contemplé Ray, revinrent dans le studio. Puis, ce fut le Dr. Aldous, un grand homme grisonnant, affectueux, qui s'assit auprès de Mildred et sut ne pas la mettre sur la défensive en lui faisant sentir qu'elle n'était pas de son Église. Mamy et le Dr. Aldous eurent alors une discussion, ou, plus exactement, Mamy discuta car le Dr. Aldous parla peu. Mr. Pierce corrigea Mamy sur des erreurs de rituel. La difficulté venait de ce que Mamy, qui avait été à l'origine méthodiste, et n'avait rejoint l'Église épiscopale qu'après son mariage avec Mr. Pierce, mélangeait un peu tout pour la cérémonie qui devait avoir lieu le lendemain. Ainsi que le lui dit Mr. Pierce, elle confondait tellement la cérémonie des obsèques, celle de la communion, les psaumes, et, peut-être être même, le mariage, qu'il était vraiment difficile de les distinguer. Mamy répliqua qu'elle s'en moquait, qu'elle voulait le vingt-troisième psaume, que c'était celui qui convenait puisque l'enfant était morte, et qu'il était inutile de lui dire qu'il n'y aurait pas de prière pour l'âme de l'enfant. Qu'allaient-ils donc faire, alors? Mr. Pierce lui rappela sèchement que le service funèbre n'avait rien à voir avec l'âme. L'âme était déjà partie et les obsèques n'étaient rien que l'enterrement d'un corps. Comme Bert écoutait avec chagrin, Mr. Pierce fit appel au Dr. Aldous, en tant qu'expert. Ce dernier qui écoutait la tête penchée, dit alors: « Comme l'enfant n'était pas baptisée, il faudra, de toute façon, faire certains changements à la cérémonie. De légères omissions, mais auxquelles je suis obligé. Aussi, étant données ces circonstances, il n'y a aucune raison pour que le vingt-troisième psaume et ce petit passage de la liturgie de la Communion auxquels Mrs. Pierce pense, ou quelque autre prière, ne puissent être ajoutés. À la fin de la cérémonie, des prières spéciales peuvent et sont très souvent faites et je serai très heureux de les ajouter si la mère en sent également la nécessité. »

Il regarda Mildred, qui approuva. Au début, elle en avait voulu à Mamy de prendre tout en main de cette façon impérative, et elle avait senti surgir quelques répliques dans son esprit. Mais elle s'était souvenue à temps que les Pierce se chargeaient de tous les frais, et elle avait gardé ses réflexions pour elle. Elle alla dans la chambre d'enfants et prépara les affaires de Véda, pour que les Pierce puissent la ramener le lendemain, convenablement habillée. Quand elle revint avec la petite valise, les Pierce décidèrent qu'il était temps de partir. Le Dr. Aldous, cependant, resta quelques minutes de plus. Prenant la main de Mildred, il dit : « J'ai souvent pensé que le service funèbre devrait être un peu plus intime, pour satisfaire davantage ceux qui souffrent. Il est tout à fait exact que, comme le disait Mr. Pierce, c'est l'enterrement d'un corps et non la consécration d'une âme. Cependant la plupart des gens trouvent pénible de faire la distinction, et... ils ne veulent pas voir le corps. C'est une personne, qui n'est plus vivante, mais qui est toujours la même personne, adorée et cruellement pleurée... Eh bien, j'espère composer un service qui satisfera la grand-mère, et la mère, et le père, et... tout le monde. »

Après le départ du Dr. Aldous, Bert et Mildred purent parler un peu plus naturellement. Elle avait encore à faire ses inexorables « pies » et, tandis qu'il lui tenait compagnie dans la cuisine, et même l'aidait quand il le pouvait, il lui donna des détails sur ce qui s'était passé à la plage. Elle répondit par une version définitive de ce qui s'était passé au bord du lac, la faisant correspondre à la version de Mrs. Gessler, quoiqu'elle n'eût aucun désir particulier d'abuser Bert. Elle voulait surtout être amicale. Bert hocha la tête quand elle arriva à l'entrée en scène de Mrs. Floyd.

— Quelle sale fin pour de jolies vacances.

— Je me moquais de ce qu'elle pensait. Mais pour Ray, je savais déjà même avant d'avoir été à l'hôpital. J'ai compris tout de suite.

Quand les «pies» furent terminés, ils s'assirent auprès de Ray pendant un moment, puis ils revinrent dans le studio. Mildred reprit:

— Ne t'inquiète pas pour moi, Bert. Si Mrs. Biederhof t'attend, pourquoi ne t'en vas-tu pas?

— Elle ne m'attend pas.

— Tu en es sûr?

— Mais oui, absolument sûr.

— ... Elle a été très gentille.

— Mildred, j'ai quelque chose à te dire. À propos de ce qui s'est réellement passé samedi.

— Dis-le-moi.

— Mamy était complètement affolée, c'est tout. Mamy n'a jamais été bonne à grand-chose dans des cas pareils. Et moi, peut-être l'ai-je écoutée parce que j'étais affolé aussi. C'est pourquoi, quand le docteur Gale a parlé d'hôpital, j'ai acquiescé si vite. Mais Maggie, elle, ne s'est pas affolée. Nous avons dû nous arrêter chez elle en allant à l'hôpital parce que j'étais encore en short de plage et qu'il me fallait mettre un pantalon. Maggie a fait un foin d'enfer à propos du transport de Ray à l'hôpital. Elle voulait la prendre immédiatement chez elle, tout de suite. Moi aussi, je le voulais. C'était si affreux, ce pauvre petit enfant, pour qui personne n'avait de place. Mais... je ne savais pas ce que tu en penserais.

— Si cela s'est passé comme cela, c'est tout à son honneur.

— C'est une chic amie.

— Si elle a vraiment agi ainsi, je veux que tu la remercies de ma part et que tu lui dises que j'aurais été trop heureuse de cette solution. C'est mieux qu'elle ait été emmenée à l'hôpital, mais si elle avait été confiée aux soins de Mrs. Biederhof, je n'aurais eu aucune objection à formuler. Et je sais qu'elle aurait été très convenablement soignée, très bien entourée.

— Elle est aussi anéantie que si c'était son propre enfant.

— Dis-lui tout cela.

— Elle sera si heureuse.

Bert alla chercher du bois, prépara le feu et l'alluma. Quand Mildred revint à elle, il faisait jour, un de ses bras était engourdi et sa tête était sur l'épaule de Bert. Il regardait les cendres du feu.

— Bert, je me suis assoupie.

— Tu as dormi trois ou quatre heures.

— Et toi ?

— Je suis très bien.

Ils allèrent auprès de Ray pendant quelques minutes et puis Bert voulut examiner les fleurs. Le tourniquet marchait toujours et il affirma « qu'elles étaient aussi fraîches que lorsqu'on les avait cueillies ». Mildred passa une blouse et commença à parcourir la maison, nettoyant, époussetant, mettant les choses en ordre. Elle prépara le petit déjeuner et ils mangèrent dans la cuisine. Puis Bert s'en alla, pour s'habiller.

À dix heures, Mrs. Gessler arriva avec la robe noire et elle emporta les « pies » pour les livrer. Puis, les Pierce vinrent avec Bert en costume noir et Véda, en blanc. Après ce fut Letty, avec sa robe des dimanches, en soie grenat. Avant d'avoir pu lui donner un tablier blanc, Mildred vit la voiture des Engel, avec sa mère, et elle dépêcha Letty au-devant d'eux pour les introduire. Quand Mildred les entendit dans le studio, elle envoya Véda dire qu'elle serait là dans une minute. Elle essaya la robe, constata avec soulagement qu'elle lui allait. Elle termina rapidement sa toilette. Puis portant les gants noirs, elle se rendit dans le studio.

Sa mère, une petite femme à l'air inquiet se leva et l'embrassa comme le fit sa sœur Blanche. Blanche était l'aînée de plusieurs années et elle avait un air pot-au-feu avec, répandue sur toute sa personne, une impression d'inefficacité qui semblait être la principale caractéristique de sa mère. Ni l'une, ni l'autre n'avaient la moindre trace de ce regard résolu qui était le trait le plus remarquable du visage de Mildred, pas plus qu'elles ne partageaient sa silhouette voluptueuse. Harry Engel, l'infortuné propriétaire du stock d'ancres, se leva et gauche, gêné, lui serra la main. C'était un gros homme, fortement charpenté, sous une épaisse carapace de hâle où de grands yeux bleus évoquaient la mer. Mildred vit alors William, un gamin de douze ans qui inaugurait, sans aucun doute, son premier pantalon long. Elle lui serra la main, puis se rappela qu'elle devait l'embrasser, ce qu'elle fit au grand embarras de l'enfant. Il s'assit et recommença à regarder fixement Véda. Pour Véda, les Engel étaient la lie de la terre, et William était, si c'était possible, encore plus «lie» que ses parents. Sous son regard, elle devint hautainement indifférente, croisa une jambe appuyée sur l'autre et joua avec la petite croix suspendue à son cou par une chaîne d'or. Mildred s'assit et Mr. Pierce reprit son compte rendu de la catastrophe dans une version impartiale, qui faisait pleine confiance à la visite de Mildred chez les Hildegarde, au Lac Arrowhead. Mildred ferma les yeux, espérant que ses explications seraient longues et complètes, et lui éviteraient de parler elle-même. Bert alla sur la pointe des pieds décrocher le récepteur du téléphone pour qu'il n'y eût pas de sonnerie.

Mais quand Letty, ornée enfin de son tablier, vint demander si on désirait du café, les Engel se raidirent et Mildred comprit que quelque chose ne tournait pas rond. Aussitôt que la bonne fut sortie, elle découvrit que, lorsqu'ils avaient été introduits, ils avaient tous serré la main de Letty, la prenant pour une amie. Mildred essaya de minimiser l'incident, mais Blanche resta furieuse, estimant évidemment que Letty avait compromis sa situation sociale devant les Pierce. Mildred commençait à se sentir ennuyée et ce fut Véda qui mit fin à la discussion. Avec un geste délicat de la main, elle dit : « Personnellement, je ne vois pas quelles objections *vous* pourriez faire à serrer la main de *Letty*. C'est vraiment une *très* gentille fille. »

Tandis que les intentions délicatement nuancées de Véda faisaient leur chemin, le bruit du tourniquet cessa. Quand Mildred alla voir pourquoi, Mr. Murock apportait les fleurs par la porte de devant pour les placer sur les carcasses, et ses employés arrangeaient des chaises.

Je suis la résurrection et la vie, disait le Seigneur. Celui qui croit en moi, bien qu'il soit mort, celui-là vivra encore ; et quiconque vit et croit en moi ne mourra jamais.

Ce ne furent pas les mots, ce fut la voix qui fit se contracter Mildred comme si elle avait été frappée.

Assise dans la chambre avec Bert et Véda, la porte ouverte pour qu'on entende, elle s'était imaginé autre chose, surtout après les réflexions du Dr. Aldous, la veille, quelque chose de chaud, quelque chose de consolant. Et c'était cette psalmodie plate, lointaine, avec cette affreuse note de finalité, qui entonnait le service. N'étant pas naturellement religieuse, elle courba la tête, comme mue par quelque instinct ancestral et elle commença à frissonner sous l'angoisse qui s'emparait d'elle. Soudain Véda parla. Elle avait déniché quelque part un livre de prières et il fallut un moment à Mildred pour comprendre qu'elle lisait les répons : « *Car ils verront Dieu... de ce jour, le monde ne finira jamais... Et laisse notre plainte venir jusqu'à toi...* » Pour une oreille critique, la prononciation de Véda aurait paru un peu trop haute, un rien trop précise, comme si elle avait été beaucoup plus destinée aux gens qui étaient dans le salon, qu'à Dieu. Mais pour Mildred, c'était la plus pure des voix enfantines, et une fois de plus des bouffées de chaleur la traversèrent ; une fois de plus, elle les repoussa. Au bout d'un long moment, alors qu'elle pensait se mettre à hurler si elle ne trouvait quelque adoucissement à sa peine, la voix lointaine s'arrêta, et Mr. Murock parut sur le seuil. Elle se demanda si elle parviendrait à marcher jusqu'au trottoir. Mais Bert lui prit le bras et Véda, la main, et elle traversa lentement le salon. Quelques personnes étaient là, visages à moitié oubliés depuis son enfance, grotesquement marqués par les années.

Jésus dit à ses disciples : Vous êtes maintenant dans l'affliction.

C'était toujours la même voix froide et lointaine, et

regardant par-dessus la tombe, au bord de laquelle était le cercueil, Mildred vit qu'elle venait vraiment du Dr. Aldous, bien qu'il parût vieux et fragile sous sa robe blanche. Tout à coup, cependant, il changea de ton, adopta un mode plus doux, plus sympathique, et quand elle entendit les mots : « Le Seigneur est mon pasteur », Mildred comprit que l'heure était venue des prières spéciales, exigées par les stipulations de Mamy et faites pour consoler. Les marmonnements continuèrent et ses lèvres se mirent à trembler quand elle sentit qu'ils étaient surtout destinés à apaiser sa peine. Ils la lui rendirent plus atroce encore. Enfin, après un temps interminable, elle entendit : « *Ô Dieu dont les bienfaits ne se comptent plus, accepte nos prières pour le salut de l'âme de Moire, ta servante décédée, et accueille-la à l'entrée de la terre de lumière et de joie, dans la compagnie de tes saints ; par Notre-Seigneur Jésus-Christ. Amen.* »

Et tandis que le cercueil s'enfonçait, grâce aux poulies brevetées de Mr. Murock, Mildred comprit avec une honte amère, que pour la première fois, dans la mort, l'enfant était correctement appelée alors qu'elle avait vécu toute sa courte vie sans même connaître son nom.

Le pire vint le soir, quand elle se retrouva seule, sans personne à consoler, personne devant qui être courageuse, personne d'autre à affronter qu'elle seule. Les Pierce étaient partis dans l'après-midi, emmenant Bert avec eux ; puis, peu après, les Engel, avec sa mère, afin d'être à San Diego avant la nuit. Alors, après avoir dîné tôt, Mildred demanda à Letty d'emmener Véda au cinéma. Et elle se retrouva dans une maison où l'on avait enlevé toutes les fleurs, toutes les chaises, tous les fils de fer, une maison qui était exactement telle qu'elle avait été auparavant. Le désespoir l'envahit. Elle erra dans les pièces, puis troqua sa robe pour une blouse et commença ses «pies». Vers 11 heures, elle alla avec la voiture à la sortie du cinéma, reconduisit Letty chez elle, et garda la main de Véda serrée dans la sienne pendant le trajet du retour. Véda but un verre de lait et bavarda gaiement du film. Il était intitulé *Le billet jaune,* et Mildred frémit au récit circonstancié de la manière dont Miss Elissa Landi avait tiré son revolver et tué Mr. Lionel Barrymore. Quand Véda alla se coucher, Mildred l'aida à se déshabiller et ne put se décider à la quitter :

— Aimerais-tu dormir avec moi cette nuit, chérie ?

— Mais naturellement, maman.

Mildred se persuadait elle-même qu'elle faisait une gentillesse à Véda, mais Véda n'était pas de celles qui laissent un geste profiter à quelqu'un d'autre. Elle se mit aussitôt à prodiguer des consolations, avec des grandes phrases, nettement articulées, parfaitement construites. «Pauvre, chère maman. Pauvre agneau. Imaginez tout ce qu'elle a subi aujourd'hui, et la façon magnifique dont elle s'est occupée de tout le monde, sans s'accorder un instant une pensée à elle-même. Mais, bien sûr, je vais coucher avec toi, maman. Pauvre chérie.»

Pour Mildred, c'était une huile bienfaisante sur une blessure béante. Elles passèrent dans sa chambre ; elle se déshabilla, se coucha et prit Véda dans ses bras. Pendant quelques minutes, elle exhala des soupirs tremblants, bien proches des larmes. Mais quand Véda serra sa tête contre elle et souffla dans son pyjama comme elle avait coutume de souffler dans celui de

Ray, les bouffées de chaleur vacillèrent une fois, puis s'installèrent dans son chagrin avec une violence aveuglante. Alors elle éclata en sanglots qui la secouaient toute, tandis qu'enfin elle admettait le sentiment qu'elle avait combattu : une joie coupable, irrésistible, que ce fût l'autre enfant qui lui eût été enlevé, et non Véda.

CHAPITRE IX

Seul un acte d'abnégation totale pouvait racheter cela, et à un moment dans la nuit, Mildred sut ce qu'il serait, et le sachant, trouva la paix. Elle trouva même un peu plus que la paix. Il y avait quelque chose d'anormal, d'un peu malsain, à la manière dont elle respirait l'odeur de Véda tandis qu'elle vouait le reste de sa vie à cette enfant qui avait été épargnée, tandis qu'elle décidait que le restaurant devait ouvrir le jour même, comme convenu, et qu'il devait être un succès. Elle se leva à l'aube, forte de cette résolution, sortant les plats à «pies», la farine, les ustensiles, les boîtes de provisions, tout ce qu'il fallait emporter à la maison modèle. Cela faisait pas mal de matériel qu'elle installa soigneusement dans la voiture, mais elle dut faire plusieurs voyages. Au dernier, elle trouva son état-major qui l'attendait: une serveuse nommée Arline et un Philippin du nom de Pancho pour la plonge et l'épluchage des légumes. Tous deux avaient été engagés la semaine précédente, sur la recommandation d'Ida. Arline, une fille mince assez jolie, de vingt-cinq ans, n'avait pas paru magnifique, mais Ida l'avait chaudement recommandée. Pancho, semblait-il, adorait les vêtements voyants et avait, de ce fait, encouru les foudres d'Archie, mais une fois qu'il avait revêtu l'uniforme de travail, il était absolument correct.

Mildred remarqua le complet crème de Pancho, mais ne perdit pas de temps à en discuter. Elle leur remit leurs uniformes et leur assigna leur travail. Ils devaient faire un nettoyage complet, et aussitôt que la pièce de devant serait faite, ils devaient accrocher les rideaux de percale qui gisaient en tas sur le sol. Elle leur montra comment fonctionnaient les fixations et, sur l'assurance de Pancho qu'il était un virtuose du tournevis, elle retourna chez elle, prit ses «pies» et fit ses livraisons.

Quand elle revint, elle eut le souffle coupé par ce qu'elle vit. Pancho avait vraiment bien travaillé: les rideaux étaient tous posés et il accrochait le dernier. Arline avait installé les tables, de sorte que ce qui avait été un vague tas de bois, de métal et d'étoffe dans un coin était devenu un restaurant chaud, agréable et accueillant. Mildred avait encore beaucoup de choses à faire, mais quand la blanchisserie lui livra les nappes et les serviettes, elle ne put résister au plaisir de dresser une table pour voir l'effet que cela ferait. À ses yeux, c'était beau. Les carreaux rouges et blancs de la toile se combinaient harmonieusement, ainsi qu'elle l'avait espéré, avec l'érable et avec l'uniforme rouge brique d'Arline. Elle s'attarda quelques minutes, buvant le spectacle des yeux. Puis, après avoir indiqué ce qui devait être fait dans la cuisine, elle reprit la voiture pour achever ses courses.

À la banque, elle retira 30 dollars, remplissant le talon du chèque rapidement en essayant de ne pas penser au 7 qu'elle devait inscrire dans la colonne «Débit». Elle demanda la monnaie de 10 dollars, en vue des besoins de la soirée, fit tomber les rouleaux de pièces dans son sac et s'en alla. À la ferme, où elle avait commandé ses poulets, elle en trouva vingt-six préparés au lieu des vingt qu'elle avait commandés. Mr. Gurney, le fermier, fut extrêmement prolixe à ce sujet, déclarant que ces bestioles étaient d'une telle qualité qu'il n'aurait pu se décider à les donner à quelqu'un d'autre. Elle n'en fut pas moins ennuyée. C'était de beaux poulets, nourris honnêtement de blé, et non de lait, et elle *se devait* d'avoir de beaux poulets. Et cependant, il ne fallait pas qu'elle laisse le fermier lui vendre plus qu'elle ne voulait. Après les avoir examinés un moment, elle en élimina deux parce qu'ils n'étaient pas de premier choix, accepta le reste, et paya 8 dollars, le prix étant d'un dollar les trois. Après les avoir casés dans la voiture, elle alla au marché, acheter des légumes, des œufs, du bacon, du beurre et de l'épicerie. Elle dépensa 11 dollars, et dut toucher à sa réserve de monnaie.

De retour au restaurant, elle inspecta la cuisine et fut tout à fait satisfaite. Arline avait lavé le plancher et Pancho, les nouveaux plats sans en casser aucun. Letty arriva, Mildred lui fit préparer le déjeuner pour Arline et Pancho, puis elle s'attela à ce qu'elle aimait vraiment : faire la cuisine. Elle sortit les poulets, les nettoya soigneusement, constata que le choix de Mr. Gurney était très supérieur à celui de la plupart des marchés. Puis, elle prit un petit couperet et les découpa. Elle voulait servir un demi-poulet sauté avec des légumes ou des gaufres pour 85 cents, mais elle avait horreur du demi-poulet que l'on donnait dans les autres restaurants. Il arrivait sur la table en un seul morceau répugnant, et elle se demandait comment les gens pouvaient y toucher. Elle voulait le présenter autrement. D'abord, elle enleva les cous, puis, elle partagea les poulets en deux. Elle découpa les ailes et les pattes; celles-ci furent séparées en pilons et en cuisses. Elle arrangea les carcasses de manière qu'il n'y eût qu'un seul os de poitrine pour les soutenir, sans petits os ou muscles. Enfin, utilisant le système d'Archie, elle plaça les carcasses, les cuisses, les pilons et les ailes dans quatre plats différents qu'elle glissa dans le frigidaire afin de pouvoir prendre une portion entière d'un seul mouvement. Les cous et les os furent jetés dans un pot pour le bouillon. Les abatis tranchés, placés dans une casserole pour la sauce. L'autre potage, une crème à la tomate, mis en train, elle installa Pancho à éplucher les légumes.

Vers quatre heures, Wally arriva pour inspecter les transformations, et établir son rapport. Sa principale activité, depuis leur dernière rencontre, avait été de faire la publicité et il y avait utilisé sa secrétaire. Elle s'était servie des anciennes listes des Maisons Pierce, de sorte que toute personne ayant acheté ou même ayant pensé à acheter une maison, avait été touchée. Mildred l'écouta, heureuse que tout eût été si bien organisé, mais il continua à tournailler et elle souhaita qu'il s'en allât pour pouvoir travailler. Alors, elle remarqua qu'il regardait surtout la vitrine. C'était le meuble le plus coûteux de son installation, et le seul qui eût été exécuté sur commande. Le bas et l'arrière étaient en érable, mais les côtés, le dessus et les planches, en verre. Il devait servir à exposer des «pies» qu'elle espérait vendre «pour emporter». Pour l'instant, l'air assez content de lui, Wally demanda:

— Eh bien, qu'est-ce que vous pensez de cette petite surprise que je vous ai ménagée?

— ... ? Quelle surprise ?

— Vous n'avez pas vu ?

— Je n'ai rien vu du tout.

— Hé... Retournez à la cuisine, alors, et attendez. Vous allez voir ce que vous allez voir.

Intriguée, elle obéit, et encore plus intriguée, elle vit Wally entrer, chercher les « pies », en prendre deux, puis deux autres, puis deux encore. Elle le vit encore arranger les « pies » dans la vitrine. Puis, elle le vit tripoter quelque chose contre le mur. Et, tout à coup, la vitrine s'illumina. Elle poussa un petit cri et accourut. Wally rayonnait :

— Eh bien, qu'est-ce que vous en pensez ?

— Mais, Wally, c'est splendide !

— J'ai fait cela pendant... enfin ces jours derniers. Je me suis glissé ici le soir et j'ai travaillé moi-même.

Il montra fièrement les minuscules réflecteurs presque invisibles et vissés dans l'érable pour envoyer la lumière d'en dessous sur les « pies » ; les ampoules pas plus grosses que son petit doigt à elle ; les fils, soigneusement fixés au dos, de manière à laisser les panneaux libres de glisser.

— Savez-vous combien coûte ce petit travail ?

— Je n'en ai aucune idée.

— Bon, voyons un peu : les réflecteurs sont à 7 cents pièce et il y en a 6, cela fait 42 cents. Les ampoules, 10 cents la pièce (ce sont des ampoules d'arbres de Noël, y auriez-vous pensé ?), 30 cents pour elles, ça fait 72 cents. Le fil, 10 cents, les douilles, vis et chevilles, peut-être un dollar. Le tout à peu près deux dollars. Qu'en dites-vous ?

— Je ne peux pas le croire.

— Cela m'a pris une heure, peut-être. Mais ça vous fera vendre vos « pies ».

— Et ça vous vaudra un repas gratis !
— Jamais de la vie !
— Un dîner gratis... et une deuxième portion !

Mais la pendule tournait inexorablement et aussitôt que Wally fut parti, Mildred reprit en vitesse son ouvrage, avec une ardeur encore accrue de sentir que tout le monde cherchait à l'aider. Les légumes, mis à cuire avant l'arrivée de Wally, étaient prêts maintenant et elle les retira du feu. Elle les installa dans leur pot et remplit le bain-marie d'eau chaude. Elle fit la pâte à gaufre, posa à côté le moule qui contenait exactement une gaufre. Elle fit une croûte de « pie », pour les biscuits. On apporta les ice-cream : chocolat, fraise et vanille. Elle fit installer les trois réfrigérateurs sur un banc où Pancho pourrait facilement les atteindre ; puis, elle montra à Arline comment se servir, lui rappelant qu'elle serait responsable des desserts comme des entrées. Elle fit la salade, commença le café.

À cinq heures et demie, elle alla dans la toilette des dames se changer pour la soirée. Elle avait longuement réfléchi à ce qu'elle porterait. Elle s'était décidée pour du blanc, mais pas le blanc fade si commun des uniformes d'infirmières. Elle était allée chez Bullock et avait acheté des robes en peau d'ange, pas absolument blanche, blanche avec une légère touche crème, et elle s'était commandé des petits bonnets hollandais pour les accompagner. Toujours fière de ses jambes, elle avait fait raccourcir les jupes. Elle se hâta donc d'en enfiler une, mit ses chaussures à hauts talons, attacha le petit bonnet. Tandis qu'elle se dépêchait, emportant le tablier qu'elle mettrait à la cuisine et qu'elle enlèverait quand elle viendrait accueillir les clients, elle eut l'air d'une cuisinière d'opérette.

Cependant, elle ne fit pas un numéro. Elle rassembla Pancho, Letty et Arline pour les ultimes recommandations, attachant plus d'importance à Arline.

— Je ne compte pas avoir beaucoup de monde, puisque c'est le premier soir et que je n'ai pas encore eu l'occasion de me faire une clientèle. Mais si vous étiez débordée, rappelez-vous ceci : prenez les commandes. Je dois savoir si l'on désire des légumes ou des gaufres avant de commencer, aussi ne me faites pas attendre.

— J'annonce les deux ?

— Annoncez les gaufres seulement.

— J'annonce les biscuits ?

— J'aurai des biscuits prêts tout le temps, vous, les attraperez vous-même. Prenez votre pain et vos biscuits, mais placez-les dans des paniers séparés et n'oubliez pas que les biscuits demandent une serviette pour rester chauds. Trois biscuits par personne, plus si on en réclame, ne soyez pas chiche et ne perdez pas de temps à les compter. Servez-vous rapidement et servez-vous suffisamment.

Arline examina la salle d'un œil expert, comptant les tables : huit tables de deux le long des murs, et deux tables de quatre au milieu. Mildred surprit son regard et continua :

— Vous pourrez facilement vous occuper de toutes si vous prenez les commandes. Il y a assez de place ici, vous vous servirez d'un plateau et cela vous aidera. Chaque fois que vous aurez besoin d'elle, je vous enverrai Letty pour s'occuper de vos tables à votre place, et...

— Ne peut-elle le faire dès le début ? De cette façon nous prendrons l'habitude de travailler ensemble sans nous heurter, ni nous marcher sur les pieds ?

— Alors, d'accord.

Letty approuva avec un sourire de contentement. Elle avait déjà revêtu l'uniforme rouge brique qui lui seyait bien, et visiblement désirait prendre part à la représentation. Mildred retourna à la cuisine, alluma le four et mit les moules à gaufres à chauffer. Elle se servait d'un moule à gaz au lieu du moule électrique ordinaire « parce que ce sont les gaufres rondes à l'ancienne mode, que les gens préfèrent ». Elle alla au compteur, alluma les lumières. La dernière manette commandait l'enseigne. Quand elle fut allumée, elle sortit pour la voir. Toujours aussi admirable, elle versait une lumière bleutée sur les arbres. Mildred eut un soupir profond et rentra. Enfin, elle avait son affaire à elle.

Alors, ce fut une longue attente. Mildred, nerveuse, s'assit à l'une des tables pour deux, tandis que Arline, Letty et Pancho se tenaient dans un coin, en chuchotant. Ils se mirent à ricaner et une douleur terrible traversa Mildred. C'était la première fois qu'il lui venait à l'idée qu'elle pouvait ouvrir un restaurant, et n'avoir personne. Elle bondit tout à coup et courut à la cuisine. Elle tâta les moules à gaufres pour s'assurer qu'ils étaient chauds. Dehors, une portière d'auto claqua. Elle regarda. Une voiture était là et quatre personnes entraient dans le restaurant.

Elle connut un moment de satisfaction tandis qu'elle cherchait le poulet : maintenant, elle cueillait la récompense de toutes ses observations, de toutes ses réflexions, de tous ses plans. Elle avait fait aménager le parc à voitures derrière la maison, de sorte qu'elle savait exactement le nombre de clients avant même qu'ils fussent entrés ; elle avait simplifié le menu pour pouvoir mettre le poulet sur le feu sans attendre les indications de la serveuse et elle avait disposé sa glacière, son fourneau, ses matières premières et ses ustensiles de manière à travailler avec le minimum d'efforts. Avec l'impression de mettre en marche une machine bien au point, elle sortit quatre carcasses, pilons, cuisses et ailes, les roula dans la farine auprès du fourneau, les aspergea d'huile d'olive, la bouteille était auprès de la farine. Elle les mit au four pour la brève cuisson qui précède la friture dans le beurre. Elle ne ferma pas encore la porte du four et y glissa une fournée de biscuits. Arline apparut :

— Quatre au numéro 9, potage à droite et à gauche, deux et deux, une gaufre.

Elle rappela à Arline qu'elle ne devait pas annoncer le potage, mais le servir elle-même, puis elle sortit pour saluer ses premiers hôtes. C'étaient des inconnus pour elle : un homme, une femme et deux enfants. Mais elle leur fit un charmant petit discours, leur dit qu'ils étaient ses premiers clients, qu'elle espérait qu'ils aimeraient sa maison et qu'ils continueraient à y venir. Arline arriva avec les entrées, le potage, les biscuits, le beurre, les serviettes, l'eau et la salade. La salade, on ne sait pourquoi, est servie la première en Californie. Les yeux de Mildred inspectèrent le plateau, le trouvèrent en ordre. Deux autres personnes entrèrent. Mildred se souvint vaguement d'eux comme acheteurs d'une maison Pierce quelque six ou sept ans auparavant, mais son entraînement de serveuse lui vint immédiatement à l'aide. Leur nom était sur ses lèvres avant qu'elle eût bien vu leurs visages : « Oh, comment allez-vous Mrs. Sawyer, et vous Mr. Sawyer? Je suis si contente que vous soyez venus. »

Ils eurent l'air contents et elle les installa à une table de coin. Aussitôt qu'Arline vint prendre les commandes, elle retourna à la cuisine pour préparer d'autres poulets.

Les premières commandes s'exécutèrent facilement, Letty apportant les assiettes sales à Pancho qui se mit tout de suite à l'ouvrage. Mais Arline apparut alors, l'air ennuyé :

— Deux au numéro 3, mais l'une des deux est une enfant qui ne prendra pas de potage. Elle dit qu'elle veut un jus de tomate avec une rondelle de citron et du sel de céleri... Je lui ai dit que nous n'en servions pas, mais elle dit qu'elle doit en prendre : que faire?

Il n'était pas difficile de deviner qui c'était.

Mildred trouva Bert avec Véda à l'une des tables de deux. Bert avait un costume clair, soigneusement entretenu et brossé, mais un crêpe noir était cousu à l'une des manches. Véda portait une robe d'école qu'elle n'avait jamais mise encore et le petit chapeau rabattu de Mildred. Tous deux la regardèrent avec un sourire ; Véda s'exclama sur la robe de Mildred, déclara qu'elle était jolie ; Bert hocha la tête avec approbation en examinant le restaurant.

— Par Dieu, c'est vraiment bien. Tu as enfin une chose à toi, Mildred. C'est une réalité. Il frappa du pied : Et c'est construit. J'y avais veillé. Je parie que tu n'as pas eu d'ennuis avec le bureau d'Hygiène quand ils ont examiné ce plancher-là?

— Ils sont passés sans même le regarder.

— Aucune difficulté au sujet des toilettes?

— Ils sont passés aussi. Naturellement, nous avons dû faire une porte, si bien que les deux donnent dans l'ancien bureau de secrétaire que nous avons transformé en une sorte de fumoir. C'est contraire à la loi de faire communiquer une toilette avec une cuisine, tu le sais. Mais c'est à peu près tout ce que nous avons eu à changer avec les peintures, le gravier et les tambours. Cela fait tout de même une somme.

— Je te crois.

— Est-ce que tu veux faire le tour du propriétaire ?

— J'aimerais bien.

Elle les emmena partout, et elle se sentit très fière quand Bert admira toutes choses sans réserve, et non moins fière quand Véda dit : « Tout bien considéré j'estime que tu as eu raison, maman. » Elle entendit une portière de voiture et alla accueillir son nouveau client. C'était Wally, assez excité : « Dites donc, vous allez avoir foule. Vous m'entendez, une foule. Voilà la chose à retenir, l'annonce par courrier personnel. Ce n'est pas ce que vous envoyez, ce sont ceux à qui vous l'envoyez. J'ai expédié votre papelard à des gens qui vous connaissent et ils viennent. J'ai rencontré six personnes différentes qui m'ont dit qu'elles seraient ici... et j'en vois déjà six. Je vous dis, vous aurez une foule ! »

Wally attira une chaise et s'assit avec Bert et Véda. Bert l'apostropha agressivement pour savoir s'il avait songé à changer le bénéficiaire de l'assurance de l'incendie. Wally lui demanda s'il se figurait qu'il avait attendu que l'endroit fût brûlé pour le faire. Bert répondit que c'était O.K., qu'il s'informait simplement.

Quand Mildred leva les yeux, Ida se tenait sur le seuil. Elle alla au-devant d'elle, l'embrassa et l'écouta lui expliquer avec volubilité que son mari avait eu l'intention de venir, mais qu'il avait été appelé pour un travail et avait dû s'y rendre. Mildred la mena à la table qui n'avait plus maintenant qu'une seule chaise libre, l'autre ayant été empruntée par Wally. Ida regarda autour d'elle, enregistrant tout.

— Mildred, c'est tout simplement magnifique. Et quelle place vous avez ! Vous pouvez facilement avoir deux tables de quatre en plus. Il suffira de rapprocher un tout petit peu ces deux-là. Et vous pourrez utiliser des plateaux aussi grands que vous voudrez. Vous n'avez pas idée de ce que cela peut aider ? Cela vous épargne une serveuse, au moins !

Il était grand temps pour Mildred de regagner la cuisine ; mais elle s'attardait, caressant la main d'Ida, se réchauffant de son approbation.

La machine bien au point était sous pression, maintenant, elle bourdonnait doucement, tirant sa charge. Jusque-là Mildred avait trouvé quelques secondes à chaque nouvelle arrivée et tout spécialement à chaque départ, pour rappeler les « pies » faits à la maison et qui étaient à vendre : « N'aimeriez-vous pas en emporter un ? » Mais maintenant elle travaillait avec fièvre, fricassant des poulets, tournant des gaufres. Quand elle entendit claquer une portière, elle n'eut pas le loisir de regarder à l'extérieur et de compter les clients. Elle entendit ensuite une autre portière. Puis, Arline parut :

— Deux groupes de quatre viennent d'arriver Mrs. Pierce. J'ai de la place pour un, mais qu'est-ce que je vais faire des autres ? Je peux pousser deux tables de deux l'une contre l'autre, mais il faudrait faire changer de place à Miss Ida...

— Non, non, laissez-la seule.

— Alors que vais-je faire ?
— Installez-en quatre et demandez aux autres d'attendre.
Malgré elle, sa voix était plus aiguë. Elle sortit, demanda au groupe de quatre si cela ne leur faisait rien d'attendre. Elle dit qu'il y avait un peu de bousculade, mais que cela ne durerait que quelques minutes. L'un des hommes accepta, mais elle se précipita, honteuse de n'avoir pas prévu cela, pour leur chercher des chaises supplémentaires. Quand elle regagna la cuisine, Arline invectivait Pancho, elle se tourna vers Mildred avec humeur :
— Il lave des assiettes et les bols à consommé sont tous sales ! Si je n'ai pas de bols, je ne peux pas servir mes entrées. Des bols, idiot, des bols !
Arline hurlait ; mais comme Mildred la faisait taire, Letty entra, lourde et maladroite dans ce travail inhabituel. Elle ajouta d'autres bols à la pile qui s'écroula : trois bols se fracassèrent. Mildred plongea vainement pour les sauver et elle entendit une autre portière claquer. Et tout à coup, elle se rendit compte que sa machine déraillait, que sa cuisine était submergée, qu'elle avait complètement perdu le souvenir des commandes, qu'il n'y en avait pas une en train. Pendant un instant affreux, elle vit son ouverture s'achever en fiasco, tout ce qu'elle avait espéré lui échapper en un soir de cauchemar. Alors, à ses côtés, elle trouva Ida, arrachant son chapeau, se débarrassant de son sac à main auprès de la boîte de fer qui servait de caisse, enfilant un tablier.
— O.K., Mildred, ce sont ces plats qui gênent tout. Et celle-ci est inutile là-bas, qu'elle essuie pendant qu'il lave, cela aidera toujours.
Comme Mildred faisait signe à Letty et lui tendait

un torchon, les yeux vifs d'Ida découvrirent les assiettes à dessert et elle les installa sur un plateau. Puis s'adressant à Arline :

— Annoncez vos potages.

— Une droite et une gauche pour deux, trois et un poulet et tomate pour quatre et ils attendent depuis...

Ida ne s'attarda pas à entendre depuis combien de temps ils attendaient. Elle servit le potage dans les assiettes à dessert, distribua les cuillères d'une main et les biscuits de l'autre, et se précipita dans la salle avec le plateau, laissant le beurre, la salade et l'eau à Arline. Une minute après, elle était de retour.

— O.K., Mildred. J'ai envoyé votre famille faire un tour. Ils avaient fini de manger, d'ailleurs. J'ai mis deux personnes à une table et cela nous débarrasse de quatre. Aussitôt que j'aurai la note de ce premier groupe de quatre, cela nous débarrassera de quatre autres et...

La voix sonore, cette voix que Mildred avait détestée, retentissait et Mildred y répondait avec un frisson qui partait de son cœur et se répandait dans toute sa personne. Son calme revint, ses mains retrouvèrent leur habileté, tandis que les choses tournaient rond à nouveau. Elle sortait une gaufre quand Mrs. Gessler apparut à la porte et vint jusqu'à elle sur la pointe des pieds :

— Puis-je vous aider, mon petit ?

— Je ne crois pas, Lucy. Mais merci quand même...

— Oh, si, il y a une chose...

Ida avait saisi Mrs. Gessler par le bras comme elle avait l'habitude de saisir les employés sous ses ordres.

— Ôtez votre chapeau, allez dans la salle et vendez des « pies ». Ne les embêtez pas pendant qu'ils mangent, mais restez près de la vitrine et quand ils s'en vont, soyez éloquente...

— Je ferai de mon mieux.

— Les cartons sont dans les tiroirs sous le meuble, ils sont à plat, vous n'avez qu'à les déplier, puis ficelez et mettez les poignées. Si vous avez un ennui, appelez-moi ou demandez à Mildred.

— Quel est le prix, Mildred?

— 85 cents. Tout est à 85 cents.

Mrs. Gessler posa son chapeau auprès de celui d'Ida et sortit. Bientôt Mildred la vit revenir, placer un billet d'un dollar dans la boîte de fer, prendre de la monnaie et sortir. Au bout d'un court moment, elle vit plusieurs billets dans la boîte tandis qu'Ida venait à chaque instant, faisait de la monnaie et envoyait Arline la rendre pour qu'elle reçoive son pourboire. Quand elle eut un répit, elle enleva son tablier et alla dans la salle. Personne n'était debout maintenant, mais tous les sièges étaient occupés et elle ressentit la même impression que la veille à l'enterrement, quand elle avait traversé le salon et reconnu tous ces visages à moitié oubliés. C'étaient des gens qu'elle n'avait pas vus depuis des années, des gens atteints par la publicité intelligente de Wally. Elle leur parla, leur demanda si tout allait bien et reçut leurs félicitations. Quelques-uns lui firent des condoléances pour la mort de Ray.

Il était huit heures bien passées quand Mildred entendit se fermer une nouvelle portière. Bert, Wally et Véda avaient sur l'invite d'Ida, transporté leur conférence sur le marchepied de la voiture de Wally, et pendant quelque temps, elle les avait entendus bavarder tandis qu'elle travaillait. Mais, pendant qu'un pas faisait crisser le gravier, leur conversation s'arrêta brusquement et Véda fit irruption par la porte de derrière.

— Maman, devine qui vient d'arriver!

— Qui donc, ma chérie?

— Monty Beragon!

Le cœur de Mildred sursauta et elle regarda sévèrement Véda. Mais les yeux brillants de l'enfant ne suggéraient pas la connaissance du scandale, aussi elle demanda avec circonspection:

— Et qui est Monty Beragon?

— Oh, maman. Tu ne le sais pas!

— Je ne pense pas.

— Il joue au polo pour Midwick, il habite à Pasadena et il est riche, et beau garçon, et toutes les filles attendent que sa photo paraisse dans les journaux. Il est... formidable!

Mildred pour la première fois apprenait que Monty était «quelqu'un», mais elle était trop occupée pour s'en réjouir. Véda se mit à danser et Bert entra, suivi de Wally qui avait l'air illuminé:

— Dieu du ciel! Si ce type est ici, Mildred, vous êtes lancée. Il n'y a pas un restaurant dans Los Angeles qui ne le paierait pour qu'il y entre. N'est-ce pas, Bert?

— Il est très connu.

— Connu? Seigneur, c'est une attraction!

Arline vint de la salle à manger: «Une gaufre.»

Véda alla à la porte, jeta un coup d'œil et disparut. Wally commençait à se demander comment Monty avait appris l'ouverture. Il n'était sur aucune liste et il semblait peu probable qu'il eût lu cela dans les journaux de Glendale. Bert, avec un peu d'irritation, déclara que la réputation de cuisinière de Mildred était bien connue partout et que c'était une raison suffisante, pour lui du moins, sans faire tant d'histoires à ce propos. Wally affirmait que, « Bon Dieu, il arriverait à savoir » quand tout à coup, il resta immobile, la bouche ouverte, et Mildred sentit qu'on la faisait tourner lentement sur elle-même. Monty était là, la regardant gravement, avec intensité :

— Pourquoi ne m'avez-vous rien dit pour la petite fille ?

— Je ne sais pas. Je n'ai prévenu personne.

— Je n'en avais pas entendu parler, jusqu'à ce que sa sœur me l'ait dit, il y a un instant.

— Elle semble être une de vos grandes admiratrices !

— C'est la plus délicieuse petite fille que j'aie rencontrée depuis longtemps, mais ne parlons pas d'elle. J'aimerais que vous sachiez que si j'avais eu la moindre idée de tout cela, vous m'auriez vu.

Comme pour corroborer cette déclaration, une boîte de fleurs apparut soudain sous le nez de Mildred avec un reçu que le porteur lui présentait à signer. Elle ouvrit la boîte et trouva deux orchidées énormes. Mais Monty s'empara de la carte et la déchira :

— Je doute que vous soyez d'humeur à goûter une plaisanterie.

Elle mit les fleurs dans la glacière, présenta Bert et Wally. Elle fut soulagée quand Ida revint, demandant que la cuisine fût libérée. Monty lui donna une petite tape dans le dos et s'en alla dans la salle. Bert et Wally sortirent dans le jardin après l'avoir regardée d'un air bizarre.

À 9 heures, il ne restait plus que deux clients et, pendant qu'ils mangeaient le dernier poulet, Mildred alla au compteur et éteignit l'enseigne. Puis elle fit sa caisse. Elle avait espéré 30 personnes et avait commandé des poulets en plus pour être tranquille. Et voilà que, ayant eu la main forcée pour en prendre quatre de plus, elle en avait à peine eu assez. À la vérité, comme l'avait promis Wally, il y avait eu foule et elle trouva qu'elle avait gagné 16 dollars, soit 10 de plus que dans ses rêves les plus fous. Elle lia tous les billets ensemble pour en sentir l'épaisseur. Et n'ayant plus rien à faire avant qu'Arline, Letty et Pancho eussent terminé, elle enleva son tablier, épingla les orchidées à son corsage et se rendit dans la salle à manger.

Ida s'occupait encore des derniers clients, mais Bert, Wally, Monty, Véda et Mrs. Gessler étaient assis amicalement à l'une des tables de quatre. Bert et Monty discutaient de poneys de polo ; Bert semblait, d'ailleurs, extrêmement compétent sur ce sujet. Véda s'était nichée dans le creux de son bras et buvait les paroles enchantées évoquant le seul monde qui pût avoir quelque importance à ses yeux. Mildred attira une chaise et s'assit auprès de Mrs. Gessler qui aussitôt émit d'étranges onomatopées. Regardant dans les yeux de chacun des assistants, elle répéta : « H'm ? H'm ? » d'une manière instante, n'obtenant en réponse que des regards surpris. Ce fut Monty qui comprit. Son visage s'éclaira et il hurla : « Oui. »

Alors tout le monde hurla : « oui » et Mrs. Gessler alla vers sa voiture. Quand elle revint, elle était chargée de whisky et de gin. Mildred fit apporter des verres, de la glace et un tire-bouchon par Arline, et Mrs. Gessler commença les rites anciens. Bert se chargea de la boisson de Véda, mais Mildred interdit le tour de passe-passe habituel. Elle savait que cela rappellerait Ray à Bert et ne le voulait pas. Véda eut son verre, avec ses deux gouttes de gin, sans aucune plaisanterie, et Bert bondit tout à coup sur ses pieds. Levant son verre à la santé de Mildred, il dit :

— À la plus charmante des femmes qu'un idiot stupide a été assez fou de laisser s'en aller loin de lui.

— Vous auriez dû le savoir, vous, crétin.

Mrs. Gessler était si affirmative que tout le monde rit et leva son verre à la santé de Mildred. Elle ne savait pas si elle devait lever son verre ou non, puis finalement elle le leva. Ida, qui avait terminé, se tenait auprès d'elle, se mêlant à la gaieté avec un sourire contraint qui semblait étrange et pathétique sur sa figure extrêmement brave. Mildred bondit, lui prépara à boire et dit : « Maintenant, c'est moi qui propose un toast. » Levant son verre, elle entonna : « À la meilleure petite fille que personne n'aurait jamais voulu voir partir. » Wally dit : « Ray » et tout le monde répéta « Ray ». Ida un peu grisée, commença par ricaner, puis, elle eut l'air d'être sur le point de pleurer. Elle ne fit aucune attention quand Mildred la présenta. Enfin elle s'effondra sur une chaise et commença : « Eh bien, Mildred, j'aurais aimé que vous puissiez entendre les commentaires. Vous n'avez pas idée de ce qu'ils ont été emballés par ce poulet. Et sidérés par les gaufres ! Ils disaient qu'ils n'avaient jamais trouvé des gaufres pareilles depuis leur jeunesse et qu'ils n'avaient pas idée que quelqu'un sache encore les faire. C'est un succès, Mildred. Ça va devenir magnifique ! » Mildred buvait à petites gorgées, se sentant frissonnante, contente d'elle-même et heureuse au-delà de toute expression.

Elle aurait pu rester assise là pour toujours, mais elle avait à s'occuper de Véda et aussi d'Ida, car après qu'elle lui eut été d'un tel secours, il fallait au moins la reconduire chez elle. Aussi rappela-t-elle à Bert que Véda devait aller à l'école le lendemain. Elle fourra la précieuse caisse dans son sac à main et se prépara à fermer. Elle serra la main de tout le monde détournant rapidement les yeux quand elle arriva à Monty et enfin elle les mit dehors. Sur la pelouse, les convives se réunirent autour de la voiture de Mrs. Gessler et Mildred soupçonna qu'on liquidait le scotch d'une manière peu formaliste, mais elle ne s'attarda pas à s'en assurer. Rappelant à Bert de ne pas garder Véda debout trop tard, elle fit monter Ida en voiture et avec un bruit de moteur, descendit le boulevard.

Quand elle regagna son domicile, elle fut surprise de trouver la grosse Cord bleue à la porte. La maison était sombre, mais elle aperçut une lueur dans le studio et elle y trouva Monty et Véda. Dans l'obscurité, à part la lueur du feu qu'ils avaient allumé, ils avaient l'air de s'entendre à merveille. Monty expliqua à Mildred :

— J'étais engagé.

— Oh, vraiment ?

— Oui, nous avions pris l'engagement que je la ramènerais à la maison, aussi me suis-je exécuté. Naturellement j'ai d'abord reconduit papa chez lui...

— Ou du moins, chez la B...

Mais avant que Véda ait pu finir sa qualification moqueuse, Monty et elle éclatèrent de rire, et quand elle put reprendre sa respiration, Véda murmura : « Oh, maman ! Nous avons vu la Biederhof ! À travers les carreaux ! Et... ils ballottaient ! »

Mildred sentit qu'elle devait se montrer choquée, mais elle se joignit à eux malgré elle, et ils rirent tous les trois jusqu'à ce qu'ils en eussent mal aux côtés et des larmes dans les yeux, comme si Mrs. Biederhof et sa poitrine que rien ne venait maintenir, avaient été la chose la plus drôle du monde. Il s'écoula un long moment avant que Mildred pût se résoudre à envoyer Véda se coucher. Elle voulait la garder là, pour se réchauffer à cette amitié ensoleillée, libre de toute contrainte et qui n'avait encore jamais existé. Quand ce fut enfin l'heure, elle conduisit Véda dans sa chambre elle-même, l'aida à se déshabiller, la mit au lit, la tint embrassée pendant un moment, encore ravie du miracle qui venait de s'accomplir. Alors Véda murmura :

— Oh maman ! Il est tout simplement merveilleux !

— Il est extrêmement gentil.

— Comment l'as-tu rencontré ?

Mildred marmonna quelque chose sur la venue de Monty une ou deux fois dans le restaurant d'Hollywood, puis demanda :

— Et comment l'as-tu rencontré, toi ?

— Oh, maman, je n'ai rien fait. Je veux dire, je ne lui ai rien dit. Il m'a parlé. Il a dit que je te ressemblais tellement qu'il savait qui j'étais. Tu lui avais parlé de moi ?

— Oui, naturellement.

— Alors, il a demandé Ray et quand je lui ai dit ce qui était arrivé, il est devenu tout blanc, il a bondi et...

— Oui... je sais.

— Et, maman, ces orchidées !

— Tu les veux ?

— Maman ! maman !

— Très bien, tu peux les porter pour aller à l'école.

Du divan monta une voix, un peu épaisse, un peu tremblante :

— J'ai contemplé ce sacré costume toute la soirée et j'ai eu bien du mal à me retenir de le mordre. Maintenant, enlève-le !

— Oh, je ne suis guère d'humeur à...

— Enlève-le !

Et le costume fut enlevé et Mildred s'adonna à ce qui, après tout, semblait la fin appropriée de cette soirée. Cependant, elle était trop excitée pour avoir l'esprit à Monty. Quand elle alla au lit, elle était fatiguée, heureuse et gémissante. Et Bert, Wally, Mrs. Gessler, Ida, Monty, l'enseigne, le restaurant et les 46 dollars se retrouvèrent nageant au clair de lune dans une piscine de larmes. Mais le visage qui rayonnait au-dessus de cela, plus beau que tout le reste, était celui de Véda.

CHAPITRE X

Quelques mois plus tard, un matin, Mildred descendait en auto de Arrowhead avec Monty. Cela faisait partie de sa vie maintenant, bien que dans l'ensemble ce fût moins satisfaisant que cela avait promis d'être dans la première ou la seconde semaine. Pour une large part, cela venait de ce qu'elle avait découvert que l'attirance qu'il avait pour elle était avant tout physique et cela la déroutait un peu. Jusqu'à présent, son expérience sexuelle avait été assez monotone et fade même dans les premiers jours avec Bert. Cette chaleur violente et dévastatrice que Monty faisait lever en elle lui semblait un peu honteuse et, de plus, elle craignait que cela ne s'empare trop violemment d'elle et ne la détourne de son travail, qui était toute sa vie. Car, malgré les difficultés, les pertes et les catastrophes qui parfois lui tiraient des larmes, le petit restaurant continuait à prospérer. Qu'elle ait réellement une grande habileté aux affaires, c'était encore difficile à dire mais son bon sens et ce commerce qui semblait devoir toujours prospérer, réussissaient parfaitement. Elle avait vu rapidement que la fabrication des «pies» était la clé de tout et elle s'y cramponnait pour que ce soit cela qui paye les gros frais, y compris ceux de Hans le pâtissier qu'elle avait engagé. Ce que rapporterait alors le restaurant deviendrait tout bénéfice dès que les dettes encore bien lourdes seraient réglées. Que Monty puisse la détourner d'une carrière si fabuleuse était une possibilité qui l'effrayait réellement.

Par ailleurs, elle ressentait de plus en plus ce sentiment d'infériorité que Monty avait éveillé en elle durant leur première nuit au bord du lac. C'était son oisiveté aisée à lui qui faisait paraître si minimes les réalisations de Mildred. Le restaurant qui, pour elle, était une sorte de Graal, obtenu à force d'efforts énormes et de sacrifices, était pour Monty La Charrette de Pies, surnom immédiatement adopté par Véda qui l'avait même abrégé en La Charrette. De plus, s'il lui amenait parfois des amis, les lui présentait et lui demandait de s'asseoir avec eux, c'étaient toujours des hommes. Elle l'avait bien remarqué. Elle n'avait jamais rencontré ni une de ses amies, ni personne de sa famille. Une fois, contre toute attente, il avait dirigé la voiture vers Pasadena et il avait voulu lui montrer sa maison. Elle s'était sentie nerveuse à l'idée de connaître sa mère, mais quand ils étaient arrivés, il s'était avéré que mère et sœur étaient toutes deux en voyage, et que les domestiques eux-mêmes étaient de sortie ce soir-là. Immédiatement, elle avait détesté cette grande demeure fermée, où elle avait l'impression de pénétrer par la porte de service et elle avait haï Monty lui-même. Ils n'avaient pas fait l'amour cette nuit-là, et Monty s'était montré étonné, presque blessé, par sa conduite. Elle avait eu nettement le sentiment que, pour lui, elle était une servante, une servante plaisante grâce à ses jolies jambes et à sa réplique flatteuse au lit, mais quand même seulement une servante.

Cependant, elle ne refusait jamais ses invitations, ne provoquait jamais la rupture que son instinct réclamait, ne levait jamais la hache qu'elle savait devoir s'abattre un jour. Car il y avait toujours avec lui cet élément délicieux qu'il avait introduit dans sa vie, cette intimité avec Véda qui avait débuté le jour de son apparition au restaurant, et qui disparaîtrait, elle en avait peur, quand Monty s'en irait. Monty semblait tout dévoué à Véda. Il l'emmenait partout, au polo, aux courses, chez sa mère, lui accordant toute l'égalité sociale qu'il refusait à Mildred, si bien que l'enfant vivait dans un merveilleux paradis. Mildred aussi vivait dans un paradis, un paradis plus modeste, légèrement gâché par ses blessures d'amour-propre, mais enchanté par la musique des harpes. Elle s'enivrait de l'affection vivace de Véda et achetait, sans se plaindre, l'attirail coûteux qu'exigeait ce paradis ; équipement d'équitation, de natation, de golf et de tennis ; vêtements pour la nuit, ornés d'un monogramme. Si Mildred ne connaissait personne à Pasadena, elle se consolait en pensant que Véda y fréquentait tout le monde et avait si souvent sa photo dans les échos mondains qu'elle en était blasée. Mildred savait qu'aussi longtemps que cela durerait, elle resterait avec Monty, malgré ses opinions irritantes, sa condescendance amusée, ses omissions qui la heurtaient si cruellement — et que non seulement elle resterait avec lui, mais qu'elle se cramponnerait à lui.

Ce matin-là, cependant, elle était de bonne humeur. Elle avait bien dormi, après une nuit agitée, c'était de nouveau le début de l'automne, les arbres des montagnes commençaient à jaunir, et elle pontifiait aimablement au sujet de Mr. Roosevelt. Elle pontifiait volontiers maintenant, surtout en matière de politique.

Elle n'avait pas eu à être longtemps dans les affaires pour faire, avec rage, connaissance avec les impôts, et cela l'avait menée tout naturellement à la politique et à Mr. Roosevelt. Elle allait voter pour lui, disait-elle, parce qu'il mettrait fin à toutes les extravagances de Hoover et équilibrerait le budget. Quelle idée avaient tous ces gens sans aucun intérêt qui demandaient des secours et cet Hoover qui perdait son temps à s'occuper d'eux! Elle n'avait rien contre eux, sinon qu'ils étaient trop paresseux pour travailler, car ce n'était pas à elle qu'on pouvait raconter qu'on n'arrivait pas à s'en sortir, même avec cette Crise, quand on avait un peu de cran. Ici, Monty aurait pu découvrir une allusion joyeuse à ce qu'elle avait fait, elle, avec un peu de cran. Quoi qu'il en soit, il n'écoutait que d'une oreille. Brusquement, il demanda:

— Puis-je te dire quelque chose?

— Si c'est en faveur de Hoover, je ne veux pas l'écouter.

— C'est au sujet de Véda.

— Qu'est-ce qu'elle a encore découvert?

— La musique... Mais, bon sang, ce n'est pas à moi à te donner un avis. Seulement je sais ce que l'enfant ressent.

— Elle prend des leçons.

— Elle prend des leçons avec une petite tapeuse à bon marché de Glendale et elle en a assez. Elle voit qu'elle ne fait aucun progrès. Alors... Et puis, ce n'est pas mon affaire.

— Continue.

— Je crois qu'elle est douée.

— J'ai toujours affirmé qu'elle avait du talent.

— Dire qu'elle a du talent et faire ce qu'il faut à ce sujet, sont deux choses différentes. Si tu me le permets, je crois que tu en sais plus long sur les «pies» que sur la musique. Je crois qu'elle mérite d'être confiée à quelqu'un qui puisse vraiment la prendre en mains.

— Qui, par exemple?

— Eh bien, il y a à Pasadena un type qui ferait sans doute des merveilles avec elle. Tu en as peut-être entendu parler, Charlie Hannen. Il était très connu dans le monde des concerts, il y a quelques années. Mais il a eu une histoire pulmonaire et il s'est retiré. Il ne fait pas grand-chose, maintenant. Organiste, maître de chant, si tu préfères, à notre paroisse, il mène une vie tranquille, mais il prend quelques élèves. Je suis sûr d'obtenir qu'il s'intéresse à elle. S'il s'en charge, elle ira loin.

— Où en as-tu tant appris sur la musique?

— Je n'y connais rien. Mais ma mère s'y connaît. Elle a commandité la Philharmonique pendant des années et connaît tout ce qui s'y rapporte. Elle dit que l'enfant est vraiment douée.

— C'est vrai, je n'ai jamais rencontré ta mère.

Monty laissa passer cette remarque légèrement acerbe, sans la relever, et il s'écoula quelques minutes avant qu'il reprenne:

— Un autre indice me donne à penser qu'elle est douée: c'est qu'elle travaille. C'est entendu, je ne m'y connais qu'en chevaux. Mais quand je vois un type à cheval, dès le matin, alors qu'il n'y a personne aux alentours, qu'il frappe avec un maillet pour améliorer son revers, je me dis à moi-même qu'il sera peut-être un jour un bon joueur de polo!

— Et ça, c'est quelque chose!

— C'est la même chose pour Véda. Pour autant que je sache, elle ne manque jamais un jour d'aller s'exercer sur cette vieille casserole chez son grand-père et quand elle vient passer un moment chez ma mère, elle fait ses deux heures d'exercices tous les matins, avant même de parler de tennis, d'équitation ou de ce que ma mère a projeté pour elle. Elle travaille, on n'a pas besoin d'être musicien pour s'en rendre compte.

En dépit de sa conviction, presque religieuse, que Véda avait du talent, Mildred n'était pas aussi impressionnée : elle connaissait trop bien Véda pour interpréter ses manifestations comme le faisait Monty. Le travail appliqué de Véda chez Mrs. Beragon pouvait indiquer une passion dévorante pour la musique, mais pouvait également exprimer une envie dévorante de faire savoir à toute la maison qu'elle était là. Et que Mr. Hannen eût été autrefois un pianiste célèbre comptait moins que le fait qu'il fût aujourd'hui organiste d'une majestueuse église à Pasadena pour qu'elle désirât l'avoir comme professeur. En définitive, Mildred était sûre d'avoir découvert un des mirifiques plans de Véda. En plus de cela, elle s'irritait de ce qui était, de toute évidence, une petite conspiration pour lui dicter ce qu'elle devait faire pour son enfant — ce qui impliquait que ce qu'elle avait déjà fait était, à l'échelle de Pasadena, loin d'être assez bien.

Aussi ne parla-t-elle de rien à Véda pendant un certain temps. Mais cela continua à lui trotter par la tête, entretenant en elle la crainte de refuser à l'enfant une chose qu'elle méritait, peut-être. Et puis, un soir, Véda éclata en une violente diatribe contre Miss Whittaker, cette personne à qui Mildred payait 50 cents par semaine pour les leçons de Véda. Mais, dans la tirade, Mildred sentit des accents différents de l'habituelle comédie. Troublée, elle demanda soudain si Mr. Hannen, de Pasadena, ferait mieux. Cette phrase déchaîna une telle sarabande effrénée qu'elle se rendit compte qu'elle devait céder. Elle téléphona donc, prit un rendez-vous et, le jour du rendez-vous, se dépêcha d'en finir avec son travail pour revenir à la maison et emmener Véda.

À cette occasion, elle sortit quelques vêtements neufs pour Véda; une robe de soie marron, un chapeau marron, des chaussures en crocodile et des bas de soie. Mais quand Véda revint de l'école et vit cela étalé sur son lit, elle leva les mains avec horreur:

— Maman! Je ne peux pas être endimanchée! Oooh! Cela ferait affreusement provincial!

Mildred reconnut la voix de la «Société» en entendant ces mots. Elle soupira, rangea le tout et observa ce que Véda trouvait convenable: pull-over marron, jupe écossaise, veste de polo, béret de cuir, chaussettes de laine et chaussures plates. Mais elle détourna les yeux quand Véda commença à s'habiller. Une année et demie avait apporté de grandes modifications à l'apparence de Véda. Elle était toujours d'une taille moyenne, mais son port hautain la faisait paraître plus grande. Ses hanches étaient demeurées étroites, mais avaient acquis une certaine volupté. Les jambes ressemblaient à celles de Mildred jusqu'à leur moindre gracieux contour. Le changement le plus considérable était ce que Monty appelait brutalement «les boîtes à lolo»: deux protubérances rondes, gonflées, qui s'étaient presque formées en une nuit, sur la poitrine haute et bombée. Elles auraient été importantes même chez une femme: chez une enfant de treize ans, elles étaient étonnantes. Mildred avait des réactions mystiques à leur sujet: elles lui faisaient penser avec émotion à l'Amour, à la Maternité et à des concepts lactés similaires. Quand Monty les avait qualifiés d'indécents et avait conseillé à Véda d'acheter, pour l'amour de Dieu, un hamac pour les suspendre, Mildred avait été choquée et, furieuse, était devenue écarlate. Mais Véda avait ri gaiement et avait très paisiblement acheté un soutien-gorge. Il aurait été difficile d'ailleurs de l'imaginer rougissant à propos de quoi que ce fût. De sorte que, avec sa gorge, ses lolos et ses hanches légèrement balancées, elle se déplaçait comme un pigeon orgueilleux et racé.

Mr. Hannen vivait en dehors du centre de Pasadena, dans une maison qui semblait quelconque de l'extérieur, mais qui, à l'intérieur, se révélait être un atelier gigantesque, auquel avaient été sacrifiés le premier étage et une partie du second. Mildred fut frappée non seulement par son volume, mais par son incroyable nudité. Pas un meuble, sauf un grand piano, de longs rayonnages couverts de musique, un banc de bois appuyé au mur à l'une des extrémités, et un buste de bronze dans un coin, avec sur le socle : Bauer. Mr. Hannen lui-même était un homme trapu d'une quarantaine d'années ; il avait des jambes tordues, une large poitrine et de grandes mains ; mais une légère voussure, aussi bien que ses cheveux blancs clairsemés, rappelaient la maladie dont avait parlé Monty. Il se montra très amical et bavarda avec Mildred, jusqu'à ce qu'elle ne fût plus sur ses gardes et se montrât plus loquace. Quand elle fit allusion au restaurant, Véda hocha la tête avec impatience, mais Mr. Hannen dit : « Ah » d'une manière flatteuse, il se souvint d'en avoir entendu parler, nota l'adresse et promit de venir. Puis, avec pas mal d'indifférence, il se tourna vers Véda, jeta un coup d'œil sur la musique qu'elle avait apportée et déclara qu'il fallait se décider à aborder le côté désagréable. Véda parut un peu écrasée par son ton, mais il lui désigna le piano et lui demanda de jouer quelque chose... n'importe quoi, pourvu que ce soit bref. Véda alla majestueusement vers le piano, s'assit sur le tabouret, croisa les mains d'une manière toute professionnelle et réfléchit. Mr. Hannen s'installa sur le banc mural, près de Mildred, et réfléchit aussi. Puis, Véda se lança dans un morceau que Mildred reconnut pour être le *Prélude* de Rachmaninoff.

C'était la première fois, depuis des mois, que Mildred entendait jouer Véda et elle en fut ravie. Elle n'était pas tout à fait sûre de la partie musicale, si ce n'est que cela faisait un joli tapage. Mais on ne pouvait se méprendre à l'autorité avec laquelle Véda levait sa main droite, haut en l'air, ou au style avec lequel elle croisait sa main gauche par-dessus l'autre. Le morceau s'élevait toujours vers un stade de plus en plus bruyant et puis, inexplicablement, il hésita. Véda plaqua un accord sonore :

— J'ai toujours désiré le jouer de cette façon.

— Je le dirai à Mr. Rachmaninoff quand je le verrai.

Mr. Hannen était légèrement ironique, mais les sourcils étaient froncés et il examinait sévèrement Véda. Celle-ci, un peu douchée, termina. Mr. Hannen ne fit aucun commentaire, mais se leva, chercha une partition et la plaça devant la jeune fille.

— Essayons un peu de déchiffrage.

Véda fit retentir le morceau comme un pianola vivant, tandis que Mr. Hannen alternativement contractait son visage comme s'il souffrait beaucoup ou regardait fixement l'exécutante. Quand un silence miséricordieusement régna enfin dans la pièce, il se dirigea encore une fois vers les rayonnages, prit une boîte à violon, la posa près de Mildred, l'ouvrit et commença à enduire l'archet de collophane :

— Essayons l'accompagnement. Rappelez-moi donc votre nom ?

— Miss Pierce.

— Et ?...

— Véda.

— Avez-vous jamais fait de la musique d'accompagnement, Véda ?

— Un peu seulement.

— Un peu seulement, qui ?

— ... Je ne comprends pas ?

— Je dois vous avertir, Véda, qu'avec mes jeunes élèves, je mêle pas mal d'instruction générale courante à l'instruction musicale. Maintenant, si vous ne voulez pas qu'on vous tire les oreilles, vous m'appellerez monsieur.

— Oui, monsieur.

Mildred aurait voulu danser et rire devant cette Véda, devenue d'un seul coup, douce et humble. Cependant, elle affecta de ne pas avoir entendu et elle examina la soie du protège-violon comme si elle n'avait jamais vu plus joli morceau de tissu. Mr. Hannen prit le violon et se tourna vers Véda : « Je joue surtout du piano, mais comme il faut que vous accompagniez quelque chose. Allons-y. Donnez le la. »

Véda frappa une note, il accorda le violon et mit une partition sur le piano :

— Bon... un peu enlevé. Ne traînons pas.

Véda regarda fixement la musique :

— Mais... vous m'avez donné la partition pour violon.

— ... ?

— Monsieur.

— Ah, je me suis trompé.

Il chercha sur les rayons pendant un moment, puis secoua la tête :

— Eh bien, la partition pour piano doit être par là, mais je ne la trouve pas pour le moment. Tant pis, gardez la partition pour violon sous les yeux et improvisez-moi un petit accompagnement à vous. Attendez... Vous avez quatre mesures avant l'entrée du violon. Comptez la dernière à haute voix.

— Monsieur, je ne saurais pas comment...

— Commencez.

Après un coup d'œil désespéré sur la musique, Véda joua un thème lent, hésitant, qui finissait quelque part, en haut, dans les notes aiguës. Puis, frappant une basse lourde, elle compta : « Un, deux, trois, quatre, et... »

Mildred elle-même se rendit compte que le violon n'était pas l'instrument de Mr. Hannen. Mais Véda continua sa basse et, quand il s'arrêta, elle répéta le thème lent, frappa sa basse, compta et il reprit. Cela continua un petit moment, puis peu à peu, Mildred estima que cela devenait plus harmonieux. Une fois, quand Mr. Hannen s'arrêta, Véda omit le thème lent. À sa place, elle répéta la dernière partie de l'air qu'il avait joué, de sorte que, quand il reprit cela se joignit nettement. Quand ils eurent fini, Mr. Hannen rangea le violon et recommença à examiner Véda.

— Où avez-vous étudié l'harmonie ?

— Je n'ai jamais étudié l'harmonie, monsieur.

— Hm'm.

Il marcha de long en large quelques minutes, dit « Bon » de manière pensive, puis se mit à parler :

— Votre technique est tout simplement épouvantable. Vous avez une tonalité de xylophone amoureux d'un orgue de Barbarie, mais on doit en tirer quelque chose... L'intelligence est presque au-dessus du croyable. — Cela a déjà rendu un petit peu, n'est-ce pas ?

— Oui, monsieur.

— Jouez-moi ce passage de Rachmaninoff de nouveau, à la façon dont vous aviez toujours envie de jouer.

Assez à contrecœur, Véda obéit. Mr. Hannen était maintenant à côté d'elle sur la banquette. Il laissa tomber sa grande patte sur les touches pour jouer avec elle. Mildred tressaillit à la façon dont son jeu semblait atteindre les profondeurs vitales du piano et trouver des sons qui étaient riches, sombres et troublants. Elle remarqua que cela ne semblait plus ni hérissé ni lourd mais d'une grâce exquise. Il examina les touches un moment, puis dit : « Imaginons que vous le jouiez à ma manière... Cela vous gênera un peu, n'est-ce pas ? »

Véda frappa quelques accords et il les refit après elle avec soin. Puis, il ajouta :

— Oui, cela pourrait avoir été écrit ainsi. Je crois pourtant que la conception de M. Rachmaninoff est meilleure... Il y a une légère nuance de banalité dans la vôtre, n'est-ce pas ?

— Qu'est-ce que la banalité, monsieur ?

— Cela sonne maladroit, bon marché. Cela rappelle le vieil air *Poète et paysan*. Prenez-le à l'octave au-dessus et introduisez un ou deux trilles, vous aurez : *Écoute l'oiseau moqueur* sans vous en apercevoir.

Véda joua une octave plus haut, fit tourner un trille, obtint une mesure de *Écoute l'oiseau moqueur* et devint très rouge :

— Oui, monsieur, vous avez raison.

— Mais... vous avez donc le sens musical.

Cela lui sembla si incroyable qu'il s'assit en silence pendant un moment avant de poursuivre.

— J'ai beaucoup d'élèves qui ont du talent dans les doigts, très peu ont quelque chose dans la tête. De vos doigts, Véda, je ne suis pas sûr. Il y a dans la manière dont vous jouez quelque chose qui n'est pas exactement… Mais n'y pensons pas. Nous verrons ce que nous pourrons faire. Quant à votre tête… c'est différent. Votre déchiffrage est remarquable, indice certain du musicien. Et ce tour que je vous ai joué, de vous faire improviser un accompagnement à la petite gavotte… Naturellement, vous n'avez pas fait quelque chose d'étonnant, mais ce qui est étonnant c'est que vous ayez fait quelque chose. Je ne sais pas ce qui m'a fait croire que vous y parviendriez peut-être. Est-ce ce ridicule tapage de singe que vous avez tiré de Rachmaninoff. Aussi…

Il se tourna vers Mildred :

— Je veux qu'elle vienne deux fois par semaine. Je lui donnerai une leçon de piano — mon prix est de dix dollars pour une heure ; la leçon est d'une demi-heure, cela vous coûtera donc cinq dollars. Je lui donnerai une autre leçon de théorie, et cette leçon sera gratuite. Je ne suis pas sûr qu'il en sortira quoi que ce soit et il ne serait pas élégant de vous faire payer mes expériences. Mais elle apprendra quelque chose et, au moins, elle perdra un peu de son assurance.

En disant ces mots, il envoya une bonne et saine bourrade dans les côtes de Véda. Puis, il ajouta : « Je crois, pour être vraiment honnête, qu'il ne sortira rien de tout cela. Beaucoup sont appelés, dans ce métier, et peu sont élus ; quelques-uns à peine découvrent combien il faut être bon avant d'être juste assez bon. Mais… nous verrons bien… Dieu, Véda, votre jeu est infect ! Je devrais réclamer cent dollars l'heure rien que pour vous entendre ! »

Véda commença à pleurer, au grand étonnement de Mildred. Elle n'avait pas vu pleurer cette enfant froide trois fois dans sa vie et voilà qu'elle était là, avec deux ruisseaux coulant des yeux, cascadant jusque sur le pull-over marron où ils formaient des gouttes argentées brillantes. Mr. Hannen agita la main :

— Laissez-la brailler. Ce n'est rien à côté de ce qu'elle fera avant que j'en aie fini avec elle.

Aussi Véda brailla-t-elle et elle pleurait encore quand elles reprirent la voiture et partirent pour la maison. Mildred lui caressa la main et abandonna toute idée de réprimande légère au sujet de « monsieur ». Alors, par phrases saccadées, Véda se mit à parler :

— Oh, maman... J'avais si peur... qu'il ne m'accepte pas. Et maintenant, il m'a acceptée. Il dit que j'ai quelque chose... dans la tête... Oh ! maman, dans ma tête.

Mildred comprit qu'un vrai sentiment s'était éveillé en Véda, que ce n'était pas une comédie, et que ce qui s'était éveillé était ce à quoi elle avait cru en silence pendant des années. Elle eut presque l'impression que l'Étoile de Bethléem venait d'apparaître devant elle.

Ainsi les paroles de Monty étaient justifiées, mais quand Mildred se serra contre lui, un soir, dans le studio, et voulut lui en parler, le résultat laissa pas mal à désirer. Il alluma une cigarette et redit ses raisons de penser que Véda « était douée » ; c'étaient d'excellentes raisons toutes à l'honneur de Véda, mais cependant elles n'atteignaient pas leur but. Quand Mildred essaya de forcer l'habitude qu'il avait de traiter toutes les questions d'une façon impersonnelle, de lui dire que c'était merveilleux qu'il ait pu jamais songer à cela, il sembla gêné par ses câlineries et assez brutalement coupa court. Au diable cette histoire. Il n'avait fait que ce que n'importe qui aurait fait connaissant l'enfant, alors pourquoi lui manifester de la reconnaissance ? Et comme agacé par tout cela, il commença à lui dégrafer ses bas.

Mais le cœur de Mildred restait sur une grande faim : elle devait partager ce miracle avec quelqu'un et quand elle se fut retenue le plus longtemps possible, elle fit appel à Bert.

Il vint le lendemain après-midi au restaurant, à l'heure où la maison était vide et elle l'eut à elle seule. Elle fit servir le déjeuner par Arline et raconta toute l'histoire. Bert en avait déjà entendu parler un peu par Mamy qui tenait une version abrégée de Véda, mais il dut écouter le récit entier avec tous ses détails. Mildred lui parla de l'atelier, du prélude de Rachmaninoff, du déchiffrage, de l'accompagnement du violon. Il écouta avec gravité, sauf l'éclat de rire que lui tira l'épisode du « monsieur ». Puis, il annonça solennellement :

— Elle est quelqu'un. Elle est quelqu'un.

Mildred soupira d'aise. C'était enfin le genre de conversation qu'elle avait désiré. Bert poursuivit lui rappelant, ce qui la flatta, qu'elle avait toujours dit que Véda était une « artiste », reconnaissant avec galanterie que lui en avait douté. Non pas qu'il n'appréciât pas Véda, diable non ! Seulement il n'avait connaissance d'aucun don musical, ni dans la famille de Mildred, ni dans la sienne, et il avait toujours cru que ces dons-là étaient héréditaires. Cela venait à point pour démontrer comment chacun de nous peut se tromper, et il était bougrement content que cela eût tourné ainsi. Bougrement content. Puis, une fois le passé évoqué, Bert regarda vers l'avenir. Inutile de s'en faire pour le doigté, assura-t-il. Car si l'enfant ne devenait pas une grande artiste qu'importait, puisque autant qu'on pouvait en juger, ce marché était mort. Mais si ce que ce type avait dit était vrai, si elle avait du talent dans la tête et si elle se mettait à écrire de la musique, c'est là que se trouverait la vraie galette et cela n'avait alors aucune importance que l'on jouât ou non du piano.

— Regarde, continua-t-il avec emphase, regarde Irving Berlin.

Il savait, de source sûre, que ce type-là était incapable de jouer une note, mais avec son million de dollars en banque et ses nouvelles rentrées chaque jour, il pouvait se soucier de savoir ou non taper. Oh, non, Mildred n'avait pas à s'inquiéter pour Véda maintenant. Pour Bert, c'était clair, l'enfant était lancée et avant longtemps, elle serait quelqu'un.

Que Véda devînt une Irving Berlin, avec ou sans millions en banque, n'était pas exactement ce que Mildred projetait pour elle. Dans son imagination, elle voyait déjà Véda, vêtue d'une robe vert pâle s'harmonisant avec ses cheveux cuivre, assise devant un grand piano face à des milliers de spectateurs, croisant magnifiquement sa main droite sur la gauche, saluant hautainement en réponse à des applaudissements tumultueux... mais qu'importait. Ce qui comptait, c'était cet état d'esprit. Bert donnait vie à ses rêves tandis qu'elle fermait les yeux, soupirait profondément et qu'Arline servait, tiré d'un percolateur, du café tel que Bert l'aimait. Le milieu de l'après-midi était arrivé avant que Mildred fût redescendue sur terre. Elle dit soudain :

— Bert, puis-je te demander une faveur ?

— N'importe laquelle, Mildred.

— Ce n'est pas pour cela que je t'ai fait venir ici. Je voulais simplement te raconter. J'étais sûre que tu serais content de tout savoir.

— Tu avais raison. Maintenant, de quoi s'agit-il ?

— Je voudrais le piano de chez Mamy.

— Ce n'est que cela. Ils seront trop heureux...

— Attends une minute. Je ne veux à aucun prix de cadeau. Je voudrais seulement le leur emprunter, jusqu'à ce que j'achète à Véda le piano qui...

— D'accord. Ils...

— Non, écoute encore. Je vais lui acheter un piano. Ce sera le piano qu'elle doit avoir. On me le vendrait bien à tempérament, mais je n'ose vraiment pas faire de nouvelles dettes. Alors, voilà ce que j'ai imaginé : je vais ouvrir un compte spécial à la banque et j'y mettrai régulièrement de l'argent. Ainsi je suis sûre qu'au prochain Noël, c'est-à-dire dans un an d'ici — je pourrai racheter. Mais pour le moment...

— Je voudrais bien y contribuer un peu.

— Personne ne te le demande.

Elle posa rapidement sa main sur celle de Bert et la caressa.

— Tu as déjà fait beaucoup. Tu as peut-être oublié que tu m'as donné la maison, et tout ce que tu as fait avant, moi pas. Tu as rempli ta tâche. Maintenant, c'est mon tour. Je n'y attache pas d'importance, mais je veux qu'ils sachent — Mamy et Mr. Pierce — que je n'essaye pas de leur soutirer quoi que ce soit. Je veux seulement emprunter le piano pour que Véda puisse travailler à la maison, et...

— Mildred.

— Quoi ?

— Veux-tu te taire immédiatement ?

— Bon, bon.

— Tout marche bien. Laisse-moi faire.

De sorte que le piano fut transféré d'une maison à l'autre et le 2 janvier, Mildred se rendit à la banque pour déposer 21 dollars, car après avoir fait de nombreuses multiplications, elle s'était assurée que 21 dollars par semaine feraient presque 1 100 dollars à la fin de l'année.

Mildred fut prise d'une telle panique devant la fermeture des banques, et les autres réactions qui entourèrent l'installation de Mr. Roosevelt, qu'elle ne fit attention à rien d'autre qu'à ses préoccupations immédiates. Mais quand ses appréhensions s'apaisèrent, elle remarqua que Monty semblait morose, absorbé, et qu'il n'avait plus cette impertinence qui, habituellement, faisait partie de lui-même. Puis, dans un cabaret, un soir, le coup d'œil anxieux qu'il jeta sur l'addition lui fit comprendre qu'il n'avait pas beaucoup d'argent sur lui. Un autre soir, quand il décommanda une boisson dont il avait visiblement envie, elle comprit qu'il était à court. Mais ce fut Véda qui découvrit le pot aux roses. Rentrant du restaurant, à pied, un soir, elle demanda brusquement à Mildred :

— Sais-tu la nouvelle ?

— Quelle nouvelle, chérie ?

— La maison Beragon est perdue, envolée, fichue, liquidée. Rien ne va plus. Le bateau coule.

— Je me doutais de quelque chose.

Mildred répondit cela rapidement pour masquer le fait qu'on ne lui avait encore rien dit et, pendant le reste de la promenade, elle fut triste de ce que Monty eût subi une série d'épreuves graves sans lui en souffler mot. Mais bientôt la curiosité l'emporta. Elle alluma du feu dans le studio, fit asseoir Véda et lui demanda d'autres détails :

— Eh bien, maman, je ne sais vraiment pas grand-chose, sauf ce que tout Pasadena raconte. On n'entend guère parler d'autre chose. La Duègne qui est la mère de Monty, et l'Infante, qui est sa sœur, possédaient des actions. Des actions quelque part dans une banque de l'Est. Et c'était saisissable, je crois. Aussi quand la banque n'a pas ouvert, ça a été pris. Qu'est-ce que ça veut dire ?

— J'ai entendu parler de cela, quand les banques ont été fermées. Je crois que cela signifie que s'il n'y a plus assez d'argent pour payer les déposants, les possesseurs d'actions en dépôt doivent assurer la différence.

— C'est sûrement cela. Cela explique que leur actif est bloqué et qu'elles sont, la Duègne et l'Infante, parties pour Philadelphie, afin que les journaux ne puissent les harceler. Naturellement, quand Les « Frères Beragon », ces chers vieux « Frères Beragon », fondés en 1895, ont été mis en faillite, ça n'a rien arrangé.

— Quand est-ce arrivé ?

— Il y a trois ou quatre mois. Leurs planteurs, les fermiers qui faisaient venir les fruits, ont tous signé avec l'Exchange et ça, ça a tué la poule aux œufs d'or de Monty. Il n'avait aucun capital en banque. Tout son argent était dans l'affaire des fruits, alors, quand ça a dégringolé, sa mère lui a donné un coup d'épaule. Mais quand la banque a fermé ses guichets, elle n'a plus rien eu pour l'épauler. Maintenant, il y a un grand écriteau sur la pelouse : « À vendre, le propriétaire devant faire des sacrifices » et Monty fait visiter aux acheteurs éventuels.

— Leur maison ?

— Oui, la résidence princière de l'avenue des Orangers, avec ses chiens en fer sur le devant et son paon derrière... mais il faudra que l'acheteur se dépêche... sinon Monty mangera le paon. Ça m'a tout l'air que le bel oiseau devra se mettre à travailler.

Mildred ne savait pas si elle était plus choquée par l'histoire qu'elle entendait ou par la totale insensibilité dont faisait preuve Véda. Un fait était clair : Monty entendait ne recevoir aucune consolation de sa part, de sorte que pendant un certain temps, elle mangea, but et dormit avec lui, sans rien savoir en apparence. Mais peu à peu cela devint si public, qu'avec les articles dans les journaux sur la vente de ses poneys de polo, la disparition de la Cord remplacée par une petite Chevrolet usagée, une chose puis l'autre, il dut se décider à parler. Il agit alors comme si tout cela n'était qu'un incident sans conséquence et qui serait rapidement résolu, assommant, mais sans importance réelle. Pas une seule fois, il ne laissa venir Mildred près de lui gentiment, pour lui caresser la tête, lui murmurer qu'en effet, cela n'avait pas d'importance. Il ne la laissa pas agir enfin comme une femme devait le faire en de telles circonstances, selon la conception qu'avait Mildred de la vie. Elle se sentait navrée pour lui, terriblement inquiète à son sujet. Et, en même temps, elle se sentait repoussée, tenue à distance. Aussi, ne put-elle jamais se débarrasser du sentiment que, s'il l'avait mise sur un pied d'égalité sociale avec lui, il aurait agi tout différemment.

Et un soir, Mildred revint chez elle, pour trouver Monty qui l'attendait. Véda et lui étaient dans le studio discutant de façon animée à propos de polo et ils ne s'interrompirent pas lorsqu'elle vint s'asseoir près d'eux. Elle comprit qu'une nouvelle équipe venait d'être formée, nommée les Rôdeurs ; son premier match devait avoir lieu à San Diego et Monty avait été invité à y participer. Véda, experte en ces matières, le pressait d'accepter.

— Il vaudrait mieux qu'il y ait un *vrai* gardien de but avec eux, sinon ils feront aussi bien de cesser de s'appeler les Rôdeurs mais plutôt « Mussolini passant en revue la Cavalerie », car c'est sûrement ce qui va leur arriver. Ils feront juste une exhibition de chevaux, et avant qu'elle soit terminée le score sera 40 à 0.

— J'ai trop à faire.

— Quoi, par exemple ?

— Des tas de choses.

— Rien du tout, je le parie. Monty, vous devez aller avec eux. Si vous n'y allez pas, ils sont fichus. Ce sera gênant. Et de plus, ils auront esquinté vos chevaux. Après tout, ils ont le droit d'attendre que vous les aidiez.

Le polo était un mystère complet pour Mildred. Que Monty ait vendu ses poneys et qu'il continue à les monter, lui était incompréhensible. D'autant qu'elle n'avait jamais saisi *pourquoi* on les montait, lui ou un autre. Et cependant, cela lui serrait le cœur qu'il désirât se rendre au match et ne pût le faire, et cela continua à la préoccuper longtemps après que Véda fut partie se coucher. Quand Monty se leva à son tour, elle l'attira à ses côtés et lui demanda :

— As-tu besoin d'argent ?

— Oh, Seigneur ! Non !

Sa voix, son regard, son geste étaient ceux d'un homme blessé au-delà de toute expression par une insinuation aussi grotesque. Mais Mildred, après bientôt deux années passées dans son restaurant, ne fut pas dupe. Elle dit :

— Je crois que tu en as besoin.

— Mildred... tu me laisses sans parole... je ne sais que te dire. J'ai... je suis dans une mauvaise passe... c'est vrai. Ma mère a... enfin, ça arrive... Mais c'est sans importance... de petites sommes... Je peux encore... m'en tirer... si c'est ce dont tu veux parler.

— Je veux que tu ailles à cette partie de polo.

— Cela ne m'intéresse pas.

— Une minute.

Elle trouva son sac à main, sortit un billet de vingt dollars froissé. Allant à lui, elle le glissa dans la poche de son veston. Il l'en enleva, avec une moue fâchée, et le lui lança. Le billet tomba sur le plancher. Elle le ramassa et le fit tomber sur ses genoux. Avec la même moue ennuyée, il le ramassa, se prépara à le lui jeter de nouveau, mais il hésita, s'assit et fit bruire le papier entre ses doigts, de sorte qu'il faisait comme des petits coups de pistolet. Puis, sans la regarder, il dit :

— Bon... je te rembourserai.

— Si tu veux.

— Je ne sais quand... une ou deux choses doivent être tirées au clair d'abord... mais cela ne sera pas très long. Aussi... s'il est bien entendu que c'est un prêt...

— Tout ce que tu voudras.

Cette semaine-là, avec le temps chaud de juin, le restaurant eut une période creuse aiguë. Pour la première fois, Mildred dut omettre un des versements pour le piano de Véda.

La semaine suivante, quand Monty hésita à propos d'une soirée dans un cabaret qu'il aimait, elle glissa dix dollars dans sa poche, et ils s'y rendirent. Avant même d'y avoir réfléchi, elle s'accoutuma à lui passer régulièrement des billets de dix ou de vingt dollars, soit que ce fût elle qui en prît l'initiative, soit, qu'en balbutiant, il s'excusât de la taper encore une fois. Le restaurant continuait de marcher au ralenti et, quand vint la fin de l'été, Mildred n'avait pu faire, malgré de dures économies, que trois versements pour le piano. Elle était éberluée de l'argent que Monty lui coûtait et elle combattait en elle l'irritation croissante qu'elle en ressentait. Elle se disait que ce n'était pas sa faute à lui, qu'il passait par là où des milliers d'autres étaient déjà passés, et passaient encore. Elle se disait qu'il était de son devoir à elle d'aider quelqu'un et, qu'après tout, ce pouvait bien être quelqu'un qui lui tenait à cœur. Elle se répétait que c'était elle qui l'avait forcé à accepter cet arrangement. Tout cela était inutile. Le piano était devenu pour elle une telle obsession que l'éventualité qu'il pût lui échapper lui donnait une impression d'être bafouée, frustrée, qui l'étouffait presque.

De plus, elle était trop humaine et les affronts qu'elle avait essuyés de la part de Monty réclamaient une revanche. Elle commença à lui donner des ordres : les timides requêtes de conduire Véda chez Mr. Hannen, afin qu'elle n'ait plus à prendre l'autobus, devinrent impératives ; elle lui notifia péremptoirement quand il devait venir, quand il devait être de retour, s'il devait prendre son repas au restaurant ou à la maison, et l'heure à laquelle elle le rejoindrait. De mille façons insignifiantes, elle montra qu'elle le méprisait d'accepter son argent et lui, de son côté, ne fit rien pour arranger les choses. Monty, malheureusement, était comme Bert. Un changement catastrophique avait bouleversé sa vie et il était totalement incapable de s'adapter aux nouvelles circonstances. Il était même, en quelque sorte, pire que Bert, car Bert vivait avec ses rêves et cela du moins le maintenait de belle humeur. Monty, lui, était un cynique amateur, et les cyniques sont trop cyniques pour rêver. Il était né dans un milieu où l'on avait du goût, des manières et un aimable dédain pour l'argent qu'on jugeait indigne de l'attention d'un gentleman. Mais il ne comprenait pas que toutes les autres choses n'existaient que par l'argent : c'était la possession même de l'argent qui permettait de le dédaigner. Quant au reste, ses jours étaient consacrés à jouer à des jeux auxquels les journaux accordaient une certaine et plaisante importance, mais qui n'étaient tout de même que des jeux. Et maintenant, son argent envolé, il était incapable d'abandonner ses anciennes habitudes ou de s'en créer de nouvelles. Il devint un amalgame de fictions mélancoliques, attitude derrière laquelle il n'y avait rien que des faux-semblants. Il garda ce qu'il pensait être son orgueil, mais qui n'avait aucune signification, et il le manifesta surtout par une causticité croissante envers Mildred. Il la critiquait sans cesse, se moquait de sa fidélité à Mr. Roosevelt, révélait que sa mère à lui connaissait toute la famille Roosevelt et tenait Franklin Delano pour un idiot et un pitre. Ses plaisanteries gentiment protectrices et parfois drôles auparavant sur la Charrette aux Pies, se teintèrent de méchanceté et Véda, toujours dans le train, surenchérit avec une franche insolence. Le joyeux petit trio ne fut plus aussi joyeux.

C'est alors qu'un soir, dans le studio, au moment où Mildred glissait un nouveau billet de vingt dollars dans sa poche, Monty omit son habituel balbutiement à propos du remboursement. Cette fois, il s'empara du billet, toucha son front avec et dit :

— Ton gigolo salarié te remercie.
— Cela ne m'est pas très agréable.
— C'est pourtant vrai ?
— Est-ce l'unique raison pour laquelle tu viens ici ?
— Pas du tout. Arrive que pourra, des hauts et des bas, pour le bien comme pour le pire, tu es la meilleure affaire que j'aie rencontrée ou dont j'aie même jamais rêvé.

Il débita cette tirade avec un petit rire nerveux, amer, et pendant quelques secondes Mildred tressaillit tout entière, comme si son sang la quittait. Puis sa face s'empourpra et elle eut conscience du silence orageux qui était tombé entre eux. La simple fierté exigeait qu'elle parlât, et, néanmoins, pendant un moment, elle ne le put. Puis, d'une voix basse, tremblante, elle reprit :
— Monty, si tu rentrais chez toi.
— Qu'est-ce qui te prend ?
— Tu dois le savoir.
— Eh bien, je te jure que je n'en sais rien.
— Je t'ai dit de t'en aller.

Au lieu de partir, il hocha la tête, comme si elle était complètement obtuse, et il se lança dans une dissertation sur les rapports entre les sexes. Le sens général en était que tant que ces rapports existaient, tout allait bien ; que c'étaient les liens les plus forts qui fussent et que ce qu'avait dit Monty, si elle voulait seulement avoir assez de bon sens pour le reconnaître, était avant tout un compliment. Ce qu'elle lui reprochait au fond c'était surtout son langage, n'était-ce pas vrai ? S'il avait exprimé la même chose en un langage fleuri, d'une façon poétique, elle aurait compris différemment, n'est-ce pas ?

Mais, à chaque instant, il avait ce même rire nerveux, crispant, et de nouveau, elle était incapable de parler. Enfin, rassemblant ses idées avec effort, elle se laissa emporter dans l'une de ses rares périodes d'éloquence :

— Si tu avait dit cela avec l'intention d'en faire un compliment, c'en aurait été un sans doute, je n'en sais rien. Tout peut devenir un compliment, si on l'entend ainsi. Mais quand tu me dis cela, c'est que c'est la seule chose que tu as à me dire, et alors ce n'est plus un compliment, c'est la pire chose qui m'ait jamais été dite, de toute ma vie.

— Oh ! tu désirais la grande scène du « je vous aime ! ».

— Je veux que tu partes.

Des larmes brûlantes jaillirent de ses yeux, mais elle les refoula. Il hocha la tête, se leva, puis se tourna vers elle comme s'il devait expliquer quelque chose à un enfant :

— Nous ne discutons pas des faits. Nous discutons des mots. Je ne suis pas un poète. Je ne veux pas être un poète. Pour moi, c'est tout simple. Je t'ai dit quelque chose à ma manière et tu te mets à me faire de la morale. Alors qu'est-ce que je fais ? C'est une pure question de pruderie...

— Tu mens !

Elle respirait à pleins poumons, au point d'avoir l'impression qu'elle allait suffoquer. Son visage s'était durci comme son regard et des larmes brillantes rendirent ses yeux durs, froids et félins. Elle restait assise, parfaitement immobile, les jambes croisées, et elle regardait Monty qui, debout à l'autre bout de la pièce, lui faisait face. Après un long silence, elle poursuivit, la voix passionnée, tremblante :

— Depuis que tu me connais, c'est cela que j'ai été pour toi, une bonne affaire. Tu m'as emmenée dans des chalets de montagne ou dans des cabarets de second ordre ; tu ne m'as jamais présenté tes amis — à part quelques hommes que tu as amenés dîner quelquefois —, ou ta mère, ou ta sœur, ou un quelconque membre de ta famille. Tu as honte de moi, et maintenant que tu es mon débiteur, tu dois me parler exactement comme tu viens de le faire pour être quitte. Ce n'est pas une surprise pour moi. Je l'ai toujours su. Maintenant, tu peux partir.

— Il n'y a pas un mot de vrai.

— Ce n'est que la vérité.

— En ce qui concerne mes amis...

— Ils ne m'intéressent pas.

— ... il ne m'est jamais venu à l'idée qu'il te plairait d'en rencontrer aucun. La plupart sont assommants, mais si tu tiens à les connaître, c'est facile. En ce qui concerne ma mère...

— Elle ne m'intéresse pas davantage.

— ... En ce qui concerne ma mère, je n'y peux rien pour l'instant, parce qu'elle est partie, ainsi que ma sœur. Mais tu sembles avoir oublié qu'avec ton restaurant, tu vivais à des heures un tant soit peu particulières. Arranger une rencontre aurait été très compliqué, aussi ai-je fait de mon mieux. J'ai emmené ta fille chez moi, et si tu connaissais un peu seulement les conventions sociales, tu aurais compris que je parais, à ma façon, à ce qui, sans cela, aurait été une situation fausse. Par ailleurs, ma mère s'est intéressée à Véda autant qu'on pouvait l'espérer — un peu plus même que tu paraissais le faire toi-même.

— Je ne me suis pas plainte sur ce point.

Dans son cœur, Mildred savait que Monty était aussi malhonnête au sujet de Véda qu'il l'avait été pour tout le reste. Visiblement, Véda lui plaisait. Il la trouvait amusante à exhiber et à balader, probablement parce qu'elle avait le même snobisme que lui et que la plupart de ses amis. De plus, en agissant ainsi avec l'enfant, il pouvait sans remords écarter la nécessité de faire quoi que ce soit pour la mère. Mais discuter là-dessus aurait été mettre en danger la vie enchanteresse que menait Véda maintenant, aussi Mildred obliqua-t-elle dans une autre direction.

— Monty, pourquoi ne me dis-tu pas la vérité ? Tu me regardes de haut parce que je travaille.

— Es-tu folle ?

— Non. Tu regardes de haut tout individu qui travaille. Tu me l'as pratiquement avoué lors de la première nuit que j'ai passée avec toi. D'accord, je travaille. Ce n'est pas un travail flatteur, mais c'est le seul que je connaisse. Je fais de la cuisine et je la vends. Mais, il y a une chose que tu devrais te mettre dans la tête, et dès maintenant : *tu* seras obligé de travailler...

— Naturellement, je vais travailler !

— Ha ! ha ! Quand ?

— Aussitôt que j'aurai vendu cette maudite maison et que sera tiré au clair ce pétrin dans lequel nous nous débattons. Jusqu'à ce que ce soit fini, impossible pour moi de travailler. Mais *dès* que ce sera fini...

— Monty, tu me fais rire. J'ai été presque mariée à une société immobilière et il est inutile de vouloir me raconter des histoires sur les maisons et la manière de s'en débarrasser. Rien n'empêche de mettre votre maison entre les mains d'une agence pour qu'elle soit vendue comme une autre. Non, ce n'est pas ça. Pour garder une adresse dans l'avenue des Orangers, tu préfères de beaucoup continuer à y vivre, faire cuire toi-même tes œufs le matin, aller en voiture au club dans l'après-midi, dîner ici avec Véda, et *recevoir ton argent de poche de moi* qui travaille. C'est cela, n'est-ce pas ?

— Sûrement.

Son visage s'illumina d'un sourire ; il s'avança, la poussa violemment dans un coin et la prit dans ses bras.

— Je ne connais personne de qui je recevrais plus volontiers de l'argent. Ton gigolo salarié est bougrement satisfait.

Elle se dégagea, essaya de le repousser. Mais elle avait été surprise, et ses efforts manquaient de conviction. Quoi qu'elle essayât elle n'était pas capable de résister à l'effet physique qu'il lui faisait et, quand finalement, elle renonça, l'heure qui suivit fut plus passionnée, plus honteusement excitante qu'aucune autre dont elle se souvînt. Et cependant, pour la première fois, elle y trouva un arrière-goût de répulsion. Elle n'oublia pas que le billet de vingt dollars n'avait pas été mentionné une seule fois et qu'il n'avait pas offert de le rendre. Ils se séparèrent amicalement ; il s'excusa de sa remarque blessante ; elle lui demanda d'oublier ce qu'elle avait dit, déclara s'être emportée et ne pas penser tout cela. Mais en réalité chacun d'eux pensait ce qu'il avait dit, et ni l'un ni l'autre ne l'oublièrent.

CHAPITRE XI

— Alors, mon petit, qu'allez-vous faire pour l'Abrogation ?

— L'Abrogation de la loi de Prohibition ?

— Bien sûr.

— Mais cela ne m'atteint pas !

— Vous allez voir ça !

Mrs. Gessler qui prenait le café avec Mildred, juste avant l'heure de la fermeture s'était mise à parler avec volubilité : l'Abrogation, expliqua-t-elle, n'était plus qu'une question de semaines et cela allait mettre toute la restauration sens dessus dessous.

— Les gens vont être fous. Enfin une boisson possible dans laquelle il n'y aura ni produit chimique, ni éther, ni rien, une boisson qu'ils obtiendront au vu et au su de tous, sans avoir à donner un mot de passe au zèbre dont l'œil est collé au guichet. Ceux qui savent lire entre les lignes encaisseront, les autres n'auront qu'à fermer boutique. Vous avez une bonne petite affaire, c'est vrai ? Vous croyez que vous la maintiendrez parce qu'on vous aime, parce qu'on aime vos poulets et qu'on veut aider une brave petite femme à réussir ? Tu parles ! Quand les clients verront que vous ne leur servez pas cette boisson qu'ils attendent, ils feront la gueule et vous le sentirez passer. Ils vous colleront la mauvaise étiquette et ils iront ailleurs trouver ce qu'ils cherchent. Vous aurez loupé votre chance.

— Vous voulez que je vende de l'alcool ?

— Cela sera légal, alors ?

— Je ne veux même pas y songer !

— Pourquoi ?

— Mais je ne peux pas tenir un bistrot !

Mrs. Gessler alluma une cigarette, secoua avec impatience les cendres dans les cendriers mexicains. Puis elle attaqua Mildred, l'accusa d'avoir des préjugés, d'être stupide, de ne pas marcher avec son temps. Mildred, agacée de s'entendre faire la leçon sur la manière de mener son affaire répliqua, mais pour chaque point qu'elle marquait, Mrs. Gessler en comptait deux. Elle rappela à Mildred que l'alcool, quand il reviendrait, ne serait plus ce qu'il avait été autrefois. Il serait respectable et remettrait les affaires de restauration sur pied.

— C'est ce qui a handicapé les restaurants depuis la guerre. C'est pourquoi vous avez de la chance en gagnant ces malheureux 85 cents pour un repas, alors que si vous donniez un verre en même temps, vous toucheriez un dollar, et peut-être même un dollar et quart. Allez, mon petit, vous n'êtes pas raisonnable et je vais être bougrement embêtée pour vous.

— Mais je ne connais rien aux alcools.

— Je m'y connais, moi.

Un rien dans les manières de Mrs. Gessler fit supposer que c'était à cela qu'elle voulait en venir depuis le début, car elle alluma une autre cigarette, regarda fixement Mildred et poursuivit :

— Maintenant, écoutez-moi. Vous savez, je sais, et nous savons tous que Ike et ses transports sont dans le coup. L'Abrogation va donc le toucher durement. Il va falloir faire rapidement quelque chose, pendant qu'il se réorganisera. Cela signifie que je vais être obligée de travailler. Voilà ce que je propose. Vous montez un bar et je le prends en charge, à raison de 10 pour cent sur ce que je vends, plus les pourboires, s'il y en a et si je ne suis pas trop fière pour les ramasser, ce qui n'est guère vraisemblable. Ce qui est même impossible.

— Vous ? Barmaid ?

— Pourquoi pas ? Et vous verrez quelle barmaid !

Cela sembla si drôle à Mildred qu'elle rit jusqu'à ce qu'elle sente la couture de sa ceinture craquer. En dépit de son travail, de ses ennuis et de ce qu'elle faisait pour l'éviter, elle devenait un tout petit peu grasse. Mais Mrs. Gessler ne rit pas. Elle resta grave, et pendant les quelques jours qui suivirent, elle harcela impitoyablement Mildred. Celle-ci considérait encore cette idée comme absurde, mais au cours de ses tournées à travers la ville, pour livrer les « pies », elle entendit parler de cette Abrogation. Puis comme les États, les uns après les autres, appuyaient la réforme, elle n'entendit plus parler d'autre chose : tous les propriétaires, depuis Mr. Chris, jusqu'aux patrons des grands cafés, se demandaient ce qu'ils allaient faire, et elle prit peur. Il lui semblait nécessaire d'en parler à quelqu'un, et sur un pareil sujet, elle n'avait pas grande confiance en Bert, et aucune en Monty. Sous le coup d'une brusque inspiration, elle fit appel à Wally. Elle le voyait pas mal, puisqu'ils étaient en relations constantes pour les questions immobilières, mais leurs relations antérieures, grâce aux détours bizarres de la mémoire humaine, semblaient si complètement disparues, à la suite d'un accord tacite, qu'elles n'avaient sans doute jamais existé. Wally arriva un après-midi, écouta, tandis que Mildred exposait son embarras, puis secoua la tête :

— Mais je ne vois pas pourquoi vous vous tracassez. Naturellement, vous allez vendre de l'alcool.

— Vous croyez donc qu'il le faut pour maintenir mon affaire.

— Je suis sûr qu'il y a de l'or à gagner.

Il l'examina de son regard coutumier, qui était à la fois si vague et si pénétrant, et le cœur de Mildred battit plus vite. C'était la première fois que, d'une façon précise, le problème se présentait à elle sous cet aspect. Wally continua, un peu fâché de sa stupidité :

— Que diable, en tenant compte du prix des spiritueux, chaque verre vous rapportera à peu près 80 pour 100. Et cela vous amènera plus de clients pour les repas. Si Lucy Gessler veut s'en occuper, c'est parfait. Si elle ne s'y connaît pas, qui s'y connaîtra ! Mettez-vous en branle, et tout de suite. C'est pour tout de suite. Et n'oubliez pas d'inscrire : *Cocktails* sur votre enseigne. C'est ce que la clientèle attend. Mettez une étoile rouge devant, ils sentiront que vous savez combien c'est important.

— Ai-je besoin d'une licence ?

— Je réglerai cela pour vous.

De sorte que lorsque Mrs. Gessler revint, elle trouva Mildred dans un état d'esprit différent. Elle approuva ce que Wally avait conseillé pour l'enseigne, puis, froidement commerçante, elle parla des autres aménagements nécessaires.

— J'ai besoin d'un bar, mais, avant que vous ayez fait les transformations, il n'y aura pas assez de place, alors je me contenterai d'un bar portatif. Il sera roulant pour que j'aille d'une table à l'autre. Il sera comme celui que les autres maisons vont utiliser momentanément. Il faut le commander spécialement et cela vous coûtera environ trois cents dollars. J'aurai aussi besoin de deux cents dollars pour les liqueurs. Il m'en faudrait davantage, mais je ne pourrai pas en obtenir plus au début. Je veux près de la porte deux fauteuils de cuir et une table basse entre eux. Entre mes visites aux tables, je mènerai ma petite affaire dans ce coin, et collerai des tas de verres à ceux qui attendront une place pour dîner. Il me faut encore un garçon pour moi toute seule. Votre Pancho a un copain qui fera l'affaire, un dénommé Josie. Il ne faudra pas compter sur lui, parce qu'il devra laver «mes» verres tout le temps, et me les laver comme je l'entends; de plus, il m'apportera la bière de la glacière quand je la demanderai, de la glace pour le vin, et il aura suffisamment de boulot, rien qu'à me seconder. J'aurai également besoin d'un jeu complet de verres à cocktail, à dégustation, et à vin... pas trop, mais il faut avoir les verres qui conviennent à chaque boisson. Maintenant, voyons: il faudra encore des calepins spéciaux pour le bar, différents des autres. C'est le seul moyen de s'y reconnaître. Je crois que c'est tout pour le moment.

— Combien, l'un dans l'autre?

— Cinq cents pour commencer — bar, verres, fournitures et calepins. Le liquide sera en plus, mais vous n'aurez pas à le régler avant le lundi suivant la livraison, et à ce moment-là, nous aurons déjà vu rentrer quelques dollars.

Mildred avala sa salive et dit à Mrs. Gessler qu'elle lui donnerait une réponse le lendemain, Elle demeura éveillée toute la nuit. Son esprit s'appliqua d'abord au projet lui-même, puis à la façon dont elle se procurerait les cinq cents dollars nécessaires. Elle gardait une petite réserve de deux ou trois cents dollars, mais elle n'osait pas y toucher, car une expérience fâcheuse lui avait enseigné qu'il se présentait constamment des échéances avec règlement immédiat. Il fallut longtemps avant qu'elle consente à accepter l'unique moyen qui lui restait de se procurer cet argent : le prélever sur le compte du piano de Véda. Elle y avait maintenant 567 dollars. Mais immédiatement lorsque cette solution se présenta à son esprit, elle la repoussa, et recommença une fois de plus, frénétiquement, à faire des plans. Bientôt, elle s'aperçut qu'elle n'avait pas le choix et que Véda n'aurait pas son piano pour Noël. Alors, une fois de plus, la rage la suffoqua — non pas contre Mrs. Gessler, l'Abrogation ou les circonstances qui rendaient ce nouvel emprunt nécessaire, mais contre Monty, qui lui avait coûté tant d'argent, avec ses perpétuels dix ou vingt dollars qui, si elle les avait eus maintenant, l'auraient sortie d'affaire. Elle se mit dans un tel état qu'à la fin elle dut se lever, enfiler un peignoir et se faire une tasse de thé pour retrouver son calme.

Le matin de Noël, Mildred se réveilla avec un de ses rares « mal aux cheveux ». La soirée de la veille avait été vraiment joyeuse au restaurant, car le bar, ouvert rapidement le 6 décembre, avait dépassé de beaucoup tous les espoirs fondés sur lui. Non seulement il avait rapporté de grosses sommes, mais il avait attiré de nombreux clients pour les repas, et des clients meilleurs. Mrs. Gessler, en pantalon de gabardine du même rouge brique que l'uniforme des serveuses, veste blanche de garçon de café à boutons de cuivre et ruban rouge dans les cheveux, semblait être au goût des dîneurs et était sans aucun doute assez experte pour plaire aux plus blasés. Les pourboires affluèrent et quand on fêta Noël, ce fut extrêmement joyeux. Hans le boulanger, qui n'était pas là habituellement le soir, vint cependant et fit démarrer la soirée sur un succès en pinçant le mollet de Sigrid. Sigrid était une jeune Suédoise que Mildred avait engagée surtout pour son allure et il s'était trouvé qu'elle était aussi une des meilleures serveuses qu'on eût jamais rencontrées. Puis, pour être impartial, Hans pinça les mollets d'Arline, ceux d'Emma, et ceux d'Andrey. Emma et Andrey avaient été engagées le lendemain de l'ouverture, pour prévenir l'éventualité d'une nouvelle bousculade. Les piaillements qui en découlèrent furent goûtés par Pancho et Josie, assis à l'écart, ne prenant pas tout à fait part à la fête, et cependant, n'étant pas tout à fait en dehors ; et par Mrs. Kramer, la cuisinière suppléante que Mildred instruisait. Ils ne plurent guère à Carl, jeune garçon de 17 ans, qui conduisait la petite voiture de livraison que Mildred avait achetée d'occasion et sur laquelle était peinte l'inscription « Mildred Pierce, Pies » en lettres d'un rouge franc. Il s'absorbait dans sa glace et ses gâteaux, et regardait les joyeux efforts de Hans avec une désapprobation muette à la grande joie d'Arline qui répétait à grands cris « qu'il apprenait ce qu'était la vie ».

Mildred s'était assise avec eux. Elle avait offert du vin et du whisky, et pris elle-même deux ou trois verres. Sous l'influence de l'alcool et des remerciements qu'elle recevait pour les dix dollars qu'elle avait donnés à chacun d'eux, elle se sentit si attendrie qu'elle faiblit dans sa résolution de ne rien offrir à Monty pour Noël. Elle prit d'abord dans la glacière les orchidées qu'il lui avait envoyées et les épingla à sa robe, aux grands applaudissements de tous. Puis elle avala un autre verre, alla à la caisse et sortit quatre billets de dix dollars. Elle les mit dans une petite enveloppe sur laquelle elle écrivit : « Joyeux Noël, Monty. » Prévenue par Mrs. Gessler qu'il venait d'arriver, elle se rendit dans la salle à manger, zigzaguant légèrement, et elle l'emmena dans le jardin. Sous les arbres, elle glissa l'enveloppe dans sa poche et le remercia pour ses fleurs qui étaient, dit-elle, les plus belles qu'elle ait jamais vues. Puis elle l'invita à les sentir. Riant un peu, évidemment enchanté de la trouver ainsi, il lui rappela que les orchidées n'ont pas d'odeur.

— Sens-les quand même.

Il les respira donc, et décréta que les orchidées n'avaient toujours pas d'odeur, mais qu'elle, elle sentait bon. Elle approuva, satisfaite, et l'embrassa. Alors ils rentrèrent dans la salle où Bert, Wally, Mrs. Gessler et Véda étaient assis à une table, faisant un petit réveillon de leur côté.

Et cependant la soirée avait mal fini : Monty et Véda s'étaient mis à chuchoter ensemble et à rire aux éclats à quelque plaisanterie de leur cru. Mildred entendit ces mots : « Bombe de valets » et conclut, probablement à juste titre, qu'ils se moquaient de cette réunion dans la cuisine. Elle se lança dans une longue tirade pâteuse sur les droits des travailleurs et sur le fait que quiconque travaille pour vivre a la même valeur que les autres. Wally essaya de la faire taire, Mrs. Gessler aussi, mais cela ne servit à rien. Amère, elle poursuivit jusqu'à la fin. Puis, avec une certaine inconséquence, elle bondit sur ses pieds, alla à la cuisine et demanda comment on pouvait s'amuser en faisant un tel vacarme, ce qui eut pour effet de faire tomber le rideau, côté cour et côté jardin.

Et ce matin, tandis qu'elle se levait et s'habillait, elle avait un souvenir désagréable de son discours, et un souvenir encore plus pénible des quarante dollars qui avaient suivi leurs prédécesseurs dans le trou sans fond. Elle avait donné congé à Letty pour la journée; elle alla donc à la cuisine se faire du café et le but, noir. Puis, entendant couler l'eau du bain de Véda, elle se rendit compte qu'elle devait se presser. Elle revint dans sa chambre, prit une pile de paquets dans son placard et les emporta dans le salon. Rapidement, elle disposa un élégant étalage autour de l'arbre qui avait déjà été dressé et décoré. Elle regarda le cadeau qu'elle offrait à Véda. C'était une montre-bracelet. Elle ne l'avait achetée qu'au dernier moment, avec l'espoir que les bénéfices du bar lui permettraient de commander quand même le piano. Mais l'imprévisible était intervenu de nouveau. Pendant les premiers jours affolants de l'Abrogation, Mrs. Gessler avait eu un mal de chien à trouver des alcools et souvent elle avait dû payer comptant. Aussi le piano s'était-il envolé, et, à la dernière minute, Mildred s'était précipitée en ville et avait acheté cette «babiole» pour 75 dollars. Elle écouta attentivement, et entendit un minuscule tic-tac, mais cela ne sonnait pas comme un grand piano. Tristement, elle refit le paquet, écrivit une petite carte et la glissa sous le ruban. Puis elle le plaça auprès du paquet de Bert.

Elle venait à peine de se lever pour juger de l'effet d'ensemble, quand un coup fut frappé à la porte et Véda, de sa plus mielleuse voix de Noël, demanda: «Puis-je entrer?» Mildred se composa un doux sourire et ouvrit la porte. Soudain, Véda l'étouffa de baisers, souhaitant un joyeux Noël à «sa maman chérie, chérie». Mais, tout soudainement, baisers et vœux s'arrêtèrent. Véda contemplait le piano droit des Pierce et, à l'air que prit son visage, Mildred comprit que quelqu'un lui avait parlé du piano à queue: Bert, Monty, le caissier de la banque, et qu'elle avait espéré le trouver là, comme une belle surprise, ce matin de Noël.

Mildred se passa la langue sur les lèvres, ouvrit la bouche pour donner des explications, mais devant l'air froid de Véda elle ne put s'y résoudre. Elle dit nerveusement quelque chose sur le grand nombre de cadeaux: Véda ne ferait-elle pas mieux de dresser une liste pour savoir qui avait envoyé tout cela? Véda, sans répondre, se baissa et commença à défaire les ficelles. Quand elle arriva au bracelet-montre, elle l'examina avec une indifférence étudiée, le mit de côté sans aucun commentaire. Alors, Mildred retourna dans sa chambre, s'allongea sur le lit, essaya d'arrêter le tremblement qui l'agitait. Le tremblement continua. Bientôt la sonnette retentit et elle reconnut la voix de Bert. Retournant dans le salon, elle y parvint à temps pour entendre Véda le remercier avec extase pour les bottes de cheval qu'il lui avait offertes et l'appeler «Toi, mon papa chéri, chéri!» Une petite scène suivit, Bert ayant dit que les bottes pouvaient être échangées si elles n'étaient pas à la bonne pointure. Véda les essaya. «Elles sont parfaites, déclara Véda, et je ne vais pas les quitter de la journée. Je vais *dormir* avec.»

Mais Véda ne regarda pas une fois Mildred et le tremblement de celle-ci continua. Au bout de quelques instants, Mildred demanda à Bert s'il était prêt et il répondit qu'il était à sa disposition. Ils passèrent dans la cuisine pour chercher les fleurs qu'ils allaient porter sur la tombe de Ray, mais Bert ferma rapidement la porte. Le pouce tourné en direction du salon, il demanda :

— Qu'y a-t-il ? Elle est malade ?

— C'est à cause du piano. Avec le bar et tout le reste, je n'ai pas pu l'acheter. Au moins pour ce Noël-ci. Mais quelqu'un avait dû lui vendre la mèche.

— Pas moi.

— Je ne t'ai pas accusé.

— Qu'est-ce que tu lui as donné ?

— Une montre-bracelet. C'est une jolie montre. Elle est petite ; mais pareille à celles qu'elles portent toutes. Crois-tu qu'elle va...

Mais le tremblement avait maintenant gagné la bouche de Mildred et elle ne put achever. Bert passa son bras autour de ses épaules gentiment. Puis il demanda :

— Vient-elle avec nous ?

— Je ne sais pas.

Ils sortirent par la porte de derrière pour prendre la voiture au garage et Mildred conduisit. Comme ils rejoignaient l'avenue, Bert lui dit de s'arrêter. Puis, légèrement, il appuya sur le klaxon. Au bout de quelques secondes, il recommença. Aucune réponse de la maison. Mildred repartit dans la rue et ils allèrent au cimetière. Mildred suivit son chemin lentement le long de l'allée, de manière à ne pas déranger les centaines de personnes qui étaient là aussi. Quand ils arrivèrent à la concession Pierce, elle s'arrêta et ils descendirent. Prenant les fleurs, ils marchèrent jusqu'au petit monument qui avait été érigé par les Pierce peu de temps auparavant. C'était une pierre blanche unie, avec le nom, et, au-dessous, les dates de la petite vie brève. Bert murmura :

— Ils voulaient mettre une citation, mais je me suis souvenu que tu aimes les choses simples.

— J'aime comme c'est ainsi.

— Ils voulaient aussi inscrire : « Élevé par ses grands-parents affectionnés Adrian et Sarah », mais je leur ai dit : « Attendez donc un peu. Vous aurez bien assez tôt votre nom dans ce verger de marbre sans essayer de devancer l'appel. »

Cela sembla drôle à Mildred et elle sourit, mais quelque part un enfant se mit à rire. Alors, une grosse boule lui obstrua la gorge et Bert s'éloigna rapidement. Comme elle se tenait là, elle l'entendit, derrière elle, marcher de long en large. Elle resta un long moment. Puis elle posa ses fleurs sur la tombe, s'arrêta pour un dernier regard, se détourna et prit le bras de Bert. Il enlaça ses doigts aux siens et les serra très fort.

Quand Mildred rentra, elle trouva Véda exactement là où elle l'avait laissée : sur la chaise auprès de l'arbre de Noël, les bottes aux pieds et regardant avec malveillance le piano droit des Pierce.

Mildred s'assit et ouvrit le paquet que Bert avait apporté : un bocal de fraises stérilisées, de la part de Mrs. Biederhof. Pendant un petit moment, à l'exception du bruissement des papiers, le silence régna. Puis de sa voix traînante la plus claire, la plus affectée, Véda dit :

— Seigneur, comme je déteste ce sinistre trou !

— Y a-t-il quelque chose qui te déplaise en particulier ?

— Oh, non, rien du tout, rien du tout... et j'espère

bien que tu ne vas changer quoi que ce soit pour me faire plaisir. Non, il n'y a rien en particulier. Je déteste jusqu'au moindre détail pouilleux, infect, de tout ici et si cela devait brûler de fond en comble demain je ne verserais pas une « furtive larme » comme dans *L'Élixir d'Amour*, de Gaetano Donizetti, 1798-1848.

— Ah, bon.

Véda prit un paquet de cigarettes que Mildred gardait sous la main pour Monty, en alluma une et jeta l'allumette sur le plancher. Le visage de Mildred se durcit :

— Tu vas laisser cette cigarette et ramasser cette allumette.

— Tu parles !

Mildred se leva, prit son élan avec soin et gifla Véda, durement, sur la joue. Ce qu'elle sentit ensuite fut un étourdissement de la tête aux pieds et il se passa plusieurs secondes avant qu'elle comprît sur la foi du rapport sonnant à ses oreilles, que Véda lui avait rendu sa gifle. Soufflant sa fumée au visage de Mildred, Véda poursuivit d'un ton calme, insolant :

— Glendale (Californie) : « Où fleurit l'oranger », *Mignon*, par Ambroise Thomas, 1811-1896 — quarante mille mètres carrés de rien du tout. Lotissement de grande classe, spécialement réservé aux personnalités qui tiennent des postes d'essence, des marchés et des charrettes à « pies ». Le jardin du monde... pour des porcs, trou pour asticots !

— Où as-tu entendu cela ?

Mildred s'était assise, mais à ces derniers mots, elle leva les yeux. Elle était accoutumée au vocabulaire de Véda et elle sentit que cette phrase n'en faisait pas partie. Véda s'approcha, se pencha sur elle :

— Pauvre idiote que tu es… Crois-tu qu'il t'épousera, toi ?

— Si je le voulais, oui.

— Oh ! sacré nom d'un chien, « Ris donc Paillasse », par Ruggiero Leoncavallo, 1859-1900. Si tu voulais !!! Ça par exemple ! Laisse-moi retrouver mon sang-froid. Suprême idiote, ne sais-tu donc pas ce qu'il voit en toi ?

— À peu près ce que tu vois, je pense.

— Non… Ce sont tes jambes.

— Il… t'a dit… cela ?

— Bien sûr.

L'attitude de Véda montrait bien qu'elle savourait la consternation de Mildred.

— Bien sûr, il me l'a dit. Nous sommes de très bons amis et j'ai une opinion d'adulte sur ce point. À vrai dire, il parle très joliment de tes jambes. Il a sa théorie là-dessus. Il dit qu'un petit tablier est le plus grand aphrodisiaque inventé par les femmes pour torturer l'homme et que les plus belles jambes se trouvent dans les cuisines et pas dans les salons. « Ne prenez jamais la maîtresse, si vous pouvez avoir la bonne », c'est ainsi qu'il s'exprime. Il a aussi coutume de dire qu'une jolie servante est toujours agréablement reconnaissante, sans être trop exigeante et avoir de stupides idées sur le mariage ou autres balivernes assommantes. Je dois avouer que je trouve ses théories sociales absolument mirobolantes.

Véda continua à développer ce sujet, secouant la cendre de sa cigarette, en allumant une autre quand elle fut finie et jetant de nouveau l'allumette sur le plancher. Pendant quelque temps, Mildred ne vit dans ces sarcasmes rien d'autre qu'un fouillis inextricable. Elle était si stupéfiée de découvrir que cet homme, auquel elle s'était liée parce qu'il la rapprochait de Véda, s'était moqué d'elle derrière son dos, avait tourné en ridicule ses plus intimes relations avec lui, dressé l'enfant contre elle, que chaque partie de son corps semblait s'être liquéfiée. Mais, peu à peu, les mots commencèrent à prendre de nouveau une signification et elle entendit Véda lancer :

— Après tout, maman, même maintenant, les chaussures de Monty sont faites sur mesure.

— Elles peuvent l'être. Elles me coûtent assez cher !

Mildred jeta ces mots amèrement et, pendant une seconde souhaita ne pas les avoir prononcés. Mais la cigarette qui resta soudain à mi-chemin dans les airs, lui indiqua que c'était là une nouvelle pour Véda, une nouvelle assez affreuse, et sans plus de remords, elle consolida son avantage :

— Tu ne savais pas cela, n'est-ce pas ?

Véda la regarda avec incrédulité, puis décida de prendre cela à la blague.

— Tu lui payes ses chaussures ? Sacré nom d'...

— Ses chaussures, ses chemises, ses verres et tout ce qu'il a eu ces derniers mois, y compris ses cotisations de polo. Et tu n'as pas besoin de jurer davantage, ou de mentionner des dates d'opéras. Si tu veux voir quelques dates, je les ai toutes inscrites, avec le montant exact auprès de chacune. Miss Pierce, vous avez commis une légère erreur. Ce ne sont pas mes jambes qu'il aime, c'est mon argent. Et tant que cela durera, nous verrons qui est domestique et qui est patron. Cela t'intéressera peut-être de savoir que c'est la raison pour laquelle il se montre si bon ami pour toi. Il ne te conduit pas à ta leçon de musique parce qu'il le désire. En fait, il s'en est souvent plaint. Il t'y conduit parce qu'il doit le faire. Et aussi surprenant que cela puisse te paraître, il m'épousera ou ne m'épousera pas. Il fera ce que je voudrai pour que son fier estomac de gentleman puisse avoir quelque chose à digérer.

Mildred se leva, avec une hauteur qui rappela celle de Véda :

— Tu peux donc te rendre compte que ce qu'il voit en moi, c'est exactement ce que tu y vois ? Et malheureusement, tu es exactement dans la même situation que lui. Tu devras donc faire ce que j'ordonnerai. La main qui donne l'argent fait claquer le fouet. Et je t'affirme qu'il n'y aura plus un sou pour toi, pas un, tant que tu ne m'auras pas retiré chacun des mots que tu as dit, et que tu ne te seras pas excusée.

En réponse, Véda abandonna ses grands airs et devint une adolescente de 14 ans, hurlante, déchaînée. Froidement, Mildred écouta ses imprécations, la regarda donner des coups de pieds dans le piano des Pierce avec les bottes offertes par Bert.

— Et c'est sur ce piano que tu travailleras jusqu'à ce que je puisse, au moment où il me paraîtra bon, t'en acheter un autre.

Véda cria de toute la force de ses poumons, puis sauta sur le piano et commença à jouer le *Cancan d'Orphée*. Mildred ne savait pas ce que c'était, mais elle savait que c'était une musique sauvage, obscène. Attrapant son manteau, elle sortit de la maison et prit la rue qui menait au restaurant.

En ce qui concernait Monty, Mildred sut que tout était fini, mais elle ne prit pas de décision à ce sujet immédiatement. Elle l'accueillit comme à l'ordinaire quand il vint au restaurant ce soir-là et les deux ou trois soirs qui suivirent. Elle subit même ses étreintes, trouvant une curieuse jouissance à penser que son droit aux plus belles jambes n'existerait bientôt plus. La suppression de son argent de poche amena Véda à résipiscence, comme rien n'avait pu le faire encore, et quand cela eut lieu, deux ou trois jours après Noël, Mildred lui pardonna franchement, au cours d'une petite scène larmoyante. Par un réflexe presque automatique, elle acquittait maintenant Véda de toute mauvaise action, sans attacher d'importance à l'évidence de l'offense. Dans son esprit, tout le blâme allait à Monty et elle savait exactement comment et quand elle réglerait la question avec lui. Ce serait à la réunion du Nouvel An à laquelle, une ou deux semaines auparavant, il l'avait conviée.

— Je vais inviter Paul et Louise Ewing... des joueurs de polo, mais qui te plairont. Nous pourrions nous retrouver à la maison vers dix heures, prendre un verre, puis aller au Baltimore, pour rire un peu.

De toute évidence, c'était un effort pour courir deux lièvres à la fois : donner une certaine justification à ce qu'il lui avait dit à propos des heures de liberté de Mildred et, en même temps, la présenter à des amis, absolument comme il l'aurait fait longtemps auparavant si une soirée adéquate s'était présentée. Elle avait pris cela comme la preuve d'une évolution de sentiment de sa part et avait accepté. À la vérité, elle avait fait plus qu'accepter. Elle avait discuté anxieusement avec Mrs. Gessler sur la façon dont elle s'habillerait, et elle était allée chez Bullock choisir une robe de soirée. Elle avait connu une véritable angoisse à propos du manteau. Elle n'avait pas de vêtement de fourrure et la perspective de faire ses débuts dans le monde du vison avec son vieux manteau bleu l'avait hantée sinistrement. Mais Mrs. Gessler, comme d'habitude, avait sauvé la situation. Elle connaissait une dame qui avait une cape en broché.

— Elle est très belle mon petit, rose cendré, tout incrustée d'or, exactement ce qu'il faut avec vos cheveux. C'est un manteau de mandarin chinois, mais il a été refait et il est impossible de lui donner un prix. Nulle part vous ne trouveriez cela. Ce sera sensationnel dans la salle du Baltimore, et... ma bonne femme est fauchée. Elle a besoin d'argent. Je vais aller la voir.

De sorte que, pour 25 dollars, Mildred eut le manteau et quand la robe arriva, elle eut le souffle coupé devant le résultat final. La robe était d'un bleu lumineux qui donnait un éclat particulier au rose du manteau, si bien qu'elle était rehaussée par les délicates couleurs comme le demandait sa matité. Elle acheta des bas et des chaussures dorées et son angoisse se transforma en une pimpante satisfaction. Tout ceci avait eu lieu avant Noël : et le choix qu'elle avait fait du réveillon du Nouvel An pour rompre avec Monty avait sûrement été influencé par la détermination réaliste de ne pas laisser perdre un tel costume aussi bien que par le souvenir cuisant des quarante dollars qu'il avait coûté. Cependant, ces motifs n'étaient pas visibles à sa vertueuse conscience. Il fallait, se disait-elle, prendre une décision, et le matin du jour de l'An était un excellent moment pour cela. Comme elle repassait mentalement la scène, tous les détails lui apparurent clairement, et elle sut comment jouer. Au Baltimore, elle serait gaie, agiterait la crécelle, jetterait les serpentins et raconterait l'histoire d'Harry Engel et des ancres. De retour chez Monty, elle assisterait au départ des Ewing, puis, quand Monty l'inviterait à entrer, elle déclinerait l'invitation et monterait dans sa voiture. Alors, devant son air surpris, elle ferait un petit discours. Elle ne soufflerait pas mot de Véda, de l'argent ou des jambes. Elle signalerait simplement que toute chose doit avoir une fin, et qu'elle et lui en étaient arrivés à ce stade. Tout avait été fort agréable; elle avait goûté sa compagnie à tous les instants; elle faisait des tas de souhaits pour lui, espérait de tout son cœur qu'il continuerait à la considérer comme une amie. Mais... là, elle se voyait tendant une main gracieuse et, au cas où il resterait sur place à la regarder, elle appuierait sur le démarreur.

Dans l'ensemble, la scène était un peu boursouflée et devenait un peu plus mélodramatique au fur et à mesure qu'elle y ajoutait. Mais c'était son discours d'adieu et elle avait sans aucun doute le droit de le faire comme cela lui chantait.

Le 31 décembre 1933 se leva fort sombre en Californie et, avant que la matinée fût écoulée, une pluie fine tomba assez fort. Vers le milieu de l'après-midi, de grandes nouvelles interrompirent les émissions de la radio: éboulements de collines; familles entières évacuées de tel ou tel village; routes disloquées; trains arrêtés dans l'Arizona attendant des ordres télégraphiques. À Glendale, à part l'humidité et quelques petits graviers roulant dans les rues, rien de particulier ne frappa le regard, et Mildred considéra l'averse comme un ennui, une gêne pour les affaires, mais sans rien d'inquiétant. Vers cinq heures, comme cela ne cessait pas, elle empêcha Mrs. Kramer de découper d'autres poulets, puisque personne ne viendrait les manger et qu'ils devraient servir le lendemain. Quand Arline, Emma et Andrey téléphonèrent l'une après l'autre pour dire qu'elles étaient bloquées, elle y prêta peu d'attention et quand Sigrid arriva, elle l'envoya faire l'argenterie.

Vers six heures, Monty téléphona pour savoir si elle n'avait pas froid aux pieds. Elle lui demanda en riant :

— Pourquoi ?

— Eh bien, il fait un peu humide !

— Tu veux dire que tu te dégonfles ?

— Non, pas du tout. Je suis simplement l'hôte impeccable qui te donne une dernière chance de te dégager si tu le désires.

— Pourquoi ? Cette petite ondée n'est rien du tout.

— Alors, je t'attends.

— Vers 10 heures.

À sept heures et demie, pas un client ne s'était montré et Mrs. Gessler suggéra brusquement de fermer et de commencer à habiller Mildred, si elle était encore assez folle pour se rendre à cette sacrée soirée. Mildred fut d'accord et commença les préparatifs pour clore. Puis, avec Mrs. Gessler, Mrs. Kramer, Pancho, Josie et Sigrid, elle éclata de rire en découvrant qu'il n'y avait rien à faire : ni vaisselle, ni bouteilles à ranger, ni caisse à compter. Mildred coupa la lumière, verrouilla la porte, et tandis que les autres s'en allaient en courant dans la nuit, elle monta en voiture avec Mrs. Gessler et regagna l'avenue Pierce. La route était balayée par le vent, un peu difficile à cause des pierres qui avaient roulé partout, mais à part cela, rien d'inhabituel. Mildred s'arrêta tout près de la porte de la cuisine et se précipita à l'intérieur, puis elle tendit la main pour aider Mrs. Gessler.

Elle fut surprise de trouver Letty et Véda. Letty avait eu peur de rentrer chez elle et elle demanda timidement à Mildred la permission de passer la nuit à la maison. Véda, invitée depuis longtemps par les

Hannen pour dîner et passer la soirée, expliqua que Mrs. Hannen avait téléphoné pour expliquer que la réunion était remise. À ces mots, Mrs. Gessler regarda fixement Mildred, mais celle-ci s'en alla calmement dans sa chambre et commença à retirer son uniforme.

À neuf heures, Mildred était poudrée, bichonnée, parfumée et parvenue à cet état de semi-transparence qu'une femme semble acquérir quand elle est vraiment habillée pour sortir. Ses cheveux ondulés la veille, moussaient doucement; sa robe ajustée jusqu'aux derniers plis et aux moindres volants; son visage apprêté jusqu'au regard de poisson mort qui indique le dernier degré de tels rites. Letty était émerveillée et Véda elle-même admit: «Tu es vraiment bien, maman.» Mildred se planta devant la psyché pour une ultime inspection critique et Mrs. Gessler disparut pour jeter un coup d'œil au temps. Quand elle revint, elle se campa près du lit, et regarda gravement Mildred:

— Bon, ça m'embête de vous dire cela après m'être donné tant de mal pour vous, mais si j'étais vous, je n'irais pas à ce réveillon.

— Pourquoi, mon Dieu?

— Parce qu'il fait très mauvais dehors. Téléphonez à cet idiot et dites-lui que vous ne venez pas.

— Je ne peux pas.

— Oh, il comprendra. Il sera soulagé.

— Son téléphone est coupé.

— Pas étonnant. Alors envoyez-lui un message. On ne le lui apportera pas avant demain, mais cela prouvera que vous êtes bien élevée.

— J'y vais.

— Impossible, mon petit.

— J'ai dit que j'y allais.

Irritée, Mrs. Gessler ordonna à Véda d'apporter l'imperméable qu'elle mettait pour se rendre en classe et ses galoches. Mildred protesta, mais quand Véda apparut avec les vêtements, Mrs. Gessler commença par relever la robe de Mildred pour en faire une espèce de ceinture autour des hanches, les dessous blancs dépassant d'un bon pied. Elle mit les galoches sur les chaussures or. Elle fit enfiler le manteau et lui jeta l'imperméable par-dessus. Elle trouva une écharpe qu'elle noua autour de la tête de Mildred. Celle-ci, transformée tout à coup, leur dit gentiment au revoir. Puis elle alla à la porte de la cuisine, se jeta dehors sous la pluie et ouvrit la portière de la voiture. Elle monta dedans, mit le moteur en marche, et fit partir l'essuie-glace. Elle disposa alors sa robe autour d'elle. Enfin, agitant joyeusement la main en direction des trois visages anxieux dans l'embrasure de la porte, elle démarra et rejoignit l'avenue en marche arrière.

Tournant dans le boulevard de Colorado, elle rit toute seule. Bien à l'aise dans ses deux manteaux, le moteur tournant sagement et l'essuie-glace chantonnant doucement contre la vitre, elle trouvait drôle que les gens s'émeuvent autant pour une averse.

En entrant dans Eagle Rock, elle fut arrêtée par deux hommes qui portaient des lanternes. L'un d'eux s'approcha et d'une voix rauque demanda :

— Pasadena ?

— Oui.

— Vous ne pouvez pas y aller. Faut faire un crochet.

— Vraiment ? Et par où ?

Il enleva son chapeau, secoua l'eau qui le couvrait,

puis le remit rapidement et donna des indications confuses d'après lesquelles elle devait monter par les collines, puis tourner et suivre le chemin d'en haut jusqu'à ce quelle retrouve le boulevard de Colorado.

— Vous y arriverez, sauf s'il y a des éboulements. Croyez-moi, madame, si vous ne devez pas absolument y aller ce soir, vaudrait mieux que vous vous en retourniez.

Mildred, connaissant bien la route, reprit son voyage. Elle arriva à un éboulement, une partie de la colline avait coulé sur la route, mais un étroit passage restait libre et elle s'y glissa facilement. Elle rejoignit le boulevard de Colorado à un endroit tout proche du pont élevé, si célèbre par ses suicides à cette époque, et fila au milieu des gerbes d'eau. Parvenue dans le centre de Pasadena, elle tourna dans l'avenue des Orangers. À part quelques branches d'arbres qui avaient été cassées et des masses de feuilles, la voie était libre. Comme elle roulait sur le sol noir luisant, de nouveau elle rit en songeant combien les gens font des histoires pour rien du tout.

Au portique de la maison Beragon, une lumière était allumée. Mildred passa entre les piliers et suivit l'allée devant les gros arbres, les chiens de fer et l'urne de marbre. Elle stoppa enfin et elle avait à peine arrêté le moteur quand surgit Monty en habit. Il la regarda comme s'il ne pouvait en croire ses yeux. Puis, il cria quelque chose, se précipita dans la maison et revint, portant d'une main un gigantesque parapluie de portier et tirant une énorme bâche de l'autre. Il jeta la bâche en travers du capot pour empêcher la pluie de noyer le moteur. Il ouvrit le parapluie pour Mildred, et tandis qu'elle sautait légèrement sous le porche, il lui dit :

— Seigneur, je n'ai pas pensé une seconde que tu viendrais. Ça ne m'est pas même venu à l'esprit !

— Tu as pourtant allumé la lumière et tu es habillé. Méfie-toi, je vais chercher qui tu attendais.

— J'ai fait tout cela avant d'ouvrir la radio et d'entendre ce qui se passait. Au fait ! Comment diable es-tu parvenue jusqu'ici ? Pendant une heure, il n'a été question que de ponts rompus, de routes bloquées, de villes envahies, et toi... te voilà !

— Ne crois jamais ce qu'on raconte !

À l'intérieur, Mildred comprit pourquoi la bâche était apparue si inopinément, comme s'il eût été naturel d'avoir de tels objets sous la main. La maison entière était sous des housses grises, spectrales. Elles recouvraient tout, tapis, meubles et tableaux même. Mildred frissonna en jetant un coup d'œil dans le grand salon sombre et Monty rit :

— C'est lugubre, hein ? C'est moins mal en haut.

Il lui montra le chemin, montant le grand escalier, allumant les lumières, puis les éteignant quand elle était passée, traversant plusieurs vastes chambres, toutes camouflées par des housses comme le salon, et ils parvinrent à un hall étroit, au bout duquel se trouvait le petit appartement où il vivait.

— Voici mon humble gîte. Comment le trouves-tu ?

— Mais c'est... tout à fait gentil.

— En réalité, ce sont les chambres des domestiques, mais je m'y suis transporté parce que je pouvais y faire un peu de feu... et ainsi, c'était plus confortable.

L'ameublement avait cette apparence modeste, usagée, des chambres de bonnes, mais le feu était sympathique. Mildred s'assit devant et enleva ses galoches. Puis, elle ôta le fichu et l'imperméable et détacha sa robe. Le visage de Monty s'éclaira quand, telle un papillon, elle sortit de son très miteux cocon. Il tourna autour d'elle, examinant chaque détail de son habillement. Enfin il l'embrassa. Pendant un instant, il retrouva son ancien air ensoleillé et elle dut se concentrer fort pour se rappeler ses griefs. Il déclara alors qu'une telle splendeur réclamait à boire. Elle eut peur qu'après un verre, elle ne pût plus se rappeler aucun reproche et demanda s'ils ne feraient pas mieux d'attendre l'arrivée des Ewing.

— Les... de qui parles-tu ?

— Ce n'est pas leur nom ?

— Doux Jésus, ils ne pourront pas venir ici !

— Pourquoi pas ?

— Ils habitent de l'autre côté de l'avenue Huntington, l'eau y est profonde de trois pieds et... comment diable es-tu parvenue jusqu'ici ? On ne t'a pas dit qu'il y avait une affreuse tempête ? Tu devais être cachée à deux pas d'ici et tu veux me faire croire que tu arrives de Glendale.

— Moi, je n'ai pas vu de tempête.

Elle le suivit dans sa chambre pour l'aider à préparer des boissons et reçut un choc. C'était une minuscule chambre, à une seule fenêtre, avec un lit de sangle sur lequel était à côté de son imperméable un service à cocktails composé d'un grand shaker d'argent gravé d'un grand B sur le côté, et d'admirables verres de cristal. Mais à moins de trois pas, dans la plus petite, la plus humble salle de bains qu'elle eût jamais vue, Monty cassait de la glace qu'il s'était, de toute évidence, procuré quelques heures plus tôt. Auprès de lui, sur une petite table, elle aperçut un petit fourneau à gaz à deux brûleurs, une boîte d'œufs, un paquet de jambon et un pot de café. Regrettant de s'être avancée, elle s'en retourna et reprit sa place auprès du feu.

Monty servit à boire et elle but deux verres. Quand il s'empara du shaker pour lui en mélanger un troisième, elle l'arrêta :

— Si je dois conduire, je crois que j'en ai assez bu.

— Conduire ? Pour aller où ?

— Quoi ?... N'est-ce pas au Baltimore que nous allons ?

— Mildred... nous n'irons nulle part.

— Mais certainement nous irons quelque part.

— Écoute...

Il s'avança et ouvrit un petit poste de T.S.F. Un speaker excité parlait de ponts rompus entre Glendale et Burbank, d'une automobile naufragée sur la route de San Fernando, de la crainte qu'on avait qu'une famille entière ait été perdue avec la voiture. Elle secoua la tête avec obstination :

— Mais, ma parole, le Baltimore n'est pas dans Burbank !

— Où qu'il se trouve et de quelque manière que nous y allions, nous devons traverser la rivière de Los Angeles et, aux dernières nouvelles, elle est devenue un torrent furieux, la moitié des ponts sont dans le fleuve et l'autre moitié est recouverte par l'eau bouillonnante. Nous n'irons pas. Le réveillon de fin d'année se fera ici.

Il remplit le verre de Mildred et elle voulut bouder. En dépit de l'alcool, l'idée principale de la soirée restait très nette dans son esprit et la tournure prise par les événements contrecarrait fâcheusement sa décision. Quand il mit son bras autour d'elle, elle ne bougea pas. Aimablement, il lui dit qu'elle avait l'ivresse très énigmatique. Après deux verres, elle discuterait avec Jésus-Christ, après trois elle serait tombée d'accord avec Judas Iscariote. N'accepterait-elle pas, maintenant, d'être entraînée par le n° 3, vers l'état d'esprit voulu pour accueillir la nouvelle année comme il convenait ? Quand elle refusa de toucher à ce nouveau verre, il lui demanda sa clé pour ranger la voiture dans le garage. Quand elle ne fit aucun mouvement pour la lui donner, il descendit.

Quelque part dans la maison, l'eau se mit à tomber goutte à goutte. Elle frissonna, enfin consciente, pour la première fois, de la pluie qui cascadait le long des fenêtres, ruisselait sur le toit. Cela devint un nouveau grief contre Monty. Quand il revint et qu'il surprit cet air maussade sur son visage, il fut un peu ennuyé.

— Bon, si tu es toujours de mauvaise humeur, je crois qu'il vaut mieux aller au lit... J'ai bien installé la housse sur la voiture, de sorte qu'elle sera probablement à l'abri. J'ai un pyjama vert et un rouge. Lequel préfères-tu ?

— Je n'irai pas au lit.

— Tu n'es pas drôle.

— Je rentre à la maison.

— Alors, bonne nuit. Mais au cas où tu changerais d'idée, je vais sortir le pyjama vert et...

— Je ne suis pas encore partie...

— Naturellement... et je t'invite...

— *Pourquoi lui as-tu dit cela ?*

Avec l'alcool, la pluie et son attitude, les griefs de Mildred avaient atteint un tel degré de compression qu'elle explosa avec un rugissement qui la laissa sans le moindre souvenir de toutes les petites choses ampoulées qu'elle avait eu l'intention de débiter. Il la regarda avec stupéfaction.

— Dit quoi ? À qui ?

— Tu sais parfaitement bien de quoi je parle. Comment as-tu pu dire des choses pareilles à cette enfant ? Et qui t'a permis de parler de mes jambes ?

— Tout le monde en parle. Pourquoi pas moi ?

— *Quoi ?*

— Allons, allons. Tes jambes sont la passion de ta vie. Elles soulèvent des exclamations quand tu sors de cette Charrette aux Pies et si tu ne veux pas qu'on en parle, tu ferais bien de porter des jupes plus longues. Mais tu désires qu'on en parle, qu'on les regarde et qu'on les envie, alors qu'est-ce qui t'arrive ? Et puis, après tout, elles sont fichtrement agréables à regarder ! Alors ?

— Nous parlons de mon enfant.

— Oh, Bon Dieu, que veux-tu insinuer avec ton « enfant » ? Si c'est une enfant, là-dessus elle a déjà oublié plus de choses que tu n'en as jamais su. Marche avec ton temps. Je ne sais pas comment cela se passait autrefois... peut-être ces chères petites créatures étaient-elles prévenues par leur mère vers l'âge de 17 ans et grandement surprises... personne ne peut le prouver. Mais maintenant... elles savent tout ce qu'il y a à savoir avant même qu'on leur ait dit pour le père Noël. En tout cas, elle, elle sait. Que devais-je faire ? Agir comme un nigaud, quand je partais avec toi le soir et que je ne te ramenais que le lendemain matin ? Crois-tu qu'elle ne savait pas où tu avais été ? Mon Dieu, elle m'a même demandé combien de fois !

— Et tu le lui as dit ?

— Bien sûr... Elle a une grande admiration pour ma... force et pour la tienne. La tienne la sidère d'ailleurs : « Qui croirait que cette pauvre tête a ça en elle ! »

Monty singeait Véda et Mildred comprit que ce n'était pas une contre-offensive inventée par lui. Sa colère augmenta encore. Elle dit : « Je comprends », puis, elle le redit encore, deux ou trois fois. Enfin elle se leva, alla vers Monty et demanda :

— Et que penses-tu, toi, des belles jambes que l'on trouve plus souvent dans les cuisines que dans les salons ?

— Que vas-tu chercher encore ?

— Tu sais de quoi je parle.

Monty, ahuri, se passa la main sur le front, comme s'il faisait un grand effort pour se souvenir. Puis, claquant vivement des doigts, il répondit :

— C'est ça. Ça me rappelle quelque chose. Oui, c'est ça. J'ai fait, un après-midi, une petite dissertation là-dessus. Nous avions dépassé une jeune fille... elle portait un uniforme quelconque et un tablier... tout à fait jolie, surtout des chevilles. Et j'ai raconté... ce que tu viens de mentionner. Rien d'original, je t'assure. J'avais presque oublié... Mais en quoi cela nous concerne-t-il ?

Son histoire était plausible, circonstanciée, mais un clignement rapide des paupières le trahit. Mildred ne répondit pas à sa question. Elle s'approcha et elle avait en elle quelque chose d'un serpent quand elle lui répliqua :

— Tu mens. Tu ne parlais pas d'une fille rencontrée dans la rue. Tu parlais de moi.

Monty haussa les épaules, Mildred retourna à sa chaise et se rassit. Puis, elle se mit à parler lentement, mais avec une violence croissante. Elle dit qu'il avait délibérément essayé de dresser Véda contre elle, de la tourner en ridicule, de la faire considérer par l'enfant comme une inférieure, quelqu'un dont on doit être honteux.

— Je comprends tout maintenant. J'avais toujours trouvé drôle que Véda n'invite jamais personne, parmi ceux qu'elle voyait à Pasadena, à venir la voir chez elle. Je lui en avais pourtant donné l'occasion. Je lui avais souvent rappelé qu'on ne peut toujours accepter des invitations sans jamais y répondre. J'ai bien joué mon rôle. Mais non. Tu l'avais tellement montée avec toute cette idiotie qu'elle avait honte d'inviter ces gens-là. Elle est convaincue maintenant que Glendale n'est pas assez bien pour eux. Elle pense que moi non plus je ne suis pas assez bien. Elle...

— Oh, Bon Dieu, assez!

Les yeux de Monty étaient noirs maintenant et de petites lueurs dures y brillaient.

— D'abord, quelles invitations a-t-elle acceptées? Celles de ma mère, dans cette maison même. Bon, nous avons discuté cette affaire une fois et nous n'allons pas recommencer. Et celles des Hannen. Or, autant que je sache, la seule invitation que Charlie et Roberta aient jamais reçue de toi, c'est une invitation à aller dîner dans ta Charrette aux Pies, ils y sont allés, et...

— Jamais une note ne leur a été présentée.

— O.K. Tu es régulière. Pour le reste, qui aurait imaginé qu'une enfant de 14 ans répondrait à tous les cocktails où je l'ai traînée. Elle m'en a parlé et je lui ai dit que ce serait stupide. Continuons. Quoi d'autre?

— Bon, passons pour les personnes plus âgées. Mais il y en a eu des quantités d'autres, des filles de son âge...

— Non, il n'y en a pas. Et, justement, voilà où tu ferais bien de faire plus ample connaissance avec ta propre fille. C'est une enfant étrange. Les filles de son âge ne l'intéressent pas. Elle aime les femmes plus âgées...

— Si elles sont riches !

— En tout cas, elle est très gentille avec elles. Et c'est si rare que tu ne peux leur en vouloir d'aimer cela. Et de l'aimer, elle. Et qu'est-ce que tu insinues ?... Qu'elle voulait en tirer quelque chose... laisse-moi rire.

Il s'évadait comme du vif-argent sur lequel elle ne pouvait mettre le doigt. Mildred sentit l'argumentation lui échapper et, comme Véda, elle abandonna toute logique et se mit à crier :

— Tu l'as dressée contre moi ! Je me fiche éperdument de tes beaux discours... Tu l'as dressée contre moi !

Monty alluma une cigarette, fuma d'un air morose pendant un bon moment, sans dire un mot. Enfin il leva les yeux.

— Ah ! voilà pourquoi tu es venue ! Pauvre idiot que je suis de ne pas y avoir pensé plus tôt.

— Je suis venue parce que j'étais invitée.

— Par une nuit comme celle-ci ?

— Le moment est aussi bon qu'un autre.

— Quelle charmante camarade tu peux être... Curieux... J'avais aussi quelque chose à te dire !

Il regarda dans le feu avec un petit sourire plein d'apitoiement sur lui-même comme s'il était décidé à garder ses impressions pour lui-même, puis il changea d'idée.

— ... J'étais sur le point de t'expliquer que tu ferais une femme délicieuse... si tu ne vivais pas à Glendale.

Elle s'était mise au pilori, mais en entendant ceci, elle se retrouva tout d'un coup elle-même. Se penchant en avant, elle le regarda :

— Monty, comment peux-tu encore parler ainsi ? Après tout ce que je t'ai dit ? Tu as besoin de quelqu'un qui s'occupe de toi, alors tu me demandes de t'épouser ? N'as-tu donc plus d'amour-propre ?

— Mais c'était pourtant ce que j'allais faire.

— Monty, n'ajoute rien. Si je m'étais emballée sur ta proposition, tu aurais exactement dit ce que tu viens de dire. Bon sang, Monty, tu es un homme, pourtant ?

— Écoute. Maintenant, tu vas m'écouter.

— Non, je rentre à la maison.

Elle se leva, mais il bondit sur elle, la saisit par les bras et la força à se rasseoir. Les petits points brillants de ses yeux étincelaient et son visage était tiré, dur.

— Sais-tu pourquoi Véda n'invite jamais personne dans ta maison ? Sais-tu pourquoi personne, à l'exception de cette grande bringue de voisine, ne vient jamais ?

— Oui... c'est parce que tu l'as dressée contre moi et que...

— C'est parce que tu n'es qu'une domestique, parce que tu as peur des gens, parce que tu ne saurais que faire d'eux... Tu n'as pas de cran, c'est tout.

Regardant attentivement son visage contracté, Mildred eut tout à coup la même impression de paralysie qu'elle avait eue lors de cette matinée où Miss Turner lui avait dit ses vérités et l'avait envoyée chercher cet emploi d'intendante car elle ne pouvait rien faire d'autre. Et elle continua de trembler tandis que Monty poursuivait, débitant un torrent d'invectives amères, passionnées, contre elle :

— Ce n'est pas elle. Ce n'est pas moi. C'est toi. Est-ce que cela ne te paraît pas étrange que Véda ait des centaines d'amis, ici, là, partout où elle va... et que toi tu n'en aies aucun? Non, je me trompe... tu as une amie, cette barmaid!! Personne n'est jamais invité chez toi, personne...

— De quoi parles-tu? Comment puis-je faire des réceptions ou inviter du monde avec ma vie à gagner? Toi-même...

— Ta vie, mon œil! C'est un alibi et non une raison. Allons, toi, petite souillon d'arrière-cuisine, tu oses me dire qui dresse ton enfant contre toi? Moi? Écoute, Mildred: personne, excepté une domestique, ne prêterait une seconde d'attention à ce que tu m'as raconté ce soir. Parce que là est la différence: une dame n'y attache pas d'importance. Une domestique, oui.

Il fit le tour de la pièce, haletant, puis se retourna vers elle.

— Et moi, comme un imbécile, comme un idiot, j'ai pensé un jour que je m'étais peut-être trompé, que tu étais une dame et non une domestique. C'est quand tu m'as tendu le billet de vingt dollars, un soir, et que je l'ai pris. Et ensuite, j'en ai pris davantage. Je t'ai même fait confiance, Dieu seul sait ce qui m'a poussé, une sorte de sens de l'humour que seul un aristocrate peut avoir, et je t'ai *demandé* de l'argent. Et alors? Que s'est-il passé? Aurais-tu pu dominer ce que tu avais toi-même mis en branle? Une dame se serait fait hacher avant de me laisser voir que l'argent avait une valeur. Mais toi, avant que j'aie reçu cinquante billets, tu m'avais transformé en chauffeur, n'est-ce pas vrai? Pour en avoir pour ton argent. Un larbin, un toutou. Il fallait que tu rentres dans tes fonds. Eh bien! Je ne marche plus. J'ai touché ma dernière aumône et, si Dieu le veut, avant que mon soleil ne s'éteigne, je te rembourserai. Pauvre rebut, ... serveuse. C'est pour cela que j'aime Véda. Elle ne ramasserait pas un pourboire. C'est une chose qu'elle ne pourrait pas faire... pas plus que moi!

— Excepté s'il vient de moi.

Pâle de colère, elle ouvrit son sac de soirée, prit un billet de dix dollars tout froissé, le jeta à ses pieds. Il s'empara des pincettes, le ramassa et le mit dans le feu. Quand la flamme s'éleva, il sortit son mouchoir et épongea son front.

Pendant un moment, pas un mot ne fut échangé entre eux et, quand leur respiration haletante se fut apaisée, Mildred commença à se sentir honteuse, battue et malheureuse. Elle avait tout dit, elle l'avait poussé à tout dire aussi, toutes ces choses qu'elle savait en lui, et cela la laissait froissée, incapable de répondre. Cependant rien n'avait été éclairci: il était là et elle était là. Comme elle le regardait, elle vit pour la première fois qu'il était fatigué, vieilli, farouche, et que son visage, auquel elle avait toujours pensé comme à celui d'un jeune homme, était légèrement marqué, comme celui d'un homme mûr. Alors une bouffée d'affection violente l'envahit, composée de pitié, de mépris et d'un sentiment quasi maternel. Elle voulut pleurer, et, soudain, posant la main sur sa petite calvitie, elle le caressa. Pendant longtemps, cela avait été une petite plaisanterie entre eux. Il ne fit pas un mouvement, mais ne la repoussa pas cependant, et quand elle s'adossa, elle se sentit mieux. De nouveau, elle entendit la pluie, et pour la première fois en eut peur. Elle serra son manteau autour d'elle, attrapa son Manhattan n° 3, en but la moitié, le reposa. Monty remplit son verre. Ils restèrent assis un long moment, sans se regarder.

Enfin, brusquement, comme s'il avait résolu un problème difficile, il assena un coup de poing sur le bras de son fauteuil et dit :

— Bon Dieu ! Cela exige que je te viole !

Il vint vers Mildred, passa un bras autour d'elle, glissa l'autre sous ses jambes et l'emporta dans la chambre. Un petit rire rauque échappa à Mildred quand il la jeta sur le lit de sangle. Elle se sentait faible et étourdie. En un éclair, le manteau de brocart fut enlevé et jeté sur le plancher. Elle pensa à sa robe et s'en moqua : elle désira qu'il l'arrache, qu'il la mette en lambeaux si cela était nécessaire, mais qu'il la lui enlève. Il ne l'arracha pas. Il se battit avec la fermeture éclair et, pendant quelques secondes, les doigts de Mildred furent sur ceux de Monty, pour l'aider. Mais alors quelque chose s'éveilla en elle, le souvenir inopportun de la raison de sa venue ce soir, de tout ce qui s'était amoncelé entre eux durant ces derniers mois. Elle combattit cette pensée, essaya de l'engloutir sous ce poids accablant d'alcool, d'homme et de pluie. Impossible de la noyer. Si elle avait eu une montagne à soulever, cela n'aurait pas été plus dur que de placer ses deux paumes sur le visage de Monty, de le repousser, de se glisser hors du lit et de se remettre sur ses pieds. Elle empoigna ses deux manteaux et courut dans l'autre pièce. Il était derrière elle, essayant de la ramener en arrière, mais elle se débattit, l'éloigna, tandis qu'elle saisissait les galoches et se précipitait dans le couloir sombre.

Sans savoir comment, elle traversa les pièces obscures, descendit l'escalier, atteignit la porte d'entrée. Celle-ci était fermée. Mildred tourna la grosse clé de cuivre et enfin fut sur le perron, dans l'air humide et froid. Elle enfila les deux manteaux, les galoches.

Mais tout à coup, la lumière s'alluma, et Monty fut auprès d'elle, essayant de l'atteindre, de la faire revenir. Elle se précipita sous l'averse, arracha la bâche du capot, la laissa tomber dans la boue et sauta dans la voiture. Comme elle allumait les phares et mettait l'auto en marche, elle aperçut encore Monty sous la lampe. Il gesticulait. Il lui criait des mots. Il n'y avait plus trace de passion sur sa figure maintenant. Il lui disait, avec colère, de ne pas se conduire comme une imbécile, de ne pas sortir par cette tornade.

Elle démarra. Sur l'avenue des Orangers, les branches cassées avaient augmenté sur le sol, et la chaussée ne paraissait plus aussi lisse et inoffensive. Mildred serra le frein, trouva son fichu dans la poche de l'imperméable, l'attacha autour de sa tête. Puis, avec précaution et avec un sursaut de terreur chaque fois que la voiture était secouée par le vent, elle repartit. Comme elle tournait vers le centre commercial, elle aperçut des phares derrière elle.

Il n'y avait plus d'hommes armés de lanternes maintenant, plus rien que la nuit noire, sauvage et redoutable. Elle traversa le pont sans incident, mais quand elle arriva à la déviation, elle eut peur et attendit que la voiture l'eût rattrapée. Elle continua alors, notant avec soulagement que l'autre auto avait également tourné. Elle n'eut pas d'ennuis pendant un mille ou deux et parvint à l'éboulement. À sa grande consternation, il s'était aggravé : la route était complètement bloquée. Toute initiative l'ayant abandonnée, elle s'arrêta pour voir ce qu'allait faire celui qui la suivait. Il stoppa aussi et Mildred attendit. Une portière claqua. Ses yeux s'accoutumaient à l'obscurité. Ce fut le visage de Monty qui parut contre sa vitre, à moins de cinquante centimètres du sien. L'eau dégoulinait de son vieux chapeau cabossé et sur son ciré boutonné jusqu'aux oreilles. Il désigna rageusement l'éboulement :

— Regarde ça ! Tu n'as pas pensé que cela pouvait arriver, n'est-ce pas ? Bon Dieu, dans quel pétrin m'as-tu mis !

Pendant quelques minutes, tandis qu'il lui ordonnait férocement de fermer le contact, de sortir et de revenir avec lui, elle éprouva un sentiment heureux, comblé, comme s'il avait été son père et elle, une méchante petite fille dont on allait tout de même prendre soin. Mais une fois de plus, son idée fixe lui revint. Elle mit en marche arrière et recula. Elle dépassa la voiture de Monty et arrivée à un tournant, s'y engagea. Quand elle eut suivi la nouvelle route pendant quelques mètres, elle se rendit compte qu'elle allait vers Eagle Rock. Le sol était couvert de pierres et elle progressa centimètre par centimètre, roulant, freinant, puis roulant de nouveau. Enfin, devant elle, elle vit que les éboulis avaient cessé, qu'il y avait une route noire brillante. Elle appuya sur l'accélérateur. Ce fut le comportement des roues qui lui apprit que cette brillante route noire n'était que de l'eau sombre et luisante. Quand elle mit le pied sur le frein, la voiture glissa. Les phares s'éteignirent. Le moteur cala. Mildred était seule dans une mare qui s'étendait aussi loin qu'elle pouvait voir. Et soudain elle sentit que ses pieds pataugeaient dans une flaque. Elle poussa un hurlement.

La pluie tombait toujours et elle remonta la vitre. Elle entendait dehors le grondement du torrent le long des ailes et au bout de quelques minutes, la voiture se mit à bouger. Mildred la dirigea sur la droite et quand elle sentit qu'elle atteignait un trottoir, elle serra le frein à main. Puis, elle resta assise, là. Sa respiration avait brouillé les vitres, de sorte qu'elle ne voyait plus rien. Tout à coup, la porte, à côté d'elle, fût violemment ouverte et, une fois de plus, Monty fut à ses côtés. Il était, de toute évidence, retourné dans son auto pour enlever son pantalon, car, comme le ciré flottait au-dessus de l'eau, elle vit qu'il était en caleçon. Il appuya son bras droit sur le côté de la portière :

— Alors ? Maintenant, mets tes jambes sur mon bras et passe tes bras autour de mon cou. Tiens bon et j'espère pouvoir te mener jusqu'au sommet de la colline.

Elle posa ses pieds sur le siège, enleva ses chaussures dorées et ses bas, les cala en un paquet. Puis, elle mit les galoches sur ses pieds nus. Enfin, elle se débarrassa en se tortillant de ses deux manteaux et de sa robe. Elle plia le manteau de brocart et la robe sur les chaussures. Puis, frissonnant, elle enfila l'imperméable. Elle demanda à Monty de déplacer sa main. Quand il eut obéi, elle tira la portière à elle, la rabattit et mit le verrou. Puis elle se glissa dehors par la porte opposée, la ferma à clé. Un hurlement lui échappa quand elle descendit du marchepied et qu'elle sentit l'eau autour de ses cuisses. Le courant lui fit presque perdre l'équilibre. Mais elle s'accrocha à la poignée et se remit debout. Non loin d'elle, il y avait un haut talus, sur lequel était certainement une sorte de promenade. Sans prêter aucune attention à Monty et à ses cris à peine audibles, elle y grimpa, s'aidant des pieds et des mains, glissa, chancela et s'éloigna, gagnant sa maison à travers la pire tornade qu'aient enregistrée les annales de l'office météorologique de Los Angeles, ou n'importe quel autre office météorologique.

Elle, dépassa de nombreux véhicules, embourbés comme le sien, les uns vides, les autres occupés. Une voiture, prise au piège au milieu de vastes lacs d'eau, était arrêtée auprès du trottoir, ses phares allumés, pleine de gens en vêtements de soirée, incapables de rien faire d'autre que de rester assis. Elle poursuivit, par le sommet de la longue colline jusqu'à Glendale, franchissant carrefours, éboulis, torrents et énormes étendues d'eau. Ses galoches se remplissaient sans cesse et de temps à autre, elle s'arrêtait, levant d'abord un pied, haut derrière elle, puis l'autre, pour laisser l'eau couler. Mais elle ne pouvait faire sortir le sable et les cailloux et ils lui blessèrent cruellement les pieds. Elle atteignait un paroxysme de faiblesse, de froid et de douleur quand elle parvint enfin à l'avenue Pierce, et elle fit le chemin qui restait pour gagner la maison, moitié courant, moitié boitant.

Véda et Letty, telles deux chatons effrayés, n'avaient pas très bien dormi cette nuit-là. Quand les lumières commencèrent à s'allumer bruyamment dans la maison et qu'une apparition sanglotante, constellée de boue, chancelante, se dressa sur le seuil, elles crièrent d'épouvante. Quand elles comprirent que c'était Mildred, elles la suivirent respectueusement dans sa chambre, mais il fallut plusieurs secondes avant qu'elles eussent suffisamment recouvré leur sang-froid pour l'aider à se déshabiller et à se mettre au lit. Soudain, Letty surmonta sa frayeur et aussitôt courut frénétiquement de tous côtés, apportant à Mildred ce dont elle avait besoin, et surtout du whisky, du café et une bouillotte. Véda s'assit au bord du lit, réchauffant les mains de Mildred, lui faisant boire le café bouillant à la petite cuillère, remontant ses couvertures autour d'elle. Enfin, elle secoua la tête :

— Mais, maman, je ne peux vraiment pas comprendre. Pourquoi n'es-tu pas restée avec lui ? En somme, cela n'aurait pas été une nouveauté !

— Ne t'inquiète pas. Demain, tu auras ton piano.

Au cri de joie de Véda, à ses bras chauds autour de son cou, aux baisers humides qui partaient de ses yeux pour descendre jusqu'à son cou, Mildred se détendit, éprouva un moment de bonheur.

Comme le jour gris se levait, elle tomba dans un sommeil profond.

CHAPITRE XII

Après tout cela, Mildred fut pendant quelque temps trop occupée pour se soucier beaucoup de Véda. Déchargée de Monty, elle commença à avoir de l'argent, en plus des versements nécessaires pour le piano et le reste. Malgré la dureté des temps, son affaire prenait de l'importance. Le bar faisait rentrer des à-côtés appréciables et, fait plus important, elle parvint à s'acquitter du reliquat des quatre mille dollars dus pour la maison et pour la dernière facture de l'installation. Désormais, tout était à elle et elle franchit ainsi un échelon rêvé depuis bien longtemps. Les «pies» occasionnaient un désordre effrayant dans sa cuisine : elle fit construire une annexe, derrière le parc à voitures, afin de leur donner leur autonomie. Elle eut quelques difficultés à ce propos avec les règlements du lotissement. Mais quand elle présenta des plans très acceptables où cette annexe ressemblait surtout à un garage privé assez vaste, et quand elle accepta de ne pas faire d'autre publicité que celle de l'enseigne au néon déjà existante, les choses s'arrangèrent. Quand ce fut organisé, elle entreprit de faire des gâteaux, des pâtisseries spécialement conçues pour les tables roulantes des restaurants, et elle n'eut aucun mal à les vendre. Hans eut besoin d'un aide, puis d'un second. Mildred acheta une nouvelle camionnette de livraison, vraiment chic celle-là. À la même époque, elle changea sa voiture : l'ancienne ne s'étant jamais complètement remise des assauts qu'elle avait subis pendant la tornade. Elle choisit une Buick marron clair avec des pneus blancs que Véda embrassa quand le vendeur la livra.

Mais, lorsque Ida qui venait maintenant régulièrement, aperçut l'annexe, elle devint pensive, et un soir elle commença une offensive pour amener Mildred à ouvrir dans Beverly une filiale dont elle serait la gérante.

— Mildred, je sais de quoi je parle. Beverly a absolument besoin d'un endroit où serait mis sur pied un véritable service de desserts tout faits. Pensez aux réceptions des vedettes. Les gens du cinéma donnent des réceptions tous les soirs, et le dessert est un vrai casse-tête pour toutes ces femmes. Regardez comme il vous serait facile de leur offrir ce qu'elles désirent... puisque vous fabriquez déjà tout ça. Réfléchissez aux prix que vous pourriez demander, et à tous les à-côtés : boissons, sandwiches. Je viendrais à bout de tout avec quatre serveuses, un garçon, un cuisinier et un plongeur.

Mildred qui ne voulait pas courir de risque, alors qu'elle avait une certitude en mains, n'était pas pressée. Mais elle fit un tour avec la voiture du côté de Beverly, posa des questions et commença à songer qu'Ida était dans le vrai. Puis, passant par là, un après-midi, elle entra dans une maison vacante qu'elle savait être à louer. Quand elle découvrit qu'elle pouvait obtenir un bail pour un loyer ridicule, elle se décida. Il s'ensuivit un nouveau mois passionnant, absorbé par l'équipement, les aménagements, les transformations et tout. Mildred voulait que tout fût en érable, mais Ida réclama obstinément des murs vert clair et des fauteuils moelleux, rembourrés, où les clients trouveraient agréable de s'asseoir. Mildred céda, mais le jour de l'ouverture, elle s'évanouit presque. Sans la consulter, Ida avait commandé une quantité de conserves, de gâteaux, de pain-mie et d'autres choses auxquelles Mildred ne connaissait rien. Ida répliqua qu'*elle* s'y connaissait, autant au moins qu'il était nécessaire. À la fin de la semaine, Mildred était non seulement convaincue, mais complètement abasourdie. Ida dans son rapport était en extase :

— Mildred, ça y est ! D'abord j'ai au déjeuner presque la même clientèle que le Derby. Des gens qui ne réclament pas de raie au beurre noir et des hamburgers mais qui apprécient les petits sandwiches que j'ai fabriqués et les salades de fruits. Je voudrais que vous entendiez leurs commentaires. J'ai à peine fini que commence le service des collèges, des gosses magnifiques, raffinés, qui rentrent de Westwood et qui aiment un soda au chocolat ou un malt avant d'aller jouer au tennis. Quand ils s'en vont, c'est l'heure du thé et à la fin du thé, ce sont les petits dîners pour les gens qui veulent manger légèrement avant d'aller à un spectacle. Pour couronner tout ça, j'ai encore une clientèle qui vient plus tard pour bavarder devant une tasse de chocolat dans un endroit tranquille. De midi à minuit, je n'arrête pas. Et le travail des gâteaux « à emporter » suffirait déjà à nous faire perdre haleine.

Les recettes la transportèrent. Ida devait toucher 30 dollars par semaine, plus 2 % des bénéfices. Elle avait espéré, au début, se faire cinquante dollars par semaine. Or, le premier samedi soir, Mildred lui signa un chèque de 53 dollars 71 cents.

Mais tout ne tournait pas si rond. Quand elle apprit le projet de Mildred, Mrs. Gessler fit une colère et voulut savoir pourquoi Ida avait été choisie pour diriger la filiale de Beverly plutôt qu'elle. Mildred essaya d'expliquer que c'était Ida qui en avait eu l'idée, que certaines personnes sont propres à certaines choses, les autres à d'autres, mais elle n'obtint pas gain de cause. Mrs. Gessler demeura froissée et Mildred fut de plus en plus ennuyée. Elle en était arrivée à dépendre de cette grande et provocante barmaid comme de personne d'autre, non seulement elle comptait sur ses sagaces conseils en affaires, mais aussi sur l'appui sentimental que sa nature réclamait. La perdre aurait été une catastrophe et elle commença à chercher ce qu'elle devait faire pour elle.

On parlait beaucoup, à cette époque, de l'essor que prenait Laguna Beach, plage sur la côte, à quelques milles au-delà de Long Beach. Mildred se demanda si ce ne serait pas un endroit approprié pour établir une nouvelle succursale. Elle y alla plusieurs fois pour réfléchir. Un seul restaurant mis à part, elle n'en trouva aucun qui l'impressionnât et elle se rendit compte que, de façon indiscutable, l'endroit prendrait de l'expansion, non seulement grâce aux estivants, mais aussi à cause des habitants d'alentour. Là encore, ce fut le bail qui la décida. Elle découvrit une grande maison, entourée d'un vaste terrain, sur une hauteur dominant l'océan. D'un œil expert, elle nota ce qu'il y aurait à faire et comprit que les jardins coûteraient cher à entretenir. Mais quand on lui annonça le loyer, il était si bas qu'elle vit tout de suite le profit important qu'elle en tirerait. Il était si bas que, pendant un court moment, elle eut des doutes. L'agent de location lui fournit une explication qui était simple. C'était une maison particulière, mais elle était beaucoup trop grande pour être louée, à ce titre, par les gens qui venaient de la ville seulement pour se dorer au soleil. En outre, la plage sur laquelle elle donnait était parsemée de rochers et de ce fait, peu propice aux bains. Pour son utilisation normale, elle était donc trop lourde mais si Mildred pouvait s'en servir, elle serait sienne au prix indiqué. Mildred examina la vue, l'immeuble, les terrains et éprouva une joie intérieure. Brusquement, elle paya comptant 25 dollars pour une option de dix jours et le soir même retint Mrs. Gessler pour lui en parler. Elle avait à peine commencé que Mrs. Gessler l'interrompit :

— Oh taisez-vous, je vous en prie, pour l'amour de Dieu !

— Mais... Cela ne vous intéresse-t-il pas ?

— Est-ce que le canard n'aime pas l'eau ? Dites-moi, c'est à mi-chemin entre Los Angeles et San Diego, n'est-ce pas ? En plein sur la route principale et Ike a encore ses camions ! C'est la première chance honnête et providentielle qu'il aura de prendre un nouveau départ d'une manière légale, depuis ce que vous savez bien. Et cela le sortira d'ici, de ce trou sinistre. Voulez-vous que je sanglote sur votre épaule ?

— Qu'est-ce que « ce trou » vient faire là-dedans ?

— Ce n'est pas le trou, c'est Ike. O.K. Je travaille, vous comprenez, et il a cherché à occuper ses soirées. Il a trouvé. Il dit qu'il va jouer au billard et il rentre à la maison couvert de craie, je dois le reconnaître en sa faveur. Mais c'est un menteur. C'est une blonde aux cheveux frisés qui travaille dans une des usines d'antiquités à Los Feliz. Rien de sérieux, peut-être, mais il la voit. À vrai dire, c'est surtout à cause de cela que j'ai été si à cran. Alors, si j'arrive à le tirer de là, à le remettre au travail de façon qu'il puisse relever la tête... et bien peut-être cela se tassera-t-il. Allez, dites-m'en davantage.

De sorte qu'une fois de plus, Mildred connut la bousculade des transformations, des achats, des inventions et des discussions pour les contrats divers. Elle voulait calquer tout sur sa maison de Glendale, spécialiser également la succursale dans les poulets, les gaufres et les «pies», avec un petit bar. Mrs. Gessler avait d'autres projets:

— Croyez-vous qu'on vienne jusqu'au bord de la mer pour du poulet? Pas le moins du monde, et je m'y connais. On veut un repas de la côte: poisson, langouste et homard. C'est ce que nous servirons. Et c'est avec cela que nous ferons notre pelote. Ne l'oubliez pas: le poisson est bon marché. Mais il faut que nous puissions offrir une petite variante. Aussi servirons-nous des steaks grillés, juste sortis de notre four à charbon de bois!

Quand Mildred se récria qu'elle ne connaissait rien aux steaks, aux poissons, aux langoustes et aux homards et ne pouvait être d'aucun secours dans les achats, Mrs. Gessler lui répliqua qu'elle apprendrait. Ce ne fut pourtant pas avant d'avoir convoqué Mr. Otis, cet inspecteur fédéral aux viandes qui avait eu un petit sentiment pour elle au temps où elle était serveuse, que ses craintes s'apaisèrent un peu. Il vint au restaurant de Glendale un soir et confirma son impression qu'il y avait une centaine de manières de perdre de l'argent avec les steaks. Mais quand il parla avec Mrs. Gessler, il fut impressionné. Il dit à Mildred qu'elle était «à la hauteur», qu'elle savait probablement où elle voulait en venir. Cela dépendait surtout du chef, à son avis, et à la grande surprise de Mildred, il recommanda Archie, le chef du restaurant de Mr. Chris. Il assura qu'Archie avait été gâté par des années de service dans un restaurant de seconde classe et déclara « qu'il était encore le meilleur grilleur de steaks de la ville, que n'importe quel cuistot savait cuire du poisson et en tirer de l'argent, qu'elle ne devait pas s'en faire, mais que pour les steaks, elle devait avoir quelqu'un qui connaissait son affaire. Impossible de se tromper avec Archie. »

Mildred vola donc Archie à Mr. Chris et, sous sa direction sévère, on installa le gril à charbon de bois. Des panneaux furent plantés le long de la route, des annonces insérées dans les journaux de Los Angeles, et le restaurant s'ouvrit. Ce ne fut jamais la petite mine d'or qu'était devenue l'annexe d'Ida, car Mrs. Gessler ne regardait pas à la dépense et avait tendance à négliger la cuisine au profit du bar. Mais ses aptitudes à transformer en club tout ce qu'elle prenait en charge, en firent une grosse affaire. L'habileté avec laquelle elle s'exécuta excita, malgré elle, l'admiration de Mildred. Le grand salon de la maison fut transformé en bar avec boiseries d'érable et éclairages indirects. Les pièces de derrière furent réunies les unes aux autres en une suite de petites salles à manger, dont chacune avait un agréable air d'intimité. L'une d'elles ouvrit sur une véranda qui faisait le tour de la maison et où il y avait des tables pour les consommateurs amateurs de plein air, de repas en maillot et de service supplémentaire.

Mais la plus grande surprise de Mildred vint du jardin de fleurs. Elle n'aurait jamais cru Mrs. Gessler capable d'une telle faiblesse. Dans l'espace de quelques semaines, tout le sommet de la butte fut planté de buissons et c'est là, à ce qu'il apparut, que Mrs. Gessler passait ses matinées, bêchant, élaguant et plantant avec un jardinier japonais. L'eau et le jardinier coûtaient cher, mais Mrs. Gessler haussa les épaules :

— Nous voulons une boîte de première classe, mon petit, et il faut qu'elle le soit. Pour des raisons que je ne comprends pas, les types qui boivent le plus aiment à entendre le bourdonnement des abeilles.

Mais quand les fleurs commencèrent à s'épanouir, Mildred paya sans protester, car elle fut enchantée. Au crépuscule, juste avant le coup de feu du dîner, elle se promenait dans le jardin, respirait les corolles et se sentait fière et heureuse. Au cours de l'une de ses rêveries, Mrs. Gessler la rejoignit et la conduisit à deux cents mètres plus bas sur la grande route qui menait vers la ville. Puis elle s'arrêta et lui désigna quelque chose. De l'autre côté, Mildred vit l'enseigne :

GESSLER
Transports
Service Jour et Nuit.

Mrs. Gessler la regardait attentivement.

— Il est tout le temps appelé au téléphone. Il avait surtout besoin d'avoir sa chance. La semaine prochaine il va acheter un nouveau camion, le courant est remonté.

— Est-ce que tout va bien en haut ?

Mildred faisait allusion aux termes du contrat de Mrs. Gessler. Elle ne gagnait pas comme Ida 30 dollars par semaine, plus 2 % sur le chiffre d'affaires. Elle touchait 30 dollars seulement et 1 %, car le reste de son salaire était constitué par l'appartement situé au premier étage de la maison, avec éclairage, chauffage, eau, nourriture, blanchissage. Mrs. Gessler approuva :

— Tout va bien. Ike adore ces grandes pièces, la mer, les steaks, et… aussi étonnant que ce soit, il aime même les fleurs. « Service avec gardénia », voilà ce qu'il veut faire peindre sur le nouveau camion. Nous revivons, c'est le mot.

Désormais Mildred ne cuisinait plus elle-même et ne portait plus d'uniforme. À Glendale, Mrs. Kramer avait été promue au rang de cuisinière, avec une aide nommée Bella ; la place de Mrs. Gessler avait été prise par Jack, un barman ; les soirs où Mildred était à Beverly ou à Laguna Beach, Sigrid remplissait le rôle d'hôtesse et portait l'uniforme blanc. Mildred travaillait dès l'aurore, moment où commençait son marché, jusque tard après le coucher du soleil. Elle travaillait si dur qu'elle commença à se sentir dépassée et se déchargea de tout ce qu'elle pouvait facilement confier à d'autres. Elle continuait à prendre du poids. Sa silhouette avait encore quelque chose de voluptueux, mais elle était visiblement grassouillette. Son visage perdait le peu de couleur qu'il avait eu et elle ne paraissait plus, maintenant, plus jeune que son âge. En fait, elle commençait à avoir l'air d'une Matrone. Elle découvrit que même la voiture lui demandait un trop grand effort et elle engagea un chauffeur nommé Tommy, le frère aîné de Carl, celui qui conduisait la camionnette de livraison. Après quelques réflexions, elle l'emmena chez Bullock et lui acheta un uniforme, pour qu'il puisse également aider dans les différents garages. Quand Véda le vit pour la première fois en cette tenue, elle ne l'embrassa pas comme elle avait embrassé la voiture, mais elle regarda sa mère longuement, pensivement, avec un sentiment qu'on aurait pu croire fait de respect.

Et, en dépit des dépenses croissantes, du chauffeur, de la jeune fille que Mildred avait engagée pour tenir ses livres, l'argent continuait à affluer. Mildred paya le piano, paya les dettes dont Bert avait écrasé la maison ; elle remit à neuf, repeignit et acheta un nouvel équipement pour tous ses établissements, et l'argent s'empila malgré tout. En 1936, quand Mr. Roosevelt se présenta pour être réélu, elle était encore sous le coup des impôts qu'elle avait payés pour son revenu de 1935 et pendant quelques semaines elle hésita à lui demeurer fidèle. Mais alors les affaires reprirent et quand il dit : « Nous avons fait des plans dans ce sens », elle décida qu'elle devait accepter l'amer avec le doux et elle vota pour lui. Elle se mit à s'offrir des vêtements coûteux, notamment des ceintures très chères pour paraître plus mince. Elle acheta une petite voiture à Véda, une Packard 120 vert foncé « pour aller avec tes cheveux ». Sur les conseils de Wally, elle se mit en société, choisissant Ida et Mrs. Gessler comme directrices, en plus d'elle-même. D'après Wally, son plus gros danger était cette hypothétique vieille femme de Long Beach : « Vous savez bien, celle qui traverse malgré les signaux, Tommy freine quand il la heurte, et elle n'a rien du tout, mais même si elle n'a rien du tout et qu'elle découvre que vous avez trois restaurants, vous verrez ce qu'elle réclamera. Et ce n'est pas tout, un de ces jours, vous verrez s'amener ces cinq clients qui affirmeront avoir été intoxiqués par votre poisson. Une fois qu'ils seront devant un tribunal, ce qu'ils entreprendront sera tout bonnement un carnage. Mais si vous vous constituez en société, votre propriété personnelle sera toujours sauve. »

La vieille femme de Long Beach, en plus des cinq harpies malades, tourmenta terriblement Mildred, comme bien d'autres choses. Et elle souscrivit des assurances fantastiques pour la voiture, pour la fabrique de « pies », pour les restaurants. C'était horriblement cher, mais cela valait la peine pour avoir la paix.

Cependant, malgré tout son travail, les soucis, l'impression qu'il n'y avait pas assez d'heures dans la journée pour tout ce qu'elle avait à faire, Mildred se permettait un seul luxe. Peu importait la manière dont la journée se divisait, elle rentrait toujours à la maison à 3 heures de l'après-midi pour ce qu'elle appelait « sa sieste ». C'était une sieste, sans aucun doute, mais ce n'était pas la vraie raison. C'était avant tout un concert dont elle était l'unique auditrice. Quand Véda avait atteint ses seize ans, elle avait persuadé Mildred de la laisser quitter l'école pour consacrer tout son temps à la musique. Le matin, elle étudiait l'harmonie et ce qu'elle intitulait « les paperasses ». L'après-midi, elle travaillait. Pendant deux heures, elle faisait des exercices, mais à 3 heures elle attaquait des morceaux et c'était à ce moment-là que Mildred arrivait. Entrant sur la pointe des pieds par la porte de derrière, elle se glissait dans l'entrée et, pendant un moment, elle y restait à regarder dans le salon, où Véda était assise devant le piano à queue, d'un noir satiné. C'était un tableau qui ne manquait jamais de l'émouvoir : le bel instrument pour lequel elle avait tant travaillé et la non moins belle enfant qu'elle avait mise au monde : c'était un tableau qu'elle pouvait réellement croire à elle. Alors, après un doux « Je suis là, chérie », elle allait toujours sur la pointe des pieds dans sa chambre, s'allongeait et écoutait. Elle ne connaissait pas la plupart des morceaux, mais elle avait ses préférés, et, habituellement, Véda en jouait un, en particulier, une œuvre de Chopin, qu'elle préférait à tout, « parce qu'elle me rappelle cette chanson sur les arcs-en-ciel ». Assez ironique, Véda disait : « C'est évidemment une raison, maman », mais néanmoins elle le jouait. Mildred était ravie de la manière dont l'enfant se comportait. Leur intimité continuait, et Mildred riait d'avoir supposé, un moment, que Monty avait quelque chose à y voir. Elle se disait que c'était cela qui rendait tout digne d'exister.

Un après-midi, le concert fut interrompu par la sonnerie du téléphone. Véda répondit et, au son de sa voix, Mildred comprit que quelque chose n'allait pas. Véda revint et s'assit sur le lit, mais au « Qu'est-ce que c'est, chérie ? » de Mildred, elle ne répondit pas tout de suite. Puis, après un moment de silence triste, elle dit :

— Hannen a une hémoptysie.

— Oh, mon Dieu ! C'est affreux !

— Il savait que ça allait arriver. Il en avait déjà eu deux ou trois petites. Celle-ci l'a pris dans la rue, pendant qu'il revenait de la poste chez lui. Le docteur de l'ambulance a fait un beau gâchis. Il l'a enlevé par les épaules, et c'est beaucoup plus grave que cela aurait dû être. Mrs. Hannen en est presque folle.

— Tu dois aller là-bas. Tout de suite.

— Pas aujourd'hui. Il est tout empaqueté de vessies de glace et on lui donne je ne sais quel gaz à respirer. C'est affreux.

— Puis-je faire quelque chose ? Tu comprends... A-t-il besoin de plats spéciaux, je peux envoyer tout ce qu'on voudra, chaud, prêt à servir...

— Je demanderai.

Véda regarda dans la direction de la maison Gessler qui était maintenant à louer. Puis elle soupira :

— Seigneur ! Il va me manquer, ce vieil ours !

— Mais, ma parole, il n'est pas encore mort !

Mildred avait répliqué vivement. Elle avait en de tels cas la vraie tradition californienne d'optimisme : à ses yeux, il était presque blasphématoire de ne pas espérer le mieux.

Mais Véda se leva et parla tranquillement.

— Maman, c'est grave. J'ai compris à la façon dont elle gémissait au téléphone que c'était très grave... Mais moi, qu'est-ce que je vais devenir ? Je n'en sais rien !

Il s'avéra que des plats spéciaux étaient follement nécessaires dans l'espoir que le malade serait tenté de les manger et, par cela même, recouvrerait ses forces. Alors, chaque jour, pendant une semaine, un grand panier fut emporté par Tommy, rempli de poulets préparés par Mildred elle-même, de minuscules sandwiches faits par Ida, de homards présentés dans la glace par Archie, de cerises choisies par Mrs. Gessler. La « Mildred Pierce Inc. » cracha dans ses mains pour montrer ce dont elle était capable. Puis, un jour, Mildred et Véda apportèrent elles-mêmes le panier avec un gros bouquet de roses rouges. Quand elles parvinrent à la maison, le journal du matin était encore sur le gazon, une circulaire commerciale était glissée sous la porte. Elles sonnèrent. Il n'y eut pas de réponse. Véda regarda Mildred, et Tommy remporta les paquets dans la voiture. Cet après-midi-là, arriva pour Mildred un long télégramme incohérent, daté de Phœnix,

Arizona, et signé de Mrs. Hannen. Il racontait la course éperdue jusqu'au sanatorium et demandait à Mildred de faire couper le gaz.

Trois jours plus tard, alors que Mildred aidait Ida à se préparer pour la bousculade du lunch à Beverly, la voiture de Véda s'arrêta au bord du trottoir. Véda en sortit, à moitié décoiffée, l'air bizarre. Quand Mildred lui ouvrit la porte, elle lui tendit le journal sans un mot, alla jusqu'au fauteuil et s'assit. Mildred jeta les yeux sur une photo peu familière, celle de Mr. Hannen avant que ses cheveux soient devenus blancs, et lut l'annonce de sa mort avec le sentiment d'un vide affreux.

Tout le reste de la journée, Véda le passa sur les talons de Mildred, sans un mot pour Mr. Hannen, mais visiblement effrayée d'être seule. Le lendemain, elle erra dans la maison et quand Mildred rentra à trois heures, le piano était silencieux. Le jour suivant, comme elle était encore hébétée, Mildred pensa qu'il était temps de la secouer un peu. La trouvant dans le studio, elle dit :

— Bien sûr, chérie, je sais que c'était un homme exquis et que tu l'aimais beaucoup, mais tu as fait tout ce que tu devais et, crois-moi, ce sont de ces choses qui arrivent...

— Maman.

Véda parla calmement, comme on parle à un enfant.

— Ce n'est pas que je l'aimais beaucoup, ce n'est pas non plus que je n'aimais pas cette brute hirsute. Pour moi, il sera toujours le seul, et l'unique qui... oh, zut, cela n'a pas d'importance. Mais... il m'apprenait la musique, et...

— Chérie, il y a d'autres professeurs.

— D'accord, sept cents plaques et annonces dans

Los Angeles seul. Impossible de les distinguer et de plus...

Véda s'interrompit: elle avait évidemment eu l'intention de s'expliquer, puis elle avait changé d'avis. Mildred sentit venir quelque chose et attendit. Mais Véda avait sans doute décidé de ne rien dire et Mildred demanda:

— Ne peux-tu pas te renseigner?

— Il n'y en a qu'un, un seul, pour qui Hannen avait un peu de respect. Il s'appelle Treviso, Carlo Treviso — c'est un chef d'orchestre. Il dirige des opéras et des concerts au Hollywood Bowl. Je ne sais pas s'il prend des élèves pour le piano, mais il connaîtra peut-être quelqu'un.

— Veux-tu que je lui téléphone?

Véda resta si longtemps sans répondre que Mildred s'impatienta et voulut de toute façon savoir ce que Véda avait derrière la tête:

— T'inquiètes-tu pour la question argent? Tu sais que je ne lésine pas pour ton instruction, et...

— Alors... Téléphone-lui.

Le studio de Mr. Treviso était situé dans un immeuble de la ville basse de Los Angeles, de nombreuses plaques ornaient la porte et, tandis que Mildred et Véda montaient au second étage, un tintamarre de sons les assourdit: ténors vocalisant; pianistes abattant des gammes vertigineuses; violonistes raclant vivement des doubles croches. Elles ne furent pas introduites tout de suite auprès de Mr. Treviso. La porte leur fut ouverte par une femme grasse et courte à l'accent italien qui les laissa dans une antichambre sans fenêtre, et rentra dans le studio. Aussitôt, des bruits s'élevèrent. Un baryton chanta une phrase, puis s'arrêta. Ce fut ensuite une conversation assourdie. La phrase musicale recommença de nouveau, et on reparla à voix basse. Cela dura tellement que Mildred commença à s'irriter. En revanche, Véda semblait extrêmement intéressée.

— C'est la fin du prologue de *Paillasse* et il ne peut pas attraper le *si*. Il n'y a rien à faire avec ce type-là et Treviso pourrait aussi bien épargner son temps.

— Et le mien !

— Maman, il est italien. Il faut attendre.

Au même moment, le baryton, un garçon trapu, au visage rouge, surgit et s'en alla d'un air penaud.

La femme revint et les fit entrer. Mildred pénétra dans un atelier extrêmement différent de celui de Mr. Hannen. Presque aussi grand, il était loin d'être aussi austère. Un grand piano noir était placé près des fenêtres et l'ameublement l'égalait en taille aussi bien qu'en élégance. Des centaines de photographies couvraient les murs représentant toutes des célébrités si importantes que Mildred elle-même avait entendu parler de plusieurs d'entre elles. Elles étaient toutes dédicacées personnellement à Mr. Treviso. Ce gentleman lui-même, vêtu d'un complet gris au veston bordé de noir, les reçut comme un conseiller ducal aurait reçu deux dames d'honneur de moindre importance. C'était un petit Italien, mince, d'une cinquantaine d'années, à la figure osseuse et aux yeux sombres. Il écouta Mildred lui exposer la raison de leur visite, puis salua froidement et les conduisit à des sièges. Quand Véda ajouta, ce que Mildred avait oublié de mentionner, qu'elle avait travaillé avec Mr. Hannen, il devint légèrement moins cérémonieux, prit un air tragique et dit :

— Pauvre Charles ! Ah, pauvre, pauvre Charles !

Puis, il rendit hommage au jeu de Hannen et déclara qu'il n'était pas simplement un pianiste, mais un grand artiste. Puis, souriant un peu, il se permit une réminiscence.

— J'ai rencontré Charles pour la première fois en 1922. Nous avons fait ouné tour dé Italie ensemble ; je jouais ouné programme dé Respighi avec orchestre. Charles, il interprétait le concerto de Tchaïkovsky. C'était jouste après l'arrivée dé Mussolini et Charles avait peur qué quelqu'un lui fasse boire de l'houile dé ricin. Il était très effrayé. Il a acheté ouné costumé gris, ouné chapeau noir. Il a appris « Giovinezza », changé son nom en Annino et il a fait des tas dés pétites choses pour avoir l'air d'ouné Italien. Lé dernier concert était à Torino. Après lé concert, tout lé monde est allé dans ouné pétite café pour prendre ouné dernier verre, pour dire au revoir. Et l'organisateur dou concert, il sé lève, toute la salle est aussitôt tranquille. Et il fait ouné pétit discours, il dit combien Charles joue bien lé concerto de Tchaïkovsky, qué tout l'orchestre veut faire oun pétit cadeau à Charles, pour loui exprimer son admiration. Il donne à Charles ouné grandé boîte en acajou, qui a l'air de renfermer ouné coupé d'or, quelqué chose dé joliment bien. Charles fait aussi pétit discours. Loui aussi, dit qu'il remercie les camarades, qui s'est soûrement ouné grossé surprise. Il ouvre la boîte... c'était ouné rouleau dé papier hygiénique ! ! !

Le sourire de M. Treviso s'était élargi en rire et ses yeux noirs pétillaient, pétillaient si brillamment qu'ils éblouissaient presque. Fut-ce l'anecdote elle-même, la mort récente de son héros, ou la constatation qu'elle était en présence d'un esprit extrêmement éloigné du sien, mais Mildred ne fut pas le moins du monde amusée, bien qu'elle sourît un peu pour être polie. Véda, elle, affecta de trouver que c'était là l'histoire la plus amusante qu'elle eût jamais entendue et elle supplia Mr. Treviso d'en raconter d'autres. Il regarda sa montre et dit qu'il allait maintenant l'écouter jouer.

La Véda qui s'assit au piano était complètement différente de la Véda qui avait si allégrement joué devant Hannen trois ans auparavant. Elle était nerveuse et il sembla à Mildred que son admiration pour les histoires de Mr. Treviso n'avait peut-être existé que pour retarder cet instant. Véda réfléchit un moment puis, avec un visage anxieux, elle se lança dans un morceau que Mildred savait être la *Rhapsodie* de Brahms. Mildred ne l'aimait pas beaucoup. C'était, pour son goût, beaucoup trop rapide dans l'ensemble, à l'exception d'une partie lente, au milieu, qui faisait un peu penser à un hymne. Cependant, elle s'adossa confortablement et attendit les louanges que Mr. Treviso allait dispenser et qu'elle rapporterait à Ida, le soir même.

Mr. Treviso alla à la fenêtre et regarda dehors. Quand Véda arriva à la partie lente, il se tourna à moitié, comme s'il voulait parler, mais il ne dit rien et il se remit à contempler la rue. Lorsque Véda se lança de nouveau dans la partie rapide, il traversa la pièce et ferma le piano, donnant à peine le temps à Véda de retirer ses mains du clavier. Dans le silence orageux qui suivit, il alla dans le coin le plus éloigné de l'atelier et s'assit, un sourire figé sur les lèvres, comme si un entrepreneur de pompes funèbres spécialisé dans les expressions aimables l'avait soudain préparé pour qu'on l'enterre.

Il fallut un bon moment à Mildred pour comprendre ce qu'il avait fait, et pourquoi. Elle regarda alors dans la direction du piano pour suggérer à Véda de jouer un de ses morceaux plus lents. Mais Véda n'était plus là. Elle était près de la porte, elle mettait ses gants, et avant que Mildred ait pu articuler une parole, elle fut dehors. Mildred bondit sur ses pieds, la suivit et dans l'entrée l'appela. Mais Véda descendait l'escalier en courant et elle ne leva même pas les yeux. Quand Mildred, bouleversée, reprit conscience, elle vit que Tommy les reconduisait à la maison, et que Véda était assise près d'elle, le visage tordu et les poings serrés, le regard tragiquement tourné vers le sol. Au moment même où Mildred le regardait, une ligne blanche apparut sur le dos d'un de ses gants, et il éclata.

Pendant tout le trajet de retour, Mildred fulmina contre la manière dont Mr. Treviso les avait traitées. Elle n'avait jamais vu cela de sa vie. S'il n'aimait pas l'interprétation de Véda, il aurait pu le dire, comme un gentleman, au lieu de se comporter comme il l'avait fait. Cette manière de donner un rendez-vous à deux dames à quatre heures, de les faire attendre jusqu'à 5 heures moins le quart et là, alors qu'elles viennent à peine de franchir le seuil, de leur raconter une histoire de papier hygiénique — était-ce là le seul homme dans Los Angeles pour lequel Mr. Hannen ait eu du respect? Alors, son opinion sur le goût de Mr. Hannen était faite. Une grande partie de ce discours exprimait la très réelle irritation de Mildred, mais elle tendait surtout à consoler Véda, en prenant son parti dans cet incident injurieux. Véda ne dit pas un mot et quand elles arrivèrent, elle sauta de voiture et courut vers la maison. Mildred la suivit, mais quand elle parvint devant la chambre de Véda, la porte en était fermée à clé. Elle frappa. Elle frappa de nouveau avec insistance. Puis, elle ordonna à Véda d'ouvrir. Elle n'eut aucun succès: le silence s'appesantit. Letty apparut et demanda d'une voix effrayée s'il était arrivé quelque chose de fâcheux. Sans prêter attention à Letty, Mildred courut à la cuisine, y saisit une chaise et sortit dans le jardin, toujours courant. Une peur soudaine, paralysante, l'envahissait: qu'est-ce que Véda pouvait bien faire à l'intérieur? Elle plaça la chaise près de la maison, monta dessus et souleva le store. Puis elle entra dans la pièce. Véda était étendue sur son lit, contemplant le plafond comme elle avait contemplé le plancher dans la voiture. Ses poings se serraient, se relâchaient sans arrêt, et ses traits étaient tirés. Mildred qui s'était attendue à trouver, pour le moins, une bouteille de teinture d'iode vide gisant dans un coin, se sentit d'abord soulagée, puis irritée. Ouvrant la porte, elle dit:

— Eh bien! Bonté divine, tu ne devrais pas nous faire mourir de peur comme cela.

— Maman, si tu dis une fois de plus «Bonté divine», je vais hurler, tu entends, hurler!

Véda avait parlé d'une voix rauque, terrible; puis elle avait fermé les yeux. Se raidissant et étendant les bras comme si elle avait été une statue sur un crucifix, elle se mit à murmurer d'une voix amère, entre ses dents serrées:

— Tu peux l'enterrer... Tu peux l'enterrer dès maintenant... Tu peux plonger un couteau à travers son cœur... Ainsi c'est fini, fini, fini... tu n'as plus qu'à oublier qu'un jour tu as essayé, de jouer du piano... oublie même que ça existe un piano... tout ça... c'est fini...

— Mais, bonté... au nom du ciel, il n'y a pas que

le piano au monde. Tu peux... tu peux *écrire* de la musique.

S'arrêtant, Mildred essaya de se rappeler ce que Bert avait dit certain soir à propos d'Irving Berlin, mais au même moment Véda ouvrit les yeux :

— Imbécile, veux-tu me rendre folle ?... Bien sûr, je pourrais écrire de la musique. Je peux t'écrire un motet, une sonate, une valse ou un solo pour piston avec variations... n'importe quoi, tout ce que tu voudras. Et pas une note ne sera digne de l'allumette qu'il faudra dépenser pour la brûler. Tu crois que je suis un génie, n'est-ce pas ? Tu le crois, toi, qui passes ton temps à faire des châteaux en Espagne... eh bien ! c'est faux. Je ne suis que l'enfant prodige de Glendale. Je sais tout ce qu'on peut savoir en musique. Dans tous les Glendale de la terre, dans chaque Conservatoire à la manque, dans chaque université de petite ville, dans chaque concert de jardin public, il y a quelqu'un comme moi. Nous pouvons lire n'importe quoi, jouer n'importe quoi, arranger n'importe quoi : mais nous ne valons rien. Des ratées. Comme toi. Bon Dieu, je sais maintenant d'où ça me vient ! C'est drôle. J'ai démarré comme un enfant prodige, et maintenant, je sais que je ne suis qu'une ratée !

— Mais, si c'est ainsi, c'est bizarre qu'il ne l'ait pas su, ton Mr. Hannen. Et qu'il ne te l'ait pas dit. Au lieu de...

— Crois-tu qu'il ne le savait pas ? Et qu'il ne me l'a pas dit ? Il me l'a dit chaque fois qu'il m'a vue : mes accords ne valaient rien, mon jeu ne valait rien, tout ce que je faisais ne valait rien... Mais il m'aimait bien... Et il savait quels étaient mes sentiments là-dessus. Seigneur, cela comptait tellement après avoir vécu toute ma vie avec toi ! C'est pour cela qu'il a continué. Il pensait que peut-être en mûrissant, comme il disait, j'arriverais à quelque chose. Je t'en fous. Là-dedans, ou on est doué ou on ne l'est pas... et... mais, *vas-tu cesser d'avoir cet air idiot comme si c'était la faute de quelqu'un d'autre!*

— C'est sûrement la faute de quelqu'un après toutes ces années de travail...

— Tu ne comprends donc rien? Le travail, ça ne donne pas du talent! et je n'en ai pas! JE N'AI AUCUN TALENT ET ON N'Y PEUT RIEN!

Quand une chaussure siffla en passant près de son oreille, Mildred s'en alla. Elle prit son sac à main et partit pour Beverly. Elle n'éprouvait aucune colère contre cette tirade. Elle avait enfin saisi qu'il était arrivé quelque chose de catastrophique à Véda et qu'il était complètement hors de ses possibilités de le comprendre. Mais cela ne l'empêcherait pas, à sa manière, de chercher ce qu'elle pourrait faire pour aider son enfant...

CHAPITRE XIII

Au bout d'un jour ou deux, estimant que Véda était la victime d'une injustice quelconque, Mildred décida que MM. Hannen et Treviso n'étaient pas les seuls professeurs de Los Angeles ; que les batailles ne se gagnent pas en abandonnant la place mais en combattant et que Véda continuerait sa musique, que cela plaise ou non aux grands maîtres. Quand elle exposa ce plan à Véda, le regard qui, du lit, lui arriva, coupa court son discours. Alors, incapable d'abandonner sa conviction que Véda était « douée », elle décréta que c'était la danse classique qui était sa vocation. Un célèbre danseur russe venait souvent dîner à Laguna et cette autorité prétendait qu'avec l'allure de Véda et une bonne instruction russe, elle deviendrait vite une vedette. Devant ce projet, Véda bâilla presque. Mildred décida alors que Véda irait dans une des écoles locales, probablement à Marlborough, pour se préparer à entrer au collège. Cela parut bien vain, quand Véda eut répliqué : « Voyons, maman, je ne peux plus jouer au cerceau. »

Véda continua donc à bouder dans sa chambre jusqu'à ce que Mildred commence à s'en inquiéter et à se dire que, quoi que réserve l'avenir, elle devait agir dans le présent. Aussi suggéra-t-elle un jour à Véda d'inviter quelques amies et d'organiser une petite fête. Surmontant son attachement à sa maison et sa conviction que celle-ci était assez bien pour que Véda puisse y recevoir, elle dit :

— Si tu ne veux pas les inviter ici, pourquoi pas à Laguna ? On te réserverait une pièce pour toi... Je demanderais à Lucy de te préparer spécialement une table, de louer un orchestre pour que vous dansiez.

— Non, maman, merci.

Mildred aurait sans doute persisté dans cette voie sans l'intervention de Letty, qui avait entendu leur conversation.

Dans la cuisine, elle dit à Mildred :

— Si vous croyez qu'elle voudra voir ces gens-là ! Surtout ces gens de Pasadena !

— Pourquoi pas ?

— Pensez donc ! Après avoir été le chouchou de Mr. Hannen, celle qui devait aller à New York et jouer du piano comme pas une et se faire acclamer. Vous croyez qu'elle va inviter ces gens-là maintenant qu'elle est simplement Véda ? Ah ! mais non. Faut qu'elle soit la reine ou elle ne marche pas. Elle ne donnera pas de réception et vous non plus...

— Il faut pourtant faire quelque chose.

— Si vous la laissiez tranquille ?

Letty, à ce moment-là, dévouée adoratrice de Véda, avait parlé sèchement et Mildred quitta la cuisine avant de se mettre en colère. Laisser Véda tranquille était une solution qui ne lui était pas venue à l'idée, mais après s'être calmée, elle réfléchit. Elle était incapable de laisser Véda tranquille. En premier lieu, elle éprouvait une sincère inquiétude à son endroit. En second lieu, elle s'était si bien accoutumée à dominer les nombreuses vies qui dépendaient d'elle que la patience, la prudence et la tolérance, avaient presque cessé de faire partie de son caractère. Et en troisième lieu, il y avait cette tendresse qu'elle nourrissait pour Véda, qui maintenant avait imprégné chaque partie d'elle-même et coloré tout ce qu'elle faisait. Que Véda joue pour elle toute seule le morceau sur les arcs-en-ciel, c'était délicieux. Que Véda lui crie des injures, c'était pénible, mais tolérable, car au moins, c'était elle que Véda injuriait. Mais que Véda reste étendue sur son lit à contempler le plafond sans même penser à elle, ça, c'était plus qu'elle n'en pouvait supporter. Alors même qu'elle essayait d'être impartiale, de juger loyalement la réflexion de Letty, elle décidait en elle-même que Véda était, en réalité, douée pour le cinéma et elle cherchait déjà par quel moyen un directeur de production, client d'Ida, pourrait s'intéresser à elle.

Ce brillant projet cependant ne fut jamais approfondi. Véda le mit en pièces. Elle apparut brusquement à Laguna un soir, commanda gaiement un cocktail, vint à bout d'un steak de 3 dollars 50 et se mêla aimablement à ceux qui étaient là. Incidemment, avant de partir, elle demanda à Mildred si elle pouvait commander quelques nouveaux vêtements, expliquant qu'elle était gênée d'aller où que ce soit « avec ces nippes ». Ravie du moindre symptôme d'une reprise d'intérêt, Mildred ferma les yeux sur le cocktail et lui dit de commander ce qu'elle voudrait.

Elle fut un peu estomaquée quand les factures commencèrent à arriver et qu'elles montèrent à plus de 1 300 dollars. Elle fut inquiète quand elle vit les toilettes. Jusqu'à ce jour, Véda avait porté la tenue tranquille, bien coupée, presque sans sexe, admise par Pasadena comme convenable pour les jeunes filles de son âge. Maintenant, avec ses grands chapeaux coûteux et ses élégantes robes ajustées, cette poudre, ce fard et ce rouge sur le visage, elle semblait être une personne nouvelle. Elle était extraordinairement jolie. Ses cheveux, toujours d'un or doux, cuivré, étaient coupés et tombaient en boucles sur ses épaules. Ses taches de rousseur avaient disparu, donnant à la partie supérieure de son visage — celle qui ressemblait tant à Bert — encore plus de chic : des ombres délicates sous ses yeux ajoutaient à sa réelle beauté, et si le bleu de ses yeux, aussi bien que le dessin résolu de la bouche étaient un peu durs, ils évoquaient aussi le monde moderne, les boulevards, les théâtres et les voitures aérodynamiques. Elle avait peu grandi durant ces trois années. Bien que son port augmentât sa taille, elle était à peine plus grande que Mildred. Et soit que sa silhouette se fût allongée, ou qu'elle eût pris forme, ou qu'il y eût quelque mystérieuse transformation, toujours était-il que les « lolos » n'étaient plus ces protubérances singulières qu'ils avaient été lorsque Monty s'en était plaint. Son buste s'harmonisait agréablement et même d'une manière assez excitante avec l'ensemble. Mais ce qui bouleversa Mildred quand ce nouvel attirail arriva, ce fut la constatation que son enfant n'était plus une enfant. À 17 ans, elle était une femme et une femme d'une astuce peu commune. Mildred essaya d'apprécier les robes et n'y parvint pas. Incapable de les incriminer, elle s'en prit au manteau trois quarts en loutre, réplique exacte de celui qu'elle avait choisi pour elle-même des années auparavant et qu'elle n'avait jamais acheté. Agressive, elle dit qu'un tel achat n'aurait jamais dû être fait « sans qu'elle ait été consultée ». Mais quand Véda le passa, appela Mildred « sa maman chérie », l'embrassa et lui demanda la permission de le garder, elle céda.

De ce jour, elle vit à peine Véda. Le matin, quand elle s'en allait, Véda dormait encore, et le soir, quand elle rentrait, Véda n'était pas à la maison, car elle ne revenait pas avant deux ou trois heures du matin. Une nuit, lorsque la voiture de Véda dut s'y prendre à plusieurs fois avant d'entrer au garage, que des pas traînèrent pesamment dans l'entrée, Mildred comprit que Véda était ivre. Mais quand elle voulut entrer dans la chambre de Véda, la porte était fermée à clé et elle n'obtint pas de réponse. Puis, un après-midi, quand elle revint à la maison pour sa sieste, elle aperçut la voiture de Véda, et aussi une jeune fille nommée Elaine. Elle apprit qu'Elaine habitait à Beverly et qu'elle se disait actrice, bien que, lorsque Mildred demanda quels films elle avait interprétés, elle répondît simplement : « des rôles de composition ». Elle était grande, jolie, vulgaire, et instinctivement Mildred la détesta. Mais comme c'était la première jeune fille que Véda eût choisie comme amie, elle essaya « d'être gentille avec elle ». Puis Mildred commença à entendre jaser. Ida la prit un soir dans un coin et commença une longue diatribe à mi-voix :

— Mildred, ça ne me regarde pas, mais il est temps que vous sachiez ce qui se passe. Véda est venue ici une douzaine de fois, avec cette fille qu'elle emmène partout, et pas seulement ici, mais chez Eddie, de l'autre côté de la rue, et ailleurs. Elles n'y vont que pour lever des hommes. Et quels hommes ! Elles se baladent partout dans la voiture de Véda et quelquefois elles emmènent un homme avec elles, d'autres fois il y en a jusqu'à cinq. Cinq, Mildred ! Un jour j'en ai vu trois à l'intérieur assis sur leurs genoux et deux autres à l'extérieur, un sur chaque marchepied. Et chez Eddie, elles boivent...

Mildred estima qu'elle devait parler de tout cela à Véda et un dimanche matin elle rassembla tout son courage pour attaquer. Mais Véda affecta d'être blessée :

— Après tout, maman, c'est toi qui m'as dit que je ne pouvais pas rester ici tout le temps. Et juste parce que cette peste d'Ida... oh, ne parlons pas d'elle ! Tu n'as aucune raison de t'inquiéter, maman. J'essaye de faire du cinéma, c'est tout. Et Elaine peut être ce qu'elle est... il ne faut pas en faire un plat. Je sais que ce n'est pas brillant, mais elle connaît des producteurs. En fait, elle les connaît tous. Et il faut en connaître si l'on veut faire un bout d'essai.

Mildred essaya consciencieusement d'accepter cette version. Elle se souvint que c'était elle qui avait pensé au cinéma. Mais elle se sentit profondément malheureuse, presque physiquement malade.

Un après-midi, Mildred était au restaurant de Glendale et faisait l'inventaire avec Mrs. Kramer, quand Arline vint à la cuisine lui dire qu'une Mrs. Lenhardt désirait la voir. Puis, baissant la voix, Arline ajouta, toute excitée : « Je crois que c'est la femme du producteur. »

Mildred se lava rapidement les mains, les sécha et sortit. Elle sentit alors son visage devenir rouge. Arline avait annoncé Mrs. Lenhardt, mais la femme qui était auprès de la porte était cette même Mrs. Forrester à laquelle elle s'était présentée, des années auparavant, pour obtenir une place d'intendante. Elle avait juste eu le temps de se rappeler que Mrs. Forrester avait eu l'intention de se remarier quand la dame se retourna, et s'avança, rayonnante, les mains tendues et d'une amabilité inquiétante :

— Mrs. Pierce ? J'ai toujours *tellement* désiré vous rencontrer. Je suis Mrs. Lenhardt, Mrs. John Lenhardt, et je suis sûre que nous allons résoudre magnifiquement notre petit problème.

Cet accueil laissa Mildred profondément inquiète et tandis qu'elle conduisait Mrs. Lenhardt à une table, elle se demanda anxieusement ce que cela voulait dire. Elle eut une peur panique que cela eût quelque rapport avec cette visite faite autrefois. Si Véda découvrait que sa mère avait un jour essayé d'obtenir une place de servante, les conséquences en seraient horribles. En s'asseyant en face de sa visiteuse, elle décida tout à coup que, quelle que fût la raison de cette visite, elle nierait tout : elle nierait avoir jamais vu Mrs. Forrester auparavant, avoir jamais été chez elle, avoir même jamais envisagé une situation d'intendante. Elle avait à peine pris cette décision qu'elle vit Mrs. Forrester la regarder attentivement.

— Mais, ne vous ai-je pas déjà rencontrée, Mrs. Pierce ?

— C'est possible... dans un de mes restaurants.

— Oh ! je ne vais jamais au restaurant, Mrs. Pierce.

— J'ai une filiale à Beverly. Vous vous y êtes peut-être arrêtée un jour pour prendre une tasse de chocolat. C'est probablement là que vous m'avez vue. Si je vous avais vue, moi, je m'en souviendrais.

— Cela ne fait pas de doute...

Cependant Mrs. Lenhardt continuait visiblement à chercher. Arline apparut et commença à épousseter les tables. Il sembla à Mildred que les oreilles d'Arline étaient plus grandes que d'habitude, aussi elle l'appela et demanda à Mrs. Lenhardt ce qu'elle pouvait lui offrir. Mrs. Lenhardt ayant refusé, Mildred déclara d'une manière significative qu'Arline aurait tout le temps de s'occuper des tables plus tard. Mrs. Lenhardt se blottit dans son manteau comme une poule dans son nid, puis elle susurra :

— Je suis venue pour parler de nos enfants, Mrs. Pierce... de nos chers petits, serais-je presque tentée de dire parce que c'est ce qu'ils sont pour moi.

— Nos...

— Votre Véda... elle est si adorable, Mrs. Pierce. Je n'ai jamais été touchée par un enfant comme par votre Véda, sauf par... mon fils, bien sûr.

Mildred, nerveuse et effrayée, ouvrit de grands yeux pendant un moment et dit :

— Mrs. Lenhardt, vraiment je ne sais à quoi vous faites allusion.

— Oh, allons, allons, Mrs. Pierce.

— Franchement, je ne sais rien.

Le ton de Mildred était net et Mrs. Lenhardt la regarda plus attentivement, un sourire sur les lèvres, les yeux sceptiques. Puis elle éclata d'un rire aigu, haut perché :

— Oh, après tout c'est exact, vous ne savez pas ! Que je suis donc stupide, Mrs. Pierce ! J'aurais dû vous expliquer que mon fils, mon petit, c'est Sam Forrester.

Comme Mildred ouvrait toujours des yeux étonnés, Mrs. Lenhardt comprit enfin qu'elle était sincère. Son attitude se modifia, elle se pencha en avant et demanda avec curiosité :

— Voulez-vous me faire croire que Véda ne vous a rien dit ?

— Pas un mot.

— Ah !

Mrs. Forrester fut visiblement très heureuse à l'idée

de pouvoir donner à Mildred sa propre version de la situation. Elle enleva ses gants et, pendant quelques minutes avant de commencer, elle parut jauger Mildred. Puis :

— Dois-je commencer par le commencement, Mrs. Pierce ?

— Je vous en prie.

— Ils se sont rencontrés chez moi... il semble que c'était hier, en fait, cela fait plusieurs semaines. Mon mari — vous avez sans aucun doute entendu parler de lui —, mon mari est un producteur de cinéma et il pensait à Véda pour un rôle. Comme il le fait souvent avec ces petites lorsque nous donnons une réception, il l'invita... Véda et son amie Elaine, une autre adorable enfant, Mrs. Pierce. Mon mari la connaît depuis des années et...

— Oui, je l'ai rencontrée.

— Ainsi, ce fut dans ma propre maison, Mrs. Pierce, que Véda et Sam se rencontrèrent. Et voilà qu'ils eurent le coup de foudre, ce n'est pas autre chose. Ça ne peut être autre chose car mon fils, Mrs. Pierce, est si sincère, si...

— Voulez-vous dire qu'ils se sont fiancés ?

— J'y arrive. Non, je ne peux pas dire qu'ils sont fiancés. En réalité, je sais que Sammy n'y a jamais pensé... Tandis que Véda, d'une manière ou d'une autre, a eu cette idée... Je la comprends, bien sûr. C'est si normal. Toutes les jeunes filles veulent se marier, mais Sam n'y songeait pas, je veux que vous en soyez convaincue.

Sa voix s'était élevée. Elle était devenue un peu plus perçante et Mrs. Lenhardt agita un index raide vers Mildred quand elle poursuivit :

— Et je suis tout à fait sûre, Mrs. Pierce, que vous

allez être d'accord avec moi pour reconnaître qu'un mariage entre eux serait extrêmement indésirable.

— Pourquoi ?

Pour Mildred, le mariage de Véda aurait été une catastrophe, mais devant l'attitude de Mrs. Lenhardt, elle se hérissa avec une partialité violente. Mrs. Lenhardt trancha :

— Parce que ce sont encore des enfants ! Véda n'a pas plus de 19...

— Elle a 17 ans.

— Et mon fils 20. C'est trop jeune, Mrs. Pierce, c'est vraiment trop jeune. De plus, ils évoluent dans deux mondes différents...

— Quels mondes différents ?

Les yeux de Mildred étincelaient et Mrs. Lenhardt fit marche arrière en toute hâte :

— Ce n'est pas exactement ce que je voulais dire, Mrs. Pierce. Disons qu'ils viennent de différentes communautés. Ils ont des éducations différentes, un idéal différent, des amis différents. Et puis Sam a toujours été habitué à avoir beaucoup d'argent...

— Croyez-vous que Véda ne l'a pas été aussi ?

— Je suis sûre qu'elle a tout ce que vous pouvez lui donner...

— Vous découvrirez peut-être qu'elle a été habituée à avoir autant d'argent que votre fils, plus peut-être. Je ne suis pas précisément à la mendicité... je peux vous en assurer.

— Mais vous ne m'avez pas laissée finir, Mrs. Pierce. Si Véda est habituée à la fortune et à une situation brillante, c'est encore une raison de plus pour que cette éventualité ne puisse être envisagée une seule seconde. Je veux mettre les choses bien au point ; si Sam se marie, il devra compter seulement sur lui et cela risque d'être très dur pour deux jeunes gens, nés tous les deux avec «une cuillère d'argent dans la bouche», comme nous disons, de vivre avec ce qu'il sera capable de gagner.

Ceci bien exprimé, Mrs. Lenhardt essaya de retrouver son calme et Mildred en fit autant. Elle expliqua que c'était la première fois qu'elle entendait parler de cette affaire et qu'elle devait en discuter avec Véda avant de pouvoir dire ce qu'elle en pensait. Mais, tandis que Mrs. Lenhardt déclarait poliment que c'était une excellente idée, Mildred commença à soupçonner que toute la vérité n'avait pas été dévoilée. Tout à coup et vivement, elle demanda:

— Pourquoi Véda aurait-elle eu cette idée, et pas votre fils?

— Mrs. Pierce, je ne fais pas de transmission de pensée.

Mrs. Lenhardt avait répliqué rageusement, le rouge lui était monté aux pommettes. Elle ajouta:

— Mais laissez-moi vous dire ceci: si vous, ou votre fille ou qui que ce soit, cherchez par un nouveau stratagème, à faire chanter mon fils...

— Faire... quoi?

La voix de Mildred avait claqué comme un coup de fouet et pendant quelques minutes, Mrs. Lenhardt ne parla pas. De toute évidence, elle venait de comprendre qu'elle en avait trop dit et cherchait à redevenir discrète. Ses efforts n'eurent aucun succès. Quand elle eut laissé ses narines palpiter un certain nombre de fois, elle explosa:

— Vous ferez aussi bien de vous mettre dans la tête tout de suite, Mrs. Pierce, que j'empêcherai ce mariage. Je l'empêcherai par tous les moyens, et par les voies légales, si c'est nécessaire.

La manière dont elle articula avec précision sonna d'une façon menaçante.

À ce moment, la vérité qui se cachait derrière cette visite commença à se faire voir à Mildred et elle devint subitement calme, froide, calculatrice. Levant les yeux, elle vit Arline, occupée de nouveau à son ménage, les oreilles plus grandes que jamais. Elle l'appela, lui ordonna de ranger les chaises à la table à côté et tandis qu'elle s'approchait, Mildred se tourna aimablement vers Mrs. Lenhardt :

— Je vous demande pardon ? Je ne vous écoutais pas.

La voix de Mrs. Lenhardt s'éleva, devint presque un cri :

— Je dis que s'il y a d'autres menaces, d'autres hommes de loi à ma porte, d'autres tours comme ceux qu'elle nous a joués, je la ferai arrêter, je la ferai poursuivre pour chantage. Je n'hésiterai pas un instant, car j'ai atteint les limites de la patience !

Et après avoir haleté quelques minutes, Mrs. Lenhardt se leva et sortit. Mildred regarda Arline.

— Avez-vous entendu ce qu'elle a dit ?

— Je n'écoutais pas, Mrs. Pierce.

— Je vous ai demandé si vous aviez entendu ce qu'elle a dit ?

Arline examina Mildred avant de répliquer. Puis :

— Elle a dit que si Véda continuait à faire chanter son fils pour qu'il l'épouse, elle mettrait la police à ses trousses.

— Rappelez-vous-en, au cas où j'aurais besoin de vous.

— Oui, m'dam.

Ce soir-là, Mildred n'alla ni à Laguna, ni à Beverly. Elle resta chez elle, à se promener de long en large.

Elle était torturée par la crainte qu'Arline eût, à l'heure qu'il était, raconté l'histoire à tout le monde au restaurant; torturée par l'incertitude de l'importance du pétrin dans lequel Véda s'était fourrée; torturée enfin par une jalousie maladive, nauséeuse, physique, qu'elle ne pouvait vaincre. À 11 heures, elle alla dans sa chambre et s'allongea, jetant une couverture sur elle sans se déshabiller. Vers une heure, quand la voiture de Véda dérapa dans l'allée, elle n'attendit pas de se heurter à une porte fermée, mais bondit et retrouva Véda dans la cuisine :

— Maman !... Tu m'as fait peur !

— Je suis désolée, chérie. Mais il faut que je te parle. Il est arrivé quelque chose.

— Bon... laisse-moi au moins enlever mon chapeau.

Mildred alla dans le studio, soulagée de ne pas avoir senti l'odeur de l'alcool chez sa fille. Au bout d'une minute, Véda entra, s'assit, alluma une cigarette et bâilla :

— Moi, je trouve les films assommants, pas toi ? Du moins ceux de Nelson Eddy. Ce n'est pas sa faute, car ce n'est pas la façon dont il chante, c'est ce qu'il chante qui est moche. Et puis, il n'a rien à voir avec leur longueur terrible.

Mildred essayait misérablement de trouver un début. D'une voix basse, timide, elle commença :

— Mrs. Lenhardt est venue me voir aujourd'hui. Mrs. John Lenhardt.

— Oh, vraiment ?

— Elle m'a dit que tu étais fiancée avec son fils, ou que tu avais l'idée de te faire épouser ou... je ne sais plus quoi.

— Elle est très bavarde. Quoi d'autre ?

— Elle s'y oppose.

En dépit de ses efforts, Mildred avait été incapable de prendre un bon départ. Elle explosa :

— Chérie, de quoi parlait-elle ? Qu'est-ce que tout cela veut dire ?

Véda fuma pensivement pendant un moment, puis elle dit de sa manière claire, suave :

— Eh bien, prétendre que c'est moi qui désire que Sam et moi nous nous mariions, c'est beaucoup, car ils s'en sont donné un mal. Le papa se démenait comme un diable pour me faire faire un bout d'essai, la maman me réclamait à la maison, matin, midi et soir, et le fiston me téléphonait, m'écrivait et me télégraphiait même que si je ne l'épousais pas, il mettrait fin à sa jeune vie... c'était plutôt une conspiration. Je n'ai rien fait, je n'y ai même pas songé tant que cela ne m'a pas semblé judicieux.

— Que veux-tu dire par judicieux ?

— Voyons, maman, c'était vraiment très gentil, ou, du moins, cela semblait tel ; ils étaient tous très encourageants et je n'avais pas été spécialement heureuse depuis... la mort d'Hannen. Elaine avait un charmant petit appartement. Et j'étais sûrement très indiscrète. Et puis voilà qu'après le grand élan donné par la famille, ils ont changé du tout au tout, hélas ! Et me voici avec mon paquet. On peut dire que j'ai été idiote.

S'il y avait la moindre douleur, la moindre intonation tragique dans son récit, ce n'était pas perceptible pour une oreille ordinaire. Il ressortait plutôt un certain regret d'avoir fait une bêtise, peut-être un peu de pitié pour soi-même, mais dans l'ensemble une sorte d'indifférence. Mildred ne s'arrêta pas à de telles subtilités. Elle voulait comprendre, connaître le point capital, fondamental. Elle s'assit auprès de Véda et dit :

— Chérie, explique-moi, réponds-moi. Il le faut. Es-tu... vas-tu avoir un bébé ?

— Oui, maman, je le crois.

Pendant une seconde, la jalousie bouleversa Mildred au point qu'elle en eut des nausées. Alors Véda la regarda d'une manière charmante, contrite, comme une qui a péché, mais qui est sûre du pardon, et elle laissa tomber sa tête sur l'épaule de Mildred. À ce geste, le malaise disparut et un frémissement secoua Mildred. Elle attira Véda sur son sein, la tint serrée, la caressa et pleura un peu.

— Pourquoi ne m'as-tu rien dit ?

— J'avais peur.

— De moi ? De ta mère ?

— Non ! Non ! Du chagrin que cela te ferait, maman chérie ? Tu sais bien que je ne peux supporter de te voir malheureuse ?

Mildred ferma les yeux un moment pour savourer cette tendre flatterie. Puis, à un souvenir, elle demanda :

— Qu'est-ce qu'elle voulait dire en parlant d'hommes de loi ?

— De quoi ? De la police ?

— Je le pense... À sa porte.

— Ma parole, c'est drôle !

Véda s'assit, alluma une autre cigarette et rit d'un rire argentin, ironique.

— D'après ce que j'ai appris du jeune monsieur depuis que c'est arrivé, je dirais volontiers que n'importe quelle figurante du Central Casting, peut-être même les huit mille et pour la même raison, pourraient avoir envoyé la police à sa porte. Il a des goûts très éclectiques. C'est vraiment drôle quand on y réfléchit un peu, n'est-ce pas ?

Espérant de nouvelles assurances doucereuses, Mildred demanda à Véda si elle n'aimerait pas dormir avec elle «juste pour cette nuit», mais Véda répondit qu'elle avait à réfléchir seule et elle partit dans sa chambre. Pendant toute la nuit, Mildred fut tenue éveillée par la jalousie qui la rongeait. Au matin, elle alla au restaurant de Glendale et téléphona à Bert. Sans Tommy, elle roula jusqu'au tournant proche de la maison de Mrs. Biederhof et embarqua Bert dans sa voiture. Puis, démarrant en direction des collines, elle se mit à parler. Elle raconta tout ce qui lui semblait avoir un rapport quelconque avec cette histoire commençant par l'hémoptysie de Mr. Hannen et appuyant fortement sur les réactions de Véda à ce moment. Quand elle en arriva à Mr. Treviso, le visage de Bert s'assombrit et il s'emporta contre cette «pourriture, ce sale Italien» qui osait traiter une jeune fille de pareille façon. Puis, avec de plus en plus de difficultés, Mildred parla d'Elaine, de la boisson et des allusions troublantes d'Ida. Enfin, sans transition, à peine capable de parler davantage, ou de conduire, elle nomma Mrs. Lenhardt. Alors, essayant de raconter sa conversation avec Véda, elle perdit contenance et explosa :

— Bert ! Elle va avoir un enfant ! Elle va être mère !

La main crispée de Bert la saisit par le bras :

— Halte ! Arrête cette bon dieu de voiture. Il faut que je... que j'aie un endroit où je puisse bouger.

Elle s'arrêta sur le côté du boulevard Foothill. Bert sortit et commença à faire les cent pas auprès de sa voiture. Puis il se mit à jurer. Il dit, Bon Dieu, qu'il allait tuer ce fils de putain, même si c'était la dernière chose qu'il puisse faire sur cette terre. Il dit qu'il allait le tuer même s'il risquait d'être pendu et son âme rôtie en enfer. Avec des imprécations encore plus effrayantes, il entra dans tous les détails depuis le lieu où il achèterait l'arme, la manière dont il chercherait à s'assurer du garçon, ce qu'il lui dirait quand ils se trouveraient face à face et comment il lui ferait son affaire. Mildred contemplait l'absurde petite silhouette qui marchait de long en large et une fierté sauvage, brûlante, commençait à la réchauffer. Même ses jurons lui donnaient une satisfaction bizarre, morbide. Mais au bout d'un moment, elle appela :

— Viens, Bert.

Il monta auprès d'elle, se cacha la figure dans les mains et pendant un instant, elle crut qu'il allait pleurer. Comme il n'en faisait rien, elle fit démarrer la voiture et dit : « Je savais que tu le tuerais, Bert. Je savais que tu y penserais et je suis fière de toi. Je t'aime pour cela. » Elle prit sa main, s'y agrippa et les larmes lui vinrent aux yeux, car il avait rejoint sa propre peine et, par sa férocité, l'avait adoucie.

— Mais cela n'arrangerait rien pour Véda. S'il meurt, cela ne la mènera à rien.

— C'est vrai.

— Qu'allons-nous faire ?

Jouant sur les mots, Mildred aborda la question d'une intervention. C'était un sujet auquel elle ne connaissait pas grand-chose et qu'elle haïssait non seulement à cause du danger physique, mais parce que cela allait à l'encontre de tous les instincts de sa nature féminine. Bert la coupa net avec un geste :

— Mildred, les femmes meurent souvent au cours de cette intervention. Elles meurent. Et nous n'allons pas la laisser mourir. Nous en avons perdu une, c'est assez. Dieu ! j'affirme qu'elle ne subira aucune intervention, pour faciliter les choses à un sale petit rat qui a abusé d'elle et qui maintenant veut la plaquer.

Bert, les yeux étincelants, se tourna alors vers Mildred :

— Il va l'épouser. Voilà ce qu'il va faire. Quand il aura donné un nom à son enfant, alors il pourra courir. Il fera mieux de filer et de filer vite, avant que je l'attrape. Il peut aller au diable, c'est tout ce que je lui souhaite, mais auparavant, il s'avancera aux côtés de Véda et dira « oui ». J'y veillerai.

— C'est la seule solution, Bert.

Mildred conduisait et elle avait maintenant le vague sentiment qu'ils étaient revenus exactement à leur point de départ. C'était très bien de dire que le garçon devait épouser Véda, mais comment pouvaient-ils l'y obliger ? Soudain, elle déclara :

— Bert, je vais prendre un avoué.

— C'est juste ce que j'étais en train de penser.

— Toi et moi nous ne pouvons rien. Un temps précieux passe et il faut agir. D'abord assurons-nous du concours d'un avoué.

— D'accord. Et fais-le vite.

Véda se levait à peine quand Mildred rentra. Fermant la porte, elle s'adressa à l'ébouriffée en kimono vert.

— J'ai tout raconté à ton père. Nous avons eu une longue conversation. Il est d'accord pour que nous prenions un avoué. Je vais faire appel à Wally Burgan.

— C'est une excellente idée... maman... En fait, j'ai déjà fait appel à lui.

— Tu... quoi ?

Véda parlait d'une voix endormie et avec un peu d'impatience.

— Maman, comprends donc, j'ai essayé d'arranger tout moi-même sans te causer d'ennuis ? J'ai essayé de t'épargner. Je veux te faciliter les choses.

Mildred cligna des yeux et essaya de s'adapter à cette révélation stupéfiante.

Wally arriva vers trois heures. Mildred le conduisit dans le studio, puis elle s'en alla et envoya Letty faire des courses qui lui prendraient tout l'après-midi. Quand elle revint, Véda était là, vêtue d'une simple petite robe bleue qui avait coûté 75 dollars à Mildred, et Wally regardait les photos de Bert assistant aux banquets. Il déclara qu'il se retrouvait chez lui et tranquillement aborda le sujet. Il dit qu'il avait fait sa petite enquête et que la situation était à peu près ce qu'il s'était imaginé.

— Le garçon entre en possession de la galette le jour de ses 21 ans, c'est là le principal. Je ne sais pas combien cela fait exactement, mais c'est sûrement dans la catégorie des 6 chiffres. Il doit hériter. Pas moyen pour la mère, le beau-père ou qui que ce soit d'escamoter les livres pour le laisser à l'écart. S'il meurt, sa femme à ce moment-là a droit à sa part de la communauté. C'est pourquoi ils se démènent tant. Voilà de quoi il s'agit et c'est seulement ce dont il s'agit. C'est pourquoi, ils en font une maladie. Cela n'a rien à voir avec une trop grande jeunesse, un amour réciproque ou un non-amour réciproque, les différentes manières dont ils ont été élevés, ou quoi qu'ait pu vous raconter la mère. Ce n'est rien que la vieille musique habituelle.

Quand Wally s'arrêta, Mildred respira profondément et parla lentement, en élevant un peu la voix.

— Wally, cela ne m'intéresse pas de savoir s'il hérite, ni de combien il hérite, ou quoi que ce soit à ce sujet. Aussi longtemps que je vivrai, je ne crois pas que Véda sera dans le besoin. Mais une situation a été créée. C'est une terrible situation pour Véda, et la seule chose que ce garçon puisse faire à ce sujet est d'épouser ma fille. S'il est un garçon convenable, il fera son devoir de sa propre initiative, sans s'occuper de sa famille. Sinon, nous l'y forcerons. Wally, cette femme a dit beaucoup d'autres choses que je n'ai pas répétées à Véda, mais j'ai des témoins pour le prouver : sur la loi, sur ce qu'elle ferait, etc. J'irai exactement aussi loin qu'elle le voudra. Si c'est l'unique moyen, je veux que ce garçon soit arrêté... et vous pouvez lui confier qu'il doit s'estimer heureux de n'avoir affaire qu'à la police et non à Bert.

— L'arrêter peut être un peu délicat.

— N'avons-nous pas des lois ?

— Il a fui.

Wally jeta un coup d'œil à Véda qui réfléchit quelques instants, puis murmura :

— Je crois qu'il vaut mieux lui dire.

— Voyez-vous, Mildred, nous y avons déjà pensé. Il y a deux ou trois jours, une semaine peut-être, j'ai emmené Véda au bureau du Shérif et je lui ai fait demander, sous serment, un mandat d'arrêt contre Sam. Pas question de viol comme le veut la loi, ni rien d'aussi déplaisant. Seulement quelques petites réclamations morales, et le même après-midi, deux agents ont été là-bas pour le lui signifier. Sam n'était pas là. Et jusqu'à...

— C'est pourquoi elle m'a parlé d'hommes de loi !

Véda s'agita, assez mal à l'aise sous le regard sévère de Mildred.

— Tu comprends, maman, si tu fais allusion à ce que j'ai dit la nuit dernière, je dois t'avouer que je ne savais pas alors qu'ils y avaient été.

Mildred se tourna vers Wally :

— Il me semble que pour une chose de cette importance, une affaire aussi sérieuse, j'aurais dû être la première personne à qui vous auriez parlé. Qu'est-ce que ces manières de faire faire une démarche sans que, moi, j'en sache quoi que ce soit !

— Hé ! attendez avant de vous emballer !

Les yeux de Wally étaient devenus très froids ; il se leva et se mit à marcher de long en large avant de poursuivre :

— D'abord, tenez compte d'une chose : j'ai une certaine conscience professionnelle. En réalité, j'ai voulu vous en parler. Nous avons souvent discuté auparavant, n'est-ce pas ? Mais quand ma cliente m'a stipulé expressément que je ne devais rien vous dire, pourquoi voulez-vous...

Quand Mildred se retourna, Véda était prête :

— Maman, il serait peut-être temps que tu te mettes dans la tête qu'après tout, c'est moi, et non toi, la principale intéressée dans cette petite affaire. Je n'en suis pas très fière. J'admets que c'est ma faute et que j'ai été très stupide. Mais quand j'agis comme je le dois, quand j'essaye de t'ôter toute inquiétude, de t'épargner du chagrin, il me semble que tu devrais me faire confiance et penser que j'ai quelques raisons valables d'agir comme je le fais au lieu de m'accuser des pires pensées...

— Jamais de ma vie, je...

— Maintenant, maman, écoute : personne ne t'a demandé le moindre secours et puisque Wally a accepté, ce qui est une grande faveur pour moi, de m'aider, je crois que le moins que tu puisses faire, c'est de le laisser nous dicter notre conduite, car j'imagine qu'il en sait davantage que toi dans ce domaine.

Comme Mildred se calmait, un peu effrayée par la voix de Véda, Wally reprit de ce ton impersonnel qu'il avait adopté au début :

— Bon, pour le moment, après ce qui a été fait, c'est à eux d'agir. À tout bien considérer, nous avons gagné le premier round. En obtenant le mandat d'arrêt, nous avons prouvé que nous avions l'intention d'aller jusqu'au bout. À cause des charges morales, le jury voudra, avant tout, connaître l'âge de la jeune fille... ensuite, ce sera liquidé. Qu'ils l'aient mis à l'abri si vite, prouve qu'ils savaient à quoi s'en tenir. C'est grave pour eux. Tant que le mandat restera lancé contre lui, il n'osera pas revenir dans l'État de Californie, il ne pourra pas retourner au Collège, ni même se servir de son vrai nom. Bien entendu, nous avons d'autres moyens de pression, par exemple poursuivre la mère, mais alors les journaux s'empareraient de l'affaire et ça, ça ne vaut rien. Je conseille donc de laisser les choses comme elles sont. Ils devront tôt ou tard s'adresser à nous, et plus nous aurons l'air de ne pas nous inquiéter, plus notre position sera excellente.

— Mais, Wally !

La voix de Mildred était gémissante, désespérée :

— Wally ! Le temps passe ! Les jours passent. Réfléchissez à la condition de cette enfant. Nous ne pouvons pas attendre. Nous...

— Je crois que nous devons laisser faire Wally.

Le ton glacial de Véda mit fin à la discussion, mais toute la journée et toute la nuit Mildred se tourmenta et le lendemain matin, elle était folle de rage. Quand Tommy vint aux ordres à midi, elle se fit conduire chez Mrs. Lenhardt pour « vider la question avec elle ». Mais comme ils arrivaient dans l'avenue, elle aperçut, en grande conversation avec le chauffeur d'un camion de livraison, le maître d'hôtel qui l'avait introduite, ce fameux matin autrefois. Elle sentit que, lui, il se souviendrait d'elle et, brusquement, elle ordonna à Tommy de continuer son chemin. Quand la voiture passa devant la maison, elle se recula en arrière pour ne pas être vue. Puis, elle se fit conduire chez Ida et téléphona à Bert. Laissant Tommy à Beverly, elle alla de nouveau chercher Bert au coin de chez Mrs. Biederhof et elle l'emmena vers les collines.

Bert écouta et hocha la tête.

— Hé, Mildred! Je regrette que tu ne m'aies pas indiqué que tu pensais à Wally Burgan. Je te l'avoue, je n'aime pas ce gars-là, et je n'aime pas la façon dont il fait les affaires. Lui dire de mettre le pied sur l'accélérateur, c'est comme... tu vois bien que cela fait huit ans qu'il liquide les Maisons Pierce, n'est-ce pas? Et elles ne sont pas encore liquidées. Il n'essaye pas de faire épouser Véda. Il fait seulement monter la note!

Ils continuèrent de rouler, s'efforçant chacun de trouver une solution, et soudain Bert la découvrit:

— Qu'il aille au diable! Ce que nous voulons, c'est trouver ce garçon, n'est-ce pas?

— Exactement. Tandis que...

— Ce qu'il nous faut, c'est un détective privé.

Un tressaillement terrible traversa Mildred. Enfin, elle avait l'impression qu'elle parviendrait à son but. Ils discutèrent avec acharnement, puis Bert lui demanda de le conduire jusqu'à un drugstore où il pourrait consulter un annuaire. Elle s'arrêta dans San Fernando et Bert sauta avant que la voiture soit complètement arrêtée. Il fut de retour au bout d'une minute, un papier à la main:

— J'en ai trois, numéros de téléphone et adresses.

Allons d'abord à l'agence Simons. J'en ai entendu parler, et c'est ici, dans Hollywood, pas trop loin.

L'agence de détectives Simons était installée dans un petit bureau d'un étage de Vine Street, et Mr. Simons était un avenant petit homme aux cheveux noirs embroussaillés. Il écouta attentivement Bert lui exposer le problème et se retint de poser des questions embarrassantes. Puis, il se balança en arrière sur sa chaise et déclara qu'il ne voyait pas à priori de difficultés insurmontables. Il avait eu souvent des affaires de ce genre et, la plupart du temps, il était parvenu à des résultats. Cependant, en l'occurrence, puisque le temps avait une extrême importance, certaines dépenses seraient nécessaires et il devait demander une avance.

— Il me faut deux cent cinquante dollars afin d'obtenir, d'abord la photo du jeune homme, puis d'autres renseignements dont j'ai besoin. Je dois mettre un agent au travail et cela me coûte dix dollars par jour. Puis, il me faudra offrir une récompense, et...

— Récompense ?

Mildred eut soudain la vision d'une horrible photo épinglée dans les bureaux de poste.

— Oh, ne vous inquiétez pas, Mrs. Pierce.

Mr. Simons semblait avoir deviné sa crainte.

— C'est strictement confidentiel et personne n'en saura rien. Cependant, nous travaillons avec nos correspondants et ils ne sont pas dans le métier pour leur plaisir. Disons qu'une récompense de 50 dollars sera amplement suffisante. Je dois aussi faire imprimer nos feuilles volantes et payer le salaire d'une dactylo pour taper les adresses sur 2 000 enveloppes, et...

Bert proposa de payer la moitié de l'avance, immédiatement, et l'autre moitié quand le garçon serait retrouvé, mais Mr. Simons secoua la tête :

— Cet argent, j'aurai à le donner avant de commencer. Réfléchissez, je n'ai encore rien dit de mes services. Bien sûr, d'autres maisons feront cela à meilleur marché, et vous êtes parfaitement en droit d'aller où bon vous semble. Mais, comme j'ai coutume de le constater, moins on paie, plus lente est l'affaire... et plus risquée.

Mildred fit le chèque. Sur le chemin du retour, tous deux se félicitèrent de ce qu'ils avaient décidé et ils se mirent d'accord pour garder cela entre eux, sans rien en confier à Véda, ou à Wally, avant d'avoir quelque chose « à leur montrer ». Et pendant plusieurs jours, Mildred se glissa discrètement dans des cabines téléphoniques pour parler à voix contenue à Mr. Simons. Enfin, un après-midi, il lui demanda de passer le voir. Elle prit Bert au, passage et ensemble, ils se rendirent au petit bureau. Mr. Simons souriait largement :

— Nous avons eu de la chance. À vrai dire, ce n'est pas exactement de la chance. Dans notre métier, on n'est jamais trop consciencieux. Nous avons découvert que, lorsqu'il a quitté la ville, le jeune homme conduisait une des voitures de son beau-père et parce que j'ai pu inscrire ce tuyau sur une feuille volante, nous avons déjà un résultat. Voici la note détaillée et si vous voulez bien me donner le chèque pendant que la secrétaire tape l'adresse...

Mildred écrivit un chèque de 125 dollars, soi-disant pour « services ». Mr. Simons lui mit dans la main une carte portant une adresse.

— C'est un ranch modeste près de Winslow, dans l'Arizona. Le jeune homme vit sous son vrai nom et je ne pense pas que vous aurez la moindre difficulté à le trouver.

En revenant, Mildred et Bert feuilletèrent le dossier des feuilles volantes de Mr. Simons. L'une montrait le visage agréable mais mou du jeune garçon qu'ils voulaient pour gendre. Avec nervosité, ils discutèrent de ce qu'ils allaient faire et en arrivèrent à la conclusion, exprimée par une phrase de Bert, qu'il fallait « se débarrasser de cette histoire ». Quand Mildred déposa Bert, ils étaient d'accord que l'heure était venue de se servir de Wally, et assez tristement Mildred rentra chez elle. Elle alla à la cuisine et envoya Letty faire une autre course prolongée. Quand la bonne fut partie, elle se précipita dans le studio et appela Wally au téléphone. D'une voix aiguë, elle lui raconta tout et lui lut l'adresse obtenue par Mr. Simons. Il lui demanda d'attendre une minute, pour qu'il prenne un crayon. Puis, il lui fit répéter l'adresse lentement et dit alors :

— Parfait ! c'est un appoint. C'est toujours une bonne chose à savoir en tout cas.

— Que voulez-vous dire, en tout cas ?

— Au cas où ils se montreraient rétifs !

— N'allez-vous pas téléphoner au bureau du Shérif ?

— Aucune utilité à lâcher le morceau à moitié cuit. Nous les avons menés là où nous voulions et comme je vous l'ai expliqué, notre jeu est de les obliger à venir à nous. Laissez courir, c'est tout, et...

— Wally, je veux que ce garçon soit arrêté.

— Mildred, pourquoi ne me laissez-vous pas...

Mildred raccrocha le récepteur et bondit, les yeux étincelants, le chapeau légèrement de travers. Quand elle se retourna pour se précipiter dehors, Véda était à la porte. Immédiatement, Mildred se lança dans une violente diatribe contre Wally.

— Il n'essaye même pas d'agir. Je lui ai indiqué où est le garçon. Un détective l'a découvert... et il ne veut toujours rien faire. Eh bien, c'est la dernière fois qu'il m'entend ! Je vais au bureau du Shérif moi-même !

Toute vibrante de sa vertueuse et digne résolution, Mildred bondit en direction de la porte. Elle se cogna à Véda qui semblait s'être placée là pour bloquer la voie. Puis son poignet fut pris dans un étau de fer et lentement, impitoyablement, elle fut repoussée en arrière jusqu'à ce qu'elle tombe sur le divan.

— Tu ne bougeras pas !

— Laisse-moi ! Pourquoi me pousses-tu ainsi ? Que veux-tu dire, pourquoi ne bougerais-je pas ?

— Si tu vas chez le Shérif, ils ramèneront ici le jeune Mr. Forrester. Et s'ils le ramènent, il voudra m'épouser, or il se trouve que cela ne me convient pas. Cela t'intéressera peut-être d'apprendre qu'il est déjà revenu. Il s'est glissé ici deux fois, et je me suis bien amusée à exiger de lui qu'il soit gentil, qu'il reste là où sa maman l'avait casé. Il est absolument fou de moi. J'ai fait tout pour cela. Mais pour ce qui est du mariage, tu m'excuseras, je préfère de beaucoup avoir de l'argent.

Mildred enleva son chapeau et regarda la froide et splendide créature, qui était assise en face d'elle et qui bâillait comme si toute cette histoire l'assommait. Les événements des derniers jours commencèrent à repasser dans l'esprit de Mildred et, en particulier, l'étrange amitié qui était née entre Wally et Véda. Un éclair luit dans ses yeux et son visage devint dur.

— Maintenant je sais ce que cette femme voulait dire par chantage. Tu essayes seulement de l'affoler, d'affoler toute la famille pour en tirer de l'argent. Et tu n'es même pas enceinte !

— Maman, au point où j'en suis, c'est une affaire d'opinion, et mon opinion est que je le suis.

Les yeux de Véda avaient brillé tandis qu'elle parlait et Mildred désira faire marche arrière, éviter l'une de ces scènes dont elle sortait toujours battue, humiliée et blessée. Mais, en elle, une vague sourde se gonflait, une colère qui prenait naissance dans la jalousie maladive des nuits précédentes, qui lui donnait l'impression de vouloir l'étouffer.

Sa voix tremblait quand elle parla :

— Comment peux-tu avoir fait une chose pareille ? Si tu aimais ce garçon, je n'aurais pas dit un mot. Tant que j'ai cru que tu l'aimais, je n'ai pas dit un mot, pas un pour te blâmer. L'amour est un droit pour les femmes, et quand cela t'arrivera d'aimer, j'espère, pour toi, que tu donneras tout et plus même. Mais affirmer que tu l'aimes, mentir, pour lui soutirer de l'argent… comment peux-tu ?

— En mettant mes pas dans les empreintes de ceux de ma mère.

— Qu'est-ce que tu dis ?

— Oh ! tu me fatigues. Rappelle-toi la date de ton mariage et celle de ma naissance. Calcule toi-même. La seule différence, c'est que dans ce temps-là tu étais un peu plus jeune que je ne le suis… d'un mois ou deux. C'est donc de l'hérédité.

— Pourquoi crois-tu donc que j'ai épousé ton père ?

— C'est plutôt lui qui t'a épousée. Maintenant si tu fais allusion à la raison pour laquelle tu t'es laissée… renverser, je crois que c'est pour la même raison que moi… pour l'argent.

— Quel argent ?

— Maman, écoute, je commence à en avoir assez. Voyons, papa n'a pas d'argent aujourd'hui, mais à cette époque, il était riche et je suis bien sûre que tu le savais. Quand l'argent a fondu, tu l'as fichu à la porte. Et quand tu as divorcé, il était dans la rue, si fauché, que la Biederhof a dû le ramasser chez elle. Tu l'as dépouillé on ne peut plus généreusement de la seule chose qui lui restait, c'est-à-dire de cet adorable, incomparable et grandiose palais dans lequel nous vivons.

— C'est lui qui l'a voulu ainsi, pas moi. Il tenait à faire son devoir, envers toi et envers Ray. De plus la maison était couverte d'hypothèques dont, seul, il ne pouvait même pas payer les intérêts...

— Quoi qu'il en soit, tu l'as acceptée.

Ce fut là que Mildred comprit : l'ennui manifesté par Véda était pure affectation. En réalité, elle jouissait du mal qu'elle faisait et elle avait probablement préparé à l'avance ses principaux arguments. En temps normal, cela aurait suffi pour que Mildred recule et cherche la réconciliation, mais une rage intérieure cette fois la stimulait. Elle essaya de rester calme, puis, elle éclata :

— Et pourquoi ? Me le diras-tu, pourquoi l'ai-je acceptée ? Ne t'ai-je pas donné tout ce que l'argent peut procurer ? T'ai-je jamais refusé une seule chose ? Quoi que tu désires ne pouvais-tu me la demander, au lieu de recourir au... chantage. Car cette femme avait raison : ce n'est que cela ! Chantage ! Chantage ! *Chantage !*

Dans le silence qui suivit, Mildred eut peur d'abord, puis elle redevint brave, tandis qu'en elle la rage persistait. Véda tira sur sa cigarette, réfléchit et demanda :

— Veux-tu vraiment savoir pourquoi ?

— Je t'ordonne de me le dire !

— Alors... puisque tu insistes. Avec assez d'argent, je pourrai enfin m'en aller loin de toi, pauvre idiote.

Loin de toi et de ta Charrette à Pies, de tes poulets, de tes gaufres, de tes cuisines, et de tout ce qui sent la graisse. Loin de cette bicoque que tu as extorquée par chantage à mon père en le menaçant à propos de la Biederhof, loin de son joli petit garage pour deux voitures, de son ameublement pouilleux. Loin de Glendale, de sa médiocrité, de ses usines d'ameublement, de ses femmes qui portent des uniformes et de ses hommes en bleus de travail. Loin de toute cette, saleté qui me rappelle ce trou... ou toi...

— Je comprends.

Mildred se leva et mit son chapeau.

— Eh bien, c'est heureux que j'aie découvert tes projets à temps, car je peux te dire tout de suite que si tu avais exécuté ton plan, ou si tu avais même essayé de l'exécuter, tu serais partie plus tôt d'ici que tu ne l'aurais voulu.

Elle se dirigea vers la porte, mais Véda y fut avant elle. Mildred rit et déchira la carte que lui avait donnée Mr. Simons.

— Oh, tu n'as pas à avoir peur que j'aille chez le Shérif maintenant. Il leur faudra un bon moment et à toi aussi avant qu'ils apprennent, par moi, où se cache ce garçon.

De nouveau, elle avança vers la porte, mais Véda ne bougea pas. Mildred recula et s'assit. Si Véda avait cru la faire céder, elle s'était trompée. Mildred s'assit et resta là sans un mouvement, le visage dur, froid, implacable. Au bout d'un long moment, le silence fut déchiré par la sonnerie du téléphone. Véda bondit vers l'appareil. Après quatre ou cinq monosyllabes, brèves, énigmatiques, elle raccrocha et se tourna vers Mildred avec un sourire méchant :

— C'était Wally. Cela t'intéresse-t-il d'apprendre qu'ils sont prêts à composer avec moi.

— Et toi ?

— Je vais les rencontrer dans son bureau.

— Alors, sors d'ici, et tout de suite.

— C'est moi qui déciderai cela et je déciderai quand...

— Tu vas prendre toutes tes affaires à l'instant ou à ton retour tu les retrouveras au milieu de l'avenue.

Véda hurla des injures à l'adresse de Mildred, mais rapidement elle sentit que cette fois, pour une raison inconnue, les choses n'allaient pas comme d'habitude. Elle sortit, fit reculer sa voiture jusqu'à la porte de la cuisine et commença à embarquer ses affaires qu'elle rangea dans le coffre arrière. Mildred resta assise, immobile, et quand elle entendit partir la voiture de Véda, sa colère était si froide qu'il lui semblait ne presque rien sentir du tout. Il ne lui vint pas à l'esprit qu'elle agissait beaucoup moins comme une mère que comme un amant qui, à l'improviste, découvre une preuve d'infidélité, et se venge.

CHAPITRE XIV

Ce fut au moins six mois après cette scène que Bert téléphona pour l'inviter à l'émission de radio. Pour Mildred, ces six mois avaient été sombres. Elle avait découvert assez vite où vivait Véda. C'était dans un immeuble de petits appartements élégants de l'avenue Franklin à Hollywood. Chaque fibre de son être avait désiré s'y rendre, retirer ce qu'elle avait dit, rétablir, ou essayer du moins de rétablir la situation comme elle avait été. Mais quand cette pensée traversa son esprit, ou, plus exactement, se planta dans son cœur comme une flèche brûlante, elle durcit son visage comme s'il avait été coulé dans du métal, et, pas une seule fois, elle ne passa devant la porte de Véda. Et, cependant, même dans sa solitude, son lien avec Véda se maintenait, la rongeant douloureusement, comme une sorte de cancer. Elle découvrit le rye[1] et durant les rêves brumeux de sa sieste quotidienne, elle se représentait Véda, tombant de plus en plus bas, affamée, raccommodant des bas usés jusqu'à la corde, obligée enfin de revenir chez sa mère, repentante, en larmes, pour obtenir son pardon. Cette vision de l'ave-

1. Alcool de seigle.

nir était cependant obscurcie par le fait que Mildred ne savait pas exactement combien Véda avait extorqué aux Lenhardt et que, par conséquent, elle ne pouvait calculer avec précision le moment où, vraisemblablement, l'indigence la frapperait. Mais Bert contribua à donner du poids au drame, sinon à la vérité.

Ayant essayé sans aucun succès de s'appuyer sur ses droits de père pour tirer des renseignements de Wally et ayant même menacé de «tout suspendre» si les données ne lui étaient pas fournies, il avait seulement appris que son consentement n'était pas nécessaire pour cet arrangement, car les Lenhardt désiraient seulement une décharge de Véda, une lettre signée par elle et niant toute intimidation, promesse ou grossesse. Mais cet épisode avait donné à Bert une opinion, s'il était possible, encore plus lamentable que celle qu'il avait déjà, de l'honnêteté de Wally, et il affirmait que «Wally l'aurait jusqu'au dernier centime avant la fin de l'année» et que par conséquent rien n'importait, ni ce que les Lenhardt verseraient, ni ce qu'il toucherait, ni ce qu'elle toucherait. Mildred s'empara vivement de cette théorie pour se représenter une Véda bernée, non plus seulement glacée, affamée et en haillons, mais aussi horriblement meurtrie moralement, et aspirant à retrouver une mère forte et silencieuse qui saurait tenir tête à Wally ou à n'importe qui. Presque chaque jour, quand cette scène se précisait devant ses yeux, avec mille petites variantes et des embellissements, elle éprouvait toujours la même extase brève, au moment où elle se voyait attirant une Véda en pleurs dans ses bras, l'embrassant, respirant l'odeur de ses doux cheveux cuivrés, et l'assurant de son affection, de sa compréhension et de son pardon. Elle fermait les yeux sur une légère invraisemblance : dans la vie réelle, Véda pleurait rarement.

Quand Bert lui parla de l'émission, il lui fallut un moment pour rassembler ses idées :

— Quelle émission ?

— Mais... celle de Véda.

— Veux-tu dire qu'elle passe à la radio ?

— Elle chante, si j'ai bien compris.

— Véda ? Elle chante ?

— Je crois qu'il vaudrait mieux que je vienne t'expliquer.

Le temps qu'il arrive, Mildred était tremblante d'émotion. Elle découvrit la page de la radio dans le *Times* et vit, sans doute possible, la photo de Véda, avec la nouvelle que « la chanteuse bien connue se ferait entendre ce soir à 8 h 30 dans le programme de Hank Sommerville (Jambon-O-Snack) ». Bert avait vu l'*Examiner,* mais pas le *Times*. Ils regardèrent ensemble la photo et rirent des commentaires sur la beauté de Véda. Quand Mildred voulut savoir, en passant, depuis combien de temps Véda chantait, Bert déclara rapidement que ce n'était pas lui qui pourrait lui répondre, comme pour nier toute participation à un secret dont Mildred avait été tenue à l'écart. Mais un moment après, il ajouta que, d'après ce qu'il avait su, Véda chantait à la radio depuis un bon moment déjà, dans les petits programmes de l'après-midi auxquels personne ne fait attention, et que c'était ainsi qu'elle avait obtenu une chance de passer sur une grande antenne nationale. Mildred sirota le rye qu'elle était en train de boire, remplit deux autres verres, et Bert avoua que cette invitation avait été en réalité, une idée de Mrs. Biederhof.

— Elle a pensé que cela compterait beaucoup plus pour toi que pour elle. C'est pourquoi je t'ai appelée.

— C'est vraiment très chic de sa part.

— C'est une véritable amie.

— Ainsi tu veux que nous allions au studio ?

— Naturellement. C'est émis depuis les studios de la National Broadcasting Corporation, à deux pas d'ici, dans Hollywood, et nous pourrons voir et entendre.

— Ne faut-il pas des billets ?

— ... J'en ai deux.

— Comment ?

— J'en ai eu.

— Par Véda ?

— Peu importe. Je les ai.

À l'expression que prit le visage de Mildred, Bert s'avança vivement vers elle et lui saisit la main :

— Voyons, pourquoi réagis-tu ainsi ? Oui, elle m'a téléphoné et les billets m'attendent là-bas. Elle va te téléphoner, bien entendu, elle va le faire. Mais pourquoi t'aurait-elle téléphoné dans la matinée, comme elle l'a fait pour moi ? Elle sait que tu n'es jamais à la maison le matin. Et puis, il y a autre chose : elle a probablement été très prise. J'ai entendu dire qu'ils entraînent durement les chanteurs, les faisant répéter le jour d'une émission jusqu'à l'épuisement. O.K., ils l'ont retenue là-bas, elle ne peut pas aller au téléphone. Mais ce n'est pas sa faute. Elle téléphonera. Naturellement, elle téléphonera.

— Oh non. Elle ne *me* téléphonera pas.

Comme Bert ne connaissait pas tous les détails du départ de Véda, son optimisme était compréhensible. Il considérait évidemment ce point comme peu important, car il se mit à bavarder amicalement, en sirotant son rye. Il déclara que cette émission prouvait certainement que l'enfant avait vraiment de l'étoffe pour être admise dans un endroit comme celui-là avec un grand orchestre de jazz, et sans que personne d'autre qu'elle-même l'ait aidée. Il dit qu'il devinait ce que Mildred ressentait mais qu'elle le regretterait certainement ensuite, si elle laissait une petite chose comme celle-là l'empêcher d'assister à la première grande chance de sa fille. Car c'était, on ne pouvait le nier, une grande chance. Les vedettes de la chanson accompagnées par ces orchestres aux noms célèbres, ça fait de l'argent, pas d'erreur. Et quelquefois, si elles ont le coup de veine à leur première émission, elles atteignent le sommet.

Mildred laissa un faible et pitoyable sourire courir sur ses lèvres. Si Véda était parvenue là, elle n'y voyait rien à redire. Pourtant, cela semblait tout de même drôle, cette différence entre ce que Véda aurait pu être et ce qu'elle était.

— Il y a un an ou deux, c'était un plaisir de l'écouter. Elle jouait tous les classiques, les plus grands surtout. Ses amis étaient du meilleur monde. Ce n'était pas mes amis, mais ils étaient sûrement du meilleur monde. Son esprit était préoccupé par des questions distinguées. Mais, quand Mr. Hannen est mort, je ne sais ce qui l'a prise. Elle s'est mise à vagabonder avec des gens vulgaires, épouvantables. Elle a rencontré ce garçon. Elle a laissé Wally Burgan la monter contre moi. Et maintenant : Hank Sommerville. C'est cela, de Beethoven à Hank Sommerville, en un peu plus d'un an. Non, je ne veux pas aller à cette émission. Cela me rendrait trop triste.

En toute vérité, Mildred n'était pas aussi hostile à Mr. Sommerville ou au genre « vedette » que ses remarques semblaient l'indiquer. Si Véda lui avait téléphoné, elle n'aurait été que trop heureuse de considérer cela comme «son premier pas» et de se rendre avec toute son adoration à l'émission. Mais que Véda ait téléphoné à Bert et pas à elle, la rendait malade, et sa rancœur comportait un poison distillé par des raisins trop verts: et c'est pourquoi être une «vedette» devenait pour elle la forme la plus basse du succès. L'idée que Bert pût se rendre là-bas sans elle l'ulcérait aussi. Elle insista donc pour qu'il y emmène Mrs. Biederhof, mais il comprit et murmura misérablement qu'il n'irait pas non plus. Brusquement elle lui demanda quel avantage ils auraient à aller au studio. Ne pouvaient-ils simplement écouter la radio? Pourquoi même n'iraient-ils pas à Laguna pour mieux entendre? Elle lui offrirait à dîner, un beau steak par exemple, et puis, ensuite, elle ferait porter la radio dans la véranda par Mrs. Gessler et ils écouteraient Véda sans complications inutiles. Quand il entendit mentionner le steak, le pauvre Bert se redressa et reconnut qu'il avait souvent eu envie de voir la maison de Laguna. Elle répondit qu'ils pouvaient y aller tout de suite dès que Tommy ramènerait la voiture. Il dit O.K. et partit, à pied, se changer et mettre des vêtements plus appropriés à un restaurant de grande classe.

À Laguna, Mildred afficha une grande indifférence pour l'événement imminent et ne raconta pas grand-chose aux serveuses, aux cuisiniers et aux clients qui lui parlèrent de la photo de Véda dans le journal et lui demandèrent si elle n'était pas émue que sa fille chante à la radio. Bert, au contraire, ne fut pas aussi réticent. Tandis que son steak était sur le gril, il tint salon au bar, raconta en gros et en détail tout ce qui concernait Véda, et affirma que si un timbre de voix chaud devait plaire, l'enfant gagnerait. Quand ce fut presque l'heure et que Mrs Gessler brancha la grosse T.S.F. sur la véranda, Bert eut une audience d'une douzaine de personnes autour de lui et il fallut apporter d'autres chaises. C'étaient deux ou trois jeunes filles, deux couples de gens mariés, et pour le reste, des hommes. Mildred avait décidé de se désintéresser de toute cette histoire, mais vers 8 h 25, la curiosité l'emporta. Accompagnée de Mrs. Gessler, elle sortit à son tour et il y eut une joyeuse levée en masse pour lui donner un siège. Un ou deux hommes se retrouvèrent perchés sur la balustrade.

Le premier indice auquel Mildred comprit que l'émission ne serait peut-être pas aussi triomphale que Bert l'avait cru, lui apparut au moment où Mr. Sommerville affecta de s'évanouir et d'être ranimé, assez bruyamment, par les membres de son jazz. L'émission avait commencé de la manière habituelle : les Krazy Kaydets avaient imité le hurlement des sirènes de la marine et s'étaient lancés à bonne allure dans *Anchors Aweigh*. Puis Mr. Sommerville s'était adressé à son auditoire et avait présenté Véda. Quand il lui avait demandé si Véda Pierce était son vrai nom et qu'elle l'avait affirmé, il s'était informé plaisamment si sa voix était anormalement perçante. À ces mots, les Kaydets avaient fait retentir un gong de navire et Véda avait hurlé non, mais son cri l'était et elle l'avait menacé de ce qu'il verrait s'il lui faisait encore des remarques semblables. L'auditoire du studio avait ri, et le groupe installé sur la véranda de Laguna s'était esclaffé, surtout Bert qui se tapait sur les cuisses. Un homme au veston bleu, assis sur la balustrade, avait hoché la tête avec approbation.

— Elle lui a bien envoyé ça.

C'est alors que Mr. Sommerville avait demandé à Véda ce qu'elle allait chanter. Elle nomma la *Polonaise* de *Mignon* et ce fut là qu'il s'évanouit. Tandis que les Kaydets s'agitaient autour de lui, que l'auditoire du studio s'esclaffait et que le gong résonnait, Bert s'adressa à l'homme au veston bleu :

— Qu'est-ce donc, cette polonaise ?

— Un grand air d'opéra. C'est pour expliquer que c'est un peu au-dessus des moyens des Kaydets.

— Ah ! je comprends.

— Ne vous en faites pas. Ça ira.

Mildred, qui trouvait la comédie d'assez mauvais goût, n'écoutait pas. Les Kaydets attaquèrent alors l'introduction. Et Véda se mit à chanter. Un frisson, complètement inattendu, courut le long du dos de Mildred. La musique ne lui était pas familière et Véda chantait dans une langue étrangère qu'elle ne comprenait pas. Mais la voix elle-même était si chaude, si riche, si vibrante qu'elle dut lutter contre l'effet que cela lui produisait. Tandis qu'elle essayait de se remettre de sa surprise, Véda lança un faisceau de notes en cascade et s'arrêta. L'homme au veston bleu posa son verre sur une table et dit : « Hay ! Hay ! Hay ! »

Après une ou deux mesures jouées par l'orchestre, Véda recommença et un nouveau frisson parcourut Mildred. Puis ce fut comme si des vagues froides et douloureuses la submergeaient et elle dut combattre ses propres réactions. Elle était oppressée par le sentiment d'une monstrueuse injustice : comment cette enfant qui aurait dû être châtiée par l'adversité, pouvait-elle, là, face au monde entier, chanter sans le moindre soutien maternel. En quelque sorte, tout ce qu'elle avait imaginé dans ces derniers mois était renversé et Mildred s'en voulait de réagir comme elle le faisait et, cependant, elle n'y pouvait rien.

Bientôt Véda s'arrêta, la musique se modifia légèrement et l'homme au veston bleu but une gorgée :

— O.K. jusqu'ici. Maintenant en avant pour le trapèze volant.

Lorsque Véda reprit, Mildred s'agrippa à sa chaise, en proie à une véritable panique. Il semblait impossible que quelqu'un pût atteindre des hauteurs de sons aussi vertigineuses, tenter une telle gymnastique vocale sans faire une fausse note, une épouvantable erreur qui anéantirait tout son effort. Mais Véda ne fit pas une faute. Elle poursuivit, allant toujours tandis que l'homme au veston bleu sautait de la rampe, attiré par l'appareil, oubliait son verre, oubliait tout, sauf cette voix qui s'envolait dans la nuit. Bert et les autres le regardaient dans une sorte d'attente fascinée. À la fin, quand la dernière note, incroyablement haute, flotta au-dessus du final de l'orchestre, il leva les yeux vers Mildred :

— Bon Dieu ! Avez-vous entendu ça ? Avez-vous...

Mais Mildred n'attendit pas qu'il achève. Elle se leva brusquement et alla se promener en bas, au milieu des fleurs, renvoyant d'un geste de la main Bert et Mrs. Gessler qui l'appelaient et cherchaient à la suivre. Se frayant un passage au milieu des massifs, elle atteignit la falaise qui dominait la mer et resta là, serrant ses doigts les uns contre les autres, se pinçant les lèvres jusqu'à n'en faire qu'une ligne mince, implacable. Car, et personne n'avait besoin de le lui dire, ce n'était pas une dégringolade honteuse de Beethoven à Hank Sommerville, une aventure vulgaire pour devenir vedette, c'était la réalisation de tout ce qu'elle avait rêvé pour Véda, de tout ce en quoi elle avait cru, de tout ce pour quoi elle avait travaillé, de ce à quoi elle avait consacré sa vie. La seule différence était que ce rêve s'était réalisé, mille fois plus beau que celui qu'elle avait tant caressé. Aussi, quoi qu'il puisse advenir, quels que soient les moyens à employer, elle savait qu'elle ferait revenir Véda vers elle.

Cette résolution fut chaude à son cœur mais au fond d'elle, comme une arête plantée en travers de sa gorge, elle sentit aussi la détermination que ce devait être à Véda, et non à elle, de faire le premier pas. Elle tenta de repousser cette impression et se fit conduire un matin chez Véda avec la ferme intention de s'arrêter, de tirer la sonnette et d'entrer. Mais dès qu'elle fut près du petit immeuble blanc, elle ordonna précipitamment à Tommy de ne pas stopper et se renfonça loin dans la voiture pour éviter d'être vue, tout comme elle l'avait fait un matin devant chez Mrs. Lenhardt. Les joues brûlantes, elle se sentit stupide et lorsque ensuite elle décida à nouveau de rendre visite à Véda, elle conduisit la voiture elle-même et s'y rendit seule. Mais cette fois encore, elle fila sans s'arrêter. Puis elle prit l'habitude de passer ainsi devant chez Véda, le soir, avec l'espoir de l'apercevoir. Une fois, elle la vit et elle rangea rapidement la voiture au bord du trottoir. Veillant à ne pas claquer la portière, elle sauta hors de la voiture et se glissa jusqu'à la fenêtre. Véda était assise au piano, elle jouait. Et, tout à coup, la voix miraculeuse envahit tout, traversant verre et maçonnerie comme s'ils n'existaient pas. Mildred attendit, tremblant toute, que la chanson fût finie, puis elle courut à sa voiture et se sauva.

Mais les émissions continuèrent. L'impression d'être laissée en dehors de tout cela ne cessa de croître en Mildred et devint intolérable. Véda ne participa plus au programme du Jambon-O-Snack. À la stupeur de Mildred, elle passa régulièrement à la radio le mercredi à 3 h 15, durant ce qu'on appelait l'heure Treviso, réservée aux élèves-stars de ce même Treviso qui avait, un jour, fermé si brutalement le piano sur ses doigts. Ce fut après avoir écouté deux de ces émissions, après s'être enivrée du chant de Véda et de tout ce que le speaker disait d'elle, que Mildred eut une idée. Grâce à Mr. Treviso, elle contraindrait Véda à l'appeler au téléphone pour la remercier de ce qu'elle avait fait pour elle. Ensuite l'honneur serait sauf et tout deviendrait possible.

Et voilà que Mildred se retrouva dans la même vieille antichambre, avec les mêmes vocalises filant bon train de l'autre côté de la cloison, et son irritation augmentant de plus en plus. Mais quand enfin Mr. Treviso la reçut, elle était persuadée d'avoir repris le contrôle entier d'elle-même. Comme il ne semblait pas la reconnaître, elle se présenta et il la regarda attentivement, puis salua, mais sans dire un mot. Elle lui débita alors un petit discours qu'on sentait volontairement sec :

— Mr. Treviso, je suis venue vous voir pour une question strictement confidentielle ; d'ailleurs lorsque je vous en aurai dit la raison, je suis convaincue que vous serez de mon avis. Je crois que ma fille Véda prend maintenant des leçons avec vous. Or, pour des raisons qu'elle connaît bien, elle préfère n'avoir aucun rapport avec moi pour le moment et, de mon côté, je n'ai envie ni d'intervenir dans sa vie ni de l'obliger à me fournir des explications. Cependant, j'ai un devoir vis-à-vis d'elle quant aux dépenses nécessitées par son éducation musicale. C'est moi, Mr. Treviso, qui ai pris la responsabilité de lui faire étudier, d'une manière sérieuse, la musique et même si elle préfère vivre séparée de moi, j'estime encore que ses études doivent dépendre de moi. Je voudrais donc qu'à l'avenir et sans qu'elle en sache le moindre mot, vous m'adressiez la note de vos honoraires à moi, et non à elle. J'espère que vous ne trouverez pas ma requête déraisonnable.

Mr. Treviso s'était assis et écoutait avec son sourire de masque mortuaire. Pendant quelques instants, il examina attentivement ses ongles. Puis il se leva :

— Je souis très désolé, Madamé, mais c'est ouné soujet qui ié né peux pas discouter avec vous.

— Je suis également désolée, Mr. Treviso, mais je suis sûre que vous devez en discuter avec moi. Véda est ma fille, et...

— Madamé, vous m'excouserez, ié avais ouné rendez-vous.

Il traversa la pièce à pas pressés, alla à la porte et l'ouvrit comme si Mildred était la reine de Naples. Il ne se passa rien. Mildred, assise, croisa ses jambes, toujours harmonieuses, d'une manière qui indiquait clairement qu'elle n'avait aucune intention de partir avant d'avoir réglé cette affaire. Treviso fronça les sourcils, regarda sa montre :

— Oui, ouné important rendez-vous. Vous m'excouserez s'il vous plaît ?

Il sortit alors et Mildred resta seule. Au bout de quelques minutes, la petite bonne femme entra, chercha un morceau de musique, s'assit au piano et commença à jouer. Elle joua fort ; puis elle recommença plusieurs fois et, chaque fois, elle tapa de plus en plus fort. Cela dura près d'une demi-heure, peut-être, et Mildred ne bougea pas. Mr. Treviso revint et fit sortir la pianiste. Il marcha de long en large pendant quelques minutes, fronçant fort les sourcils. Enfin il alla fermer la porte. Puis il s'assit près de Mildred et toucha son genou de son long index osseux :

— Pourquoi voulez-vous qué cette fillé révienne ? Dites-le-moi ?

— Mr. Treviso, vous vous méprenez sur mes motifs. Je...

— Pas dé méprise, pas dé méprise dou tout. Si jé dis à Véda, toi joliment veinarde, enfant, quelqu'un d'autre veut payer la noté maintenant. Vous croyez qu'elle n'aura aucoune idée dou tout, qu'elle né saura pas à qui téléphoner, à qui dire : « Merci c'est chic, tu sais, veux-tu me voir ? »

— Ce n'est pas ainsi, Mr. Treviso, mais je suis sûre que s'il arrivait que Véda découvre qui paye pour elle et qu'elle me téléphone, je trouverais bien dans mon cœur...

— Écoutez-moi. Jé vous dis ouné chose. Moi, ça m'est égal qui paye. Mais jé vous dis : vous voulez entendre cette fillé chanter, achetez oune billet, payer oune dollar, payez deux dollars. Si oune billet coûte houit dollars, O.K., vous payez houit dollars, mais n'essayez pas d'entendre votre fille gratis. Parcé qué céla vous coûterait peut-être plous qué né vaut le Metropolitan Opera tout entier.

— Ce n'est pas une question d'argent.

— Non, mon Dieu, cé n'est pas ça. Vous avez déjà été au zoo, hein ? Vous avez vu oune petite serpent ? Il vient des Indes, il est tout rouge, jaune, noir, très joli pétit serpent. L'emmènerez-vous à la maison, en ferez-vous oune pétit favori, comme ouné pétit chien ? ? Non... Vous avez plous de bon sens. Jé vous lé dis, c'est la mêmé chosé avec votre Véda. Vous achétez oune billet, vous régardez lé pétit serpent, mais vous né l'emménez pas à la maison. Non. Croyez-moi.

— Insinueriez-vous que ma fille est un serpent ?

— Non... elle est oune soprano coloratura, c'est bien pire. Oune pétite serpent aime mamma, fait cé qué papa dit... peut-être, mais oune soprano coloratura n'aime personné qu'elle-même. C'est oune garce... excusez-moi, piré qué tous les serpents dou moundé. Madamé, laissez cette fillé tranquille.

Et tandis que Mildred demeurait assise, les yeux clignotants de stupeur, essayant de comprendre le tour tout à fait inattendu qu'avait pris la conversation, Mr. Treviso arpenta de nouveau la pièce, et soudain parut plus passionné par son sujet qu'il n'en avait d'abord eu l'intention. Il se rassit, les eux brillants de cet éclat latin qui avait été tellement déplaisant lors de sa première visite. Tapant encore du doigt sur le genou de Mildred, il dit :

— Votre fillé, c'est une coloratura touté entièré, physiquément, moralément.

— Qu'est-ce donc qu'une soprano coloratura ?

— Madamé, c'est oune espèce d'animal très particoulier, commé un chat persan bleu. Ça se rencontré ouné fois dans touté une vie, ça chante tout, ouné trille, ouné staccato ha-ha-ha... tout... même le plus difficile...

— Oh, je comprends maintenant.

— Ça coûte les yeux de la tête. Si elle est ouné réelle coloratura, ça rapporte plous dé galette à ouné grand opéra qu'ouné ténor italien. Et votre fillé est coloratura, même ses os sont coloratura. Avant tout elle doit connaître des gens riches. Pas riches, pas bons.

— Elle s'est toujours liée avec des gens très bien.

— Bien peut-être, mais ils doivent être riches. Toutes les coloratura, sont des, comment appelez-vous ça?... des gouffres! Ça prend toujours, ça ne donne jamais. O.K.! vous avez dépensé beaucoup d'argent pour elle, qu'est-cé qu'elle a fait pour vous?

— C'est encore une enfant. On ne peut pas attendre d'elle...

— C'est ça... elle n'a rien fait pour vous. Écoutez-moi.

Mr. Treviso tapa encore une fois sur le genou de Mildred et sourit:

— Elle a même les manies des coloraturas. Elle s'assoit comme une duchesse et caresse négligemment le collier qu'elle porte au cou...

Et il fit une imitation étonnante de Véda, assise, hautaine, bien droite sur sa chaise et faisant tourner la breloque de son collier.

— Elle a toujours été ainsi, même dans son enfance.

— Oui... c'est ouné drôle de fille.

S'échauffant, Mr. Treviso poursuivit:

— Toutes les coloraturas sont folles de gens riches, toutes prennent sans jamais donner, toutes se conduisent comme des douchesses, toutes font tourner leur collier, toutes sont pareilles, absolument. Elles empruntent toutes dix mille dollars, partent pour l'Italie, ne rendent jamais l'argent, le considèrent comme ouné pétit cadeau amical. Elles chantent le grand opéra, épousent ouné banquier et attrapent l'argent. Quand elles ont l'argent elles chassent le banquier, épousent ouné baron et gagnent lé titre. Et elles ont ouné chéri, ouné typé avec qui elles aiment dormir. Alors tout lé monde voyage ensemble, à travers touté l'Europe, dé grand opéra en grand opéra..., le baron suit, il voyagé dans lé compartiment C et s'occoupe dou chien. Lé banquier, il voyagé dans lé compartiment B et s'occoupé des bagages. Lé chéri, il voyagé dans lé wagon-salon A occoupé dé la coloratura... touté ouné grandé famille heureuse. Puis arrive ouné décoration dou Roi dé Belgique... d'abord ouné représentation commandée, lé Théâtre dé la Monnaie, pouis ouné décoration. Toutes les coloraturas ont ouné décoration dou Roi dé Belgique, et le reste de leur vie elles jouent avec leur collier et parlent dé leur décoration.

— Mais... il y a une certaine distance entre Los Angeles et la Belgique!

— Non, pas de distance. Né vous y trompez pas, votre fillé a beaucoup d'étoffe. Vous savez cé qui fait ouné chanteuse? C'est en premier, la voix, en sécond la voix, en troisième la voix... mais tout lé monde connaît cette plaisanterie. C'était ouné plaisanterie de Rossini, mais même Rossini pouvait se tromper... Il faut avoir dé la voix, oui. Mais cé n'est pas ça qui fait ouné chanteur. Il faut avoir la mousique en soi. Caruso, il né pouvait pas lire ouné note de mousique, mais il avait la mousique dans l'âme, elle sortait à chaqué noté qu'il chantait. Il faut avoir lé rythme, sentir lé mésouré avant qué le chef d'orchestre léve son bâton. Et surtout les coloraturas... sans rythme, sans mousique, tous ces ha-ha-ha né sont qué des vocalises, rien dé plous. Véda a tout ça. J'ai travaillé avec elle ouné sémaine. Elle chantait à pleine poitrine, donnait ouné très mauvais son, ouné voix d'hommé. Jé l'ai transformée en voix de tête, ça rendait bien; j'ai pensé voilà ouné voix. Voici ouné voix entre mille. Pouis j'ai parlé. J'ai parlé mousique, mousique, mousique. Jé loui ai dis où elle devait aller pour apprendre à déchiffrer, où apprendre l'harmonie, où apprendre lé piano. Elle a ri, elle a dit qu'elle savait déchiffrer. Sour lé piano, il y avait ouné *Stabat Mater* : c'était difficile, c'était traître, c'était dou Rossini. Il faut entrer à la sécondé mésoure, chanter contré l'accompagnement : ça déroute le chanteur. Je dis O.K. J'ai là ouné pétité chose qué vous allez déchiffrer. Alors ié commence à jouer « Inflammatus » du *Stabat Mater* dé Rossini. Madamé, votre fillé, déchiffré l'« Inflammatus » tout entier, elle a décroché ouné mi comme si cé n'était rien dou tout... elle n'a pas raté ouné noté. Jé bondis. Jé dis Jésous-Christus, d'où venéz-vous ? Elle a ri commé ouné démon. Elle m'a demandé si jé voulais qu'elle fasse ouné petit peu d'harmonie. Pouis elle m'a parlé dé Charles et ié me suis souvenu d'elle, alors. Madamé, j'ai passé deux heures avec elle, cet après-midi-là et jé mé souis aperçu qu'ellé savait plous dé mousiqué qué moi. Alors je l'ai vraiment examinée de près. J'ai vou cé largé coffré, cette belle poitrine, cé nez haut, ces maxillaires... Alors, j'ai compris cé qué jé voyais : jé voyais cé qui arrive ouné fois seulement dans toute ouné vie, ouné grande coloratura. Jé mé souis mis au travail. Jé douné ouné léçon par jour, au prix d'ouné par semaine. Je l'ai ménée vite, vité. Elle a appris en six mois cé qué la plupart des chanteurs apprennent en cinq ans, sept ans, vite, vite, vite. Jé mé rappellé la Malibran, qui était ouné artiste à 15 ans. Jé mé rappellé Melba, qui était ouné artiste à 16 ans. Votre fillé, elle est née avec la mousique dans l'âme, pouvait marcher vité, comme jé l'ai fait. O.K. ; vous l'avez entendou dans le programme du Jambon-O-Snack ?

— Oui, je l'ai entendue.

— La *Polonaise* de *Mignon* est difficile. Elle chanté

comme Tetrazzini. Oh ! non, Madamé, il n'y a pas loin de Los Angeles à la Belgique pour votre fillé. Cé n'est pas ouné bonne chanteuse : c'est ouné grande chanteuse. O.K. demandez aux gens. Demandez aux gens qui se sont mis d'accord sur un Jambon-O-Snack !

Mildred qui écoutait cet éloge comme on écoute une musique d'orgue apaisante pour l'âme, revint à elle avec un sursaut et murmura :

— C'est une enfant magnifique !

— Non... c'est ouné chanteuse magnifique.

Elle le regarda, à la fois blessée et surprise. Mr. Treviso s'avança plus près, pour rendre sa pensée plus claire :

— Non, l'enfant ne vaut rien, moins que rien. C'est une garce. Mais la chanteuse... c'est ouné grande chanteuse.

Il semblait avoir tout dit et Mildred se leva.

— Bon... chacun peut avoir son opinion. Mais j'aimerais, si cela ne vous ennuie pas, que vous m'envoyiez dorénavant votre note...

— Non, Madamé.

— Avez-vous quelque objection particulière ?

— Oui, madame. J'ai horreur des morsures de serpent. Vous êtes venoue ici pour essayer de me faire jouer oune petit rôle dans la comédie qui doit vous ramener votre fille...

— Mr. Treviso, c'est une pure supposition de votre part.

— Ce n'est pas ouné supposition. Dans le courant de ces derniers quinze jours, depouis l'émission de Jambon-O-Snack, toujours, cetté petite garce m'a dit que sa pauvre idiote de mère, allait essayer dé la reprendre et qué la première chose qu'elle ferait serait de venir chez moi et de m'offrir de payer ses leçons de chant !

— Elle... !

— Oui ! Votre fillé né vit que pour deux choses. L'oune est de rendre sa mère malheureuse, l'autre est dé renouer connaissance avé les gens riches qu'elle a connus à oune certain moment à Pasadena. Je vous l'ai dit : c'est oune serpent, c'est oune garce, c'est oune coloratura. Si vous voulez que Véda vous revienne, voyez Véda elle-même. Jé né veux rien faire dans cetté comédie. Si elle mé démande, ié dis qué vous n'êtes pas venoue du tout... dé toute façon, ié né vous ai pas vue.

Mildred fut si émue des dernières révélations de Mr. Treviso que, pendant tout le reste de la journée, elle fut incapable d'imaginer d'autres plans, d'autres projets, d'autres intrigues. Elle avait l'impression d'avoir été surprise accomplissant un acte honteux et elle s'abrutit de travail pour ne plus y penser. Mais, tard, dans le courant de la nuit, les faits commencèrent à se décanter, d'eux-mêmes. Elle trouva une certaine consolation dans la certitude que Véda ne saurait pas ce qu'elle avait fait. Et puis, tout à coup, elle s'assit dans son lit, une vague brûlante faisant battre ses artères. Cette fois, elle avait trouvé, grâce au désir qu'avait Véda de relier connaissance avec les gens riches de Pasadena, comment la faire revenir, comment obliger même une coloratura à ramper sur ses genoux !

Elle retrouverait Véda grâce à Monty !

CHAPITRE XV

Sans effort particulier, Mildred avait durant ces trois dernières années, conservé la trace de Monty; elle l'avait même entr'aperçu une ou deux fois, en revenant de Laguna ou en y allant. Il en était exactement là où elle l'avait laissé: dans la maison ancestrale, essayant de la vendre. La demeure, pas plus vendable dans ses jours de splendeur qu'un éléphant blanc, avait maintenant un air assez délabré. L'herbe était jaunie par le manque d'eau; une demi-douzaine d'écriteaux d'agences étaient plantés de guingois sur la pelouse; les chiens de fer étaient rouillés, et l'un des piliers de l'entrée avait, de toute évidence, été heurté par un camion, car il portait une large éraflure par laquelle se montraient les briques à nu. Cependant, bien qu'elle sût où le trouver, Mildred n'entra pas immédiatement en contact avec lui. Elle se rendit à sa banque, ouvrit son coffre et établit une liste exacte de ses titres. Elle fit son bilan, argent courant et économies. Elle alla chez Bullock, acheta une nouvelle robe, un nouveau chapeau, de nouvelles chaussures. La robe était simple, mais bleu marine pour l'amincir. Le chapeau était large, sombre et rajeunissant. Puis elle téléphona à une agence et, sans donner son nom, s'informa du dernier prix demandé pour la maison Beragon.

Ceci lui prit deux ou trois jours. Ce qu'étaient exactement ses plans eût été difficile à dire. Mildred était essentiellement féminine, et il semble que ce soit une caractéristique de l'intelligence féminine que de pouvoir indéfiniment louvoyer sous le vent, chaque bordée portant à un angle assez vague, mais cependant toutes amenant inexorablement à la bouée. Peut-être ne savait-elle pas elle-même combien de bordées elle devrait tirer pour atteindre la bouée (qui était Véda, et non Monty). Quoi qu'il en soit, elle envoya alors un télégramme à ce dernier, déclarant qu'elle désirait son aide pour découvrir une maison à Pasadena et demandant qu'il ait l'amabilité de téléphoner le soir même, vers 8 heures, à la Charrette aux Pies.

Le soir, elle fut un peu nerveuse, mais quand Monty l'appela, elle répondit aussi naturellement que si elle ne poursuivait aucun but précis. Avec un grand luxe de paroles, elle expliqua qu'elle avait envie de déménager pour vivre dans un endroit plus central, que Pasadena lui convenait admirablement. Serait-il assez gentil pour l'accompagner et l'aider à se faire une opinion, avant qu'elle décide de sa maison. Il parut un peu étonné, répondit qu'il ferait de son mieux et s'informa si elle s'était adressée à des agences habituées à montrer ce qu'elles avaient à proposer ? Elle répliqua que justement elle cherchait à éviter les agences. Elle aurait le temps de les voir ensuite. Ce qu'elle désirait, c'était faire un tour dans cette région qu'il connaissait infiniment mieux qu'elle, jeter un coup d'œil un peu partout afin de se faire une idée exacte de l'endroit où elle voulait vivre. Monty expliqua alors qu'il était sans voiture pour l'instant, qu'elle devrait le prendre au passage. Elle affirma qu'elle en avait eu l'intention et proposa trois heures le lendemain après-midi.

Le lendemain, elle s'habilla avec le plus grand soin et quand elle s'examina dans la glace, elle éprouva vraiment une petite satisfaction. Durant ces derniers mois — peut-être était-ce le résultat des chagrins qui l'avaient accablée — elle n'avait pas repris de poids, et une gaine spéciale maintenait tout à fait bien son ventre. Sa nouvelle robe avait un air de vraie élégance et était d'une longueur convenable, de sorte qu'elle laissait voir ses jambes suffisamment, sans trop. Le grand chapeau lui seyait aussi. Elle faisait un peu penser à la Veuve Joyeuse. Les chaussures avantageaient ses pieds et complétaient l'ensemble du costume. Elle essaya un renard argenté, trouva qu'il faisait bien et le mit. À dire vrai, si elle n'avait pas exactement l'aspect qu'elle croyait avoir, elle était tout de même extrêmement intéressante à regarder. On sentait la femme d'affaires en plein succès qui profite des restes d'une silhouette très séduisante, d'un visage de petite distinction, mais d'une autorité incontestable, un vrai produit de ce curieux monde dont elle provenait : la Californie du Sud.

Emmener Tommy la gênait, aussi prit-elle le volant elle-même et se réjouit-elle de la façon experte dont elle conduisait. Elle fila à toute vitesse sur le pont de Pasadena, puis du centre commercial à l'avenue des Orangers. Quand elle atteignit la maison Beragon, Monty l'attendait, assis sur les marches. Elle monta l'avenue dans un ronflement de moteur, s'arrêta devant lui, dit : « Bonjour ! » et lui tendit la main. Il la prit, puis sauta à côté d'elle. Tous deux souriaient, mais un petit choc la secoua à la vue du changement qu'il avait subi. Il portait encore des « slacks », mais ils étaient de piètre qualité et chiffonnés. Sa légère tonsure s'était étendue, elle était passée de la taille d'une pièce de 25 cents à celle d'un dollar d'argent. Il était maigre, ridé et avait cet air inquiet des chiens battus, bien différent de l'assurance magnifique qu'elle avait aimée autrefois. Sur son aspect à elle, il ne fit aucun commentaire et, d'ailleurs, il n'ébaucha aucune conversation intime. Il déclara qu'il voulait lui montrer une maison, tout à fait convenable et très abordable, dans le quartier d'Oak Knoll. Cela l'ennuierait-elle ? Elle répondit qu'elle en serait ravie.

Quand ils eurent visité des maisons dans les quartiers d'Oak Knoll, d'Albadena et de South Pasadena, et qu'elle n'eut rien trouvé à son goût, il parut un peu fâché. À la manière dont il avait cité les prix, elle avait deviné qu'il s'était informé auprès des agences (bien qu'elle lui ait demandé de ne pas le faire), et qu'il espérait toucher une commission si elle se décidait. Mais elle ne voulut plus y penser, et vers 5 heures se dirigea de nouveau vers l'avenue des Orangers pour le ramener chez lui. Il lui dit au revoir assez brièvement, descendit et il allait rentrer quand, par une sorte d'arrière-pensée, il resta dehors pour attendre son départ. Pensive, assise au volant, elle contemplait la maison ; puis, elle arrêta le moteur, descendit de voiture et, debout, l'examina. Elle laissa enfin échapper un soupir bruyant et dit :

— Magnifique ! Magnifique !

— Elle pourrait l'être, avec un peu d'argent.

— Oui, c'est ce que je pensais... Combien en veut-on, Monty ?

Pour la première fois de cet après-midi, Monty la

regarda vraiment. Toutes les maisons où il l'avait conduite étaient cotées aux environs de 10 000 dollars : de toute évidence, l'idée ne lui était même pas venue qu'elle pût songer à mettre cinq ou six fois plus. Il eut l'air stupéfait, puis répondit :

— Il y a deux ans, 75 000 net — et elle les vaut à un cent près. L'année dernière, 50. Cette année, 30, plus une taxe pour des impôts non payés, donc, environ 33 000 dollars.

Mildred savait qu'on pouvait l'avoir pour 28 500 dollars, la taxe en plus, et elle remarqua en elle-même ironiquement qu'il était meilleur vendeur qu'elle ne l'eût imaginé. Cependant, elle répéta seulement :

— Magnifique ! Magnifique !

Puis, elle s'approcha de la porte et jeta un coup d'œil à l'intérieur.

Tout avait quelque peu changé depuis sa dernière visite, cette fameuse nuit sous la pluie. Tous les meubles, toutes les peintures, tous les tapis, même les housses, avaient disparu et, par places, le papier en longs lambeaux pendait des murs. Quand elle entra sur la pointe des pieds, ses chaussures crissèrent sur le plancher et elle entendit l'écho hésitant, crissant aussi, de ses pas. Balbutiant un commentaire gêné, Monty la mena jusqu'au premier étage ; il la fit monter au second. Ils se trouvèrent dans son domaine à lui, les mêmes chambres de domestiques qu'il avait occupées auparavant. L'ameublement avait disparu et à sa place, quelques sièges de chêne garnis de cuir qu'elle reconnut aussitôt : ils venaient du chalet du Lac Arrowhead. Elle s'assit, soupira, et déclara qu'il ferait bon se reposer une minute. Vite, il lui proposa du thé et, quand elle eut accepté, il disparut dans la chambre. Puis il revint et demanda :

— Peut-être aimeriez-vous mieux quelque chose de plus fort ? J'ai un fond de bouteille par là.
— J'aime mieux cela.
— Je n'ai ni glace, ni eau de Seltz, mais...
— Je préfère l'alcool sec.
— Depuis quand ?
— Oh, j'ai beaucoup changé !
La bouteille se trouva être du whisky, fort différent, pour Mildred, du rye. Comme elle fronçait le nez après la première gorgée, il rit et dit :
— Oh, vous n'avez pas beaucoup changé. En ce qui concerne l'alcool, je dirais volontiers que vous êtes toujours la même.
— C'est ce que vous croyez, vous !
Il s'en tint à cette allusion personnelle et reprit son éloge de la maison. Elle l'interrompit :
— Inutile de me faire l'article, si l'intention suffit. Je l'ai déjà achetée. Inutile aussi de rester si loin et de crier comme si j'étais sourde. Il y a de la place pour deux ici, non ?
Un peu ahuri, il traversa la pièce pour s'asseoir sur le canapé qu'elle occupait. Elle prit son petit doigt, et le tordit un peu.
— Tu ne m'as pas même encore demandé de mes nouvelles.
— Comment allez-vous ?
— Bien.
— Alors, c'est parfait.
— Comment vas-tu ?
— Bien.
— Alors, c'est parfait.
Elle serra de nouveau son petit doigt. Mais il se dégagea et dit :
— Vous savez, les garçons dans ma situation n'ont

pas beaucoup l'occasion de se laisser aller. Si vous continuez ce jeu, vous risquez d'être victime d'une brute épaisse... cela ne vous plairait guère, n'est-ce pas ?

— Oh, ce ne serait pas si désagréable !

Il détourna les yeux rapidement et ajouta :

— Si nous parlions de la maison.

— À ce propos une chose m'ennuie.

— Qu'est-ce que c'est ?

— Si je l'achète comme j'y suis à moitié décidée, où iras-tu ? Y aura-t-il une brute épaisse qui rôdera dans les couloirs, ou l'aurai-je toute à moi ?

— Elle sera tout entière à vous.

— Ah ! bien.

Elle chercha à reprendre son petit doigt. L'air ennuyé, il le retira avant qu'elle l'ait atteint. Puis, assez rudement, il passa son bras autour de sa taille.

— C'est cela que tu veux ?

— H'm ! H'm !

Mais elle s'était à peine appuyée sur lui qu'il retira son bras.

— J'ai fait une légère erreur sur le prix de cette maison. Pour toi, elle vaut 29 580 dollars. Cela ferait disparaître une petite dette de 520 dollars que je te dois et qui m'ennuie depuis déjà assez longtemps.

— Tu as une dette envers moi ?

— Je crois que tu t'en souviendras si tu fais un petit effort.

Il avait presque l'air d'un loup et elle s'exclama : « Booh ! » Il rit, la prit dans ses bras, toucha la fermeture éclair, sur le devant de sa robe. Il se passa un peu de temps : visiblement une moitié de lui-même lui disait de laisser cette fermeture tranquille, et l'autre qu'il serait tout de même agréable de la tirer. Soudain elle sentit sa robe se desserrer tandis que la fermeture commençait à glisser. Puis, elle se sentit emportée. Elle se sentit ensuite jetée avec la rudesse adéquate sur ce même lit de fer, sur ces mêmes couvertures couleur tabac, desquelles elle avait fait tomber son sac de plage des années auparavant, au Lac Arrowhead.

— Bon Dieu ! Tes jambes sont toujours aussi excitantes !

— Tu les croyais arquées ?

— Cesse de les balancer ainsi.

— Est-ce que je te demande...

— Non.

Avec l'obscurité, Mildred devint sentimentale et larmoyante.

— Monty, je ne pourrais pas vivre ici sans toi. Ce ne serait pas possible.

Monty resta allongé, immobile, à fumer, pendant un long moment. Puis d'une curieuse voix tremblante, il lança :

— J'ai toujours dit que tu serais une épouse parfaite si tu ne vivais pas à Glendale.

— Me demandes-tu de t'épouser ?

— Si tu déménages à Pasadena, oui.

— Si j'achète cette maison ?

— Non... elle est trois fois plus grande que ce dont tu as besoin, et je n'insiste pas. Mais je ne veux pas vivre à Glendale.

— Alors, c'est d'accord.

Elle se blottit contre lui, essaya d'être caressante, mais, quoiqu'il ait passé son bras autour d'elle, il demeura sombre et ne la regarda pas. Soudain Mildred songea qu'il avait peut-être faim ; elle lui proposa de l'accompagner à Laguna pour y dîner. Il réfléchit un instant, puis se mit à rire.

— Il vaut mieux que tu ailles seule à Laguna et je m'ouvrirai une nouvelle boîte de haricots. Pour le moment, mes vêtements ne sont guère convenables pour dîner dehors. À moins, naturellement, que tu ne désires que je me mette en smoking. Ironie de l'élégance, c'est tout ce qui me reste!

— Nous n'avons pas encore fait une grande sortie ensemble!

— Oh, c'est vrai.

— Et nous ne sommes pas obligés d'aller à Laguna... Je t'adore en tenue de soirée, Monty. Si tu t'habilles, si tu reviens chez moi, je me ferai belle aussi et nous sortirons. Nous fêterons nos fiançailles si toutefois nous sommes vraiment fiancés!

— Alors, allons-y.

Elle donna une tape sur son derrière amaigri, le fit tomber du lit et sauta après lui. Elle était adorable en de tels moments, quand elle prenait ainsi d'absurdes libertés et, une seconde, le visage de Monty s'éclaira. Il l'embrassa avant qu'elle remette ses vêtements. Mais il était sombre de nouveau quand ils arrivèrent chez Mildred. Elle prépara du whisky, de la glace et un siphon et il se servit à boire. Pendant qu'elle s'habillait, il ne resta pas un instant en place, puis, passant la tête dans l'entrebâillement de la porte il lui demanda s'il pouvait téléphoner un télégramme.

— J'aimerais prévenir ma mère.

— Pourquoi ne l'appellerais-tu pas?

— Elle est à Philadelphie.

— Eh bien, ma parole, te crois-tu en Europe? Appelle-la, voyons. Et dis-lui que c'est conclu pour la maison, à 30 000, sans aucune déduction ridicule de 520 dollars ou autre. Si cela la tourmentait, dis-lui de ne plus s'inquiéter.

— Ce sera un plaisir.

Il se rendit dans le studio et elle continua à s'habiller. La robe du soir bleue était démodée depuis longtemps, mais elle en avait une autre, une noire qu'elle aimait beaucoup et elle l'avait à peine déployée qu'il apparut.

— Elle veut te parler.

— Qui ?

— Ma mère.

Malgré son succès, son argent, et sa longue expérience à manier les gens, Mildred éprouva un serrement de cœur quand elle s'assit, ayant hâtivement enfilé un kimono pour parler à cette femme qu'elle n'avait jamais vue. Mais quand elle prit le récepteur et fit entendre un « allô » chevrotant, la voix cultivée qui lui répondit était tout amitié :

— Mrs. Pierce ?

— Oui, Mrs. Beragon.

— Préférez-vous que je vous appelle Mildred ?

— Cela me ferait plaisir, Mrs. Beragon.

— Je voulais simplement vous dire que Monty m'a parlé de vos projets de mariage. Je trouve cela parfait. Je ne vous ai jamais rencontrée, mais d'après ce que j'ai entendu dire par de nombreuses personnes, j'ai toujours senti que vous étiez faite pour Monty et j'ai secrètement espéré, comme le font souvent les mères, qu'un jour cela se réaliserait.

— Cela est extrêmement aimable à vous, Mrs. Beragon. Monty vous a parlé aussi de la maison ?

— Oui, et je souhaite que vous y soyez heureux, je suis sûre que vous le serez, d'ailleurs. Monty y est tellement attaché. Il me dit que vous l'aimez aussi... C'est un grand pas vers le bonheur, n'est-ce pas ?

— Je le pense. Et j'espère que vous viendrez un jour nous y rendre visite et, et...

— J'en serais ravie. Comment va la chère Véda ?

— Très bien. Elle chante, vous savez.

— Je l'ai entendue et j'ai été abasourdie, bien que j'aie toujours estimé que Véda avait de grands dons. Mais même en tenant compte de tout cela, elle m'a tout à fait stupéfiée. Vous avez une fille extrêmement douée, Mildred.

— Je suis heureuse que vous le pensiez, Mrs. Beragon.

— Dites-lui que je ne l'oublie pas.

— Certainement, Mrs. Beragon.

Mildred raccrocha transportée, radieuse, sûre d'avoir très bien parlé, mais le visage de Monty avait un air si étrange qu'elle demanda :

— Qu'est-ce qu'il y a ?

— Où est Véda ?

— Elle... a un appartement à elle depuis quelques mois. Cela l'ennuyait que tous les voisins l'écoutent pendant qu'elle vocalisait.

— Cela a dû être désagréable !

— Ç'a été... affreux.

En moins d'une semaine, la maison Beragon eut l'air d'avoir subi un bombardement. L'idée maîtresse des transformations qui se faisaient sous le contrôle de Monty était de remettre ce qui avait été une vaste, mais agréable maison dans l'état où elle était avant d'être transformée en un château petit, mais horrible. À cette fin, les portiques furent abattus, les chiens de fer enlevés, les palmiers arrachés, de sorte que les bosquets de chênes vivaces reprirent leur place, sans leurs prétentions tropicales. Ce qui resta après cette hécatombe fut tellement réduit que Mildred commença tout à coup à sentir qu'elle s'identifiait avec la maison. Quand celle-ci commença à émerger des échafaudages telle qu'elle serait désormais, quand la peinture jaune fut brûlée au chalumeau et remplacée par un enduit blanc, quand les volets verts furent en place, quand une petite entrée accueillante eut pris la place du porche prétentieux, elle devint presque amoureuse de sa demeure et eut peine à attendre qu'elle fût terminée. Sa joie augmenta encore quand Monty estima l'extérieur suffisamment avancé pour s'attaquer à l'intérieur et à son aménagement. L'humeur du jeune homme demeurait sombre et il ne faisait aucune allusion aux 520 dollars, à Glendale ou à quoi que ce fût qui leur soit un peu personnel. Mais il semblait s'appliquer à plaire à Mildred et la manière dont il était capable de traduire ses idées en peinture, bois et plâtre était une surprise constante pour elle.

Elle n'avait été capable que de lui expliquer qu'elle « aimait l'érable », mais avec cette mince indication, il fit tout entièrement à son goût avec une habileté stupéfiante. Les papiers furent ôtés, les murs peints en tons délicats. Il acheta des tapis de couleurs franches, assez claires, et la maison prit un air chaud, animé. Pour l'ameublement, il choisit des étoffes soyeuses, peu coûteuses, déclarant à Mildred que :

— Dans toute chose se rapportant au confort, il faut chercher le confort. Une pièce n'aura jamais l'air confortable, si elle ne l'est pas réellement et le confort coûte cher. Mais pour tout ce qui se rapporte à l'apparat, à la décoration seule, soyons un peu modeste. Les gens vous aimeront mieux si vous n'êtes pas trop ostensiblement riche.

L'idée était nouvelle pour Mildred et elle la frappa à un point tel qu'elle la médita et réfléchit comment l'appliquer à ses restaurants.

Monty demanda la permission de suspendre aux murs quelques-uns des portraits de ses ancêtres et plusieurs autres petits tableaux qui avaient été mis de côté pour lui par des amis. Cependant, il ne donna pas à ces objets une prééminence incongrue. Dans ce qui n'était plus un salon, mais un vaste « living-room », il ménagea la place d'une collection de la Mildred Pierce Inc. : le premier menu, la première annonce, une photo du restaurant de Glendale, une autre de Mildred dans l'uniforme blanc, d'autres choses qu'elle ne savait même pas qu'il eût mis de côté, tout cela bien présenté, bien encadré et accroché au même endroit, de manière à former une petite exposition. Au début, elle en fut un peu gênée et elle eut peur qu'il ne les eût suspendues là que pour lui faire plaisir. Mais quand elle insinua cela, il déposa marteau et fil, la regarda pendant une ou deux minutes, puis lui donna une petite caresse attendrie.

— Assieds-toi et prends une leçon de décoration d'intérieurs.

— J'adore ça.

— Sais-tu quelle est la plus chic pièce dans laquelle je sois jamais entré ?

— Non.

— C'est dans ton studio, dans celui de Bert plutôt, là-bas, à Glendale. Tout ce qu'il y avait dans cette pièce avait une signification pour lui. Ces banquets, ces ridicules épreuves de maisons qui ne devaient jamais être bâties faisaient partie de lui-même. Ces photos exprimaient quelque chose. C'est pourquoi cette pièce était réussie. Maintenant sais-tu quelle est la pire pièce dans laquelle je sois jamais entré ?

— Vas-y. Je m'instruis.

— Dans ton living-room, dans la même maison. Il n'y a rien dedans — excepté le piano, mais il n'y est venu que récemment — qui ait la moindre signification pour toi, pour lui ou pour qui que ce soit. C'est simplement une pièce sans âme, sans présence... horrible. Une maison n'est pas un musée. Elle n'a pas besoin d'être meublée avec des peintures de Picasso, des tapis d'Orient ou des porcelaines de Chine. Mais elle doit être meublée avec des objets qui signifient quelque chose aux yeux de ses habitants. Si ce ne sont que des babioles, achetées en vitesse pour combler les vides, cela ressemblera à ton living-room de l'avenue Pierce, ou à cette pelouse que mon père avait voulue pour montrer sa richesse... Faisons notre maison comme nous la désirons. Si tu n'aimes pas le coin de la Charrette aux Pies, moi il me plaît.

— Je l'adore.

— Alors... il restera.

De ce jour, Mildred commença à se sentir fière de la maison et heureuse de l'avoir. Elle savoura tout particulièrement la dernière semaine quand les marteaux, les scies, la sonnerie du téléphone et les aspirateurs mêlèrent leurs chants séparés en une seule adorable cacophonie de préparation. Elle y amena Letty qui y trouva sa propre chambre, et Tommy qui eut aussi une chambre avec salle de bains. Sur la demande de Monty, elle engagea Kurt et Frieda, le couple qui avait travaillé pour Mrs. Beragon avant « qu'elle soit kaput », comme disait Kurt. Enfin, elle alla à Phœnix avec Monty, et ils se marièrent.

Pendant la semaine qui suivit cette tranquille cérémonie civile, elle fut extrêmement nerveuse. Elle avait envoyé elle-même le faire-part à Véda et les journaux furent remplis de ce mariage, avec photos de Mildred accompagnées de longs comptes rendus de sa carrière, et photos de Monty avec de non moins longs comptes rendus sur « sa » carrière. Mais il n'y eut rien, pas de coup de téléphone de Véda, pas de visite, pas de télégramme, pas de lettre. Un grand nombre de personnes vinrent, des amis de Monty, pour la plupart, qui se comportèrent très aimablement avec elle et ne parurent pas offensés lorsqu'elle devait s'excuser au milieu de l'après-midi, pour aller travailler. Bert lui téléphona tous ses vœux de bonheur et ses sincères félicitations pour Monty qu'il qualifia « de bonne race ». Elle fut surprise d'apprendre qu'il vivait avec Mamy et Mr. Pierce. Le mari de Mrs. Biederhof ayant découvert du pétrole dans le Texas, sa femme l'avait rejoint là-bas. Mildred avait toujours cru que Mrs. Biederhof était veuve, et apparemment Bert l'avait cru aussi. Cependant l'appel qu'espérait Mildred ne vint pas. Monty, conscient maintenant que tout avait un rapport direct avec Véda, ne remarqua pas toutefois son humeur, ou tout au moins il ne posa aucune question.

Et puis un soir à Laguna, Mrs. Gessler, en robe de soirée rouge vif, s'amena vers 8 heures et ordonna presque à Mildred de fermer la maison puisqu'elle était invitée dehors. Cela ennuya Mildred dont l'humeur ne s'améliora pas quand Archie quitta son tablier à neuf heures pile et fila en moins d'une minute. Elle était agacée et de méchante humeur sur le chemin du retour. Elle rappela Tommy à l'ordre plusieurs fois parce qu'il conduisait trop vite. Ce ne fut que lorsqu'elle se trouva devant la porte de sa nouvelle demeure qu'elle nota le grand nombre de voitures rangées devant la maison et elle n'y attacha d'ailleurs pas une importance particulière. Tommy, au lieu d'ouvrir comme d'habitude, sonna deux fois, puis deux fois encore. Elle ouvrait la bouche pour lui lancer une phrase désagréable sur ceux qui oublient leur clé, lorsque les lumières s'allumèrent d'un seul coup au premier étage et la porte, comme de sa propre initiative, s'entrebâilla doucement, pour s'ouvrir toute grande. Et puis, venant de l'intérieur, une voix, la seule voix au monde qui existât pour Mildred, commença à chanter. Il fallut un long moment pour que Mildred distinguât les notes du piano et comprit que Véda chantait le « Chœur nuptial » de *Lohengrin*. « Et voici venir la mariée » chantait Véda. Mais « venir » n'était pas le mot, Mildred avançait comme en un rêve, distinguant à peine des visages, des fleurs, des habits, des chapeaux de papier, entendant à peine les rires, les applaudissements, les félicitations. Lorsque Véda, chantant toujours, se leva, s'approcha, la prit dans ses bras et l'embrassa, ce fut plus qu'elle n'en pouvait supporter : elle s'enfuit en trébuchant et permit à Monty de l'aider à monter au premier sous prétexte de mettre une robe de circonstance.

Quelques années auparavant, Mildred aurait été incapable de présider une telle réunion : ses allures communes, son éducation, son complexe d'infériorité en présence des « gens du monde » se seraient ligués pour qu'elle se sente misérable et complètement déplacée. Mais maintenant elle pouvait être à la fois une hôtesse absolument délicieuse et un hôte d'honneur. En robe de soirée noire, elle fut partout, s'occupa de chacun et veilla à ce qu'Archie — à la cuisine —, Kurt,

Frieda et Letty qu'assistaient Arline et Sigrid (de la Charrette aux Pies) maintinssent tout en ordre. La plupart des invités étaient de Pasadena, des amis de Véda et de Monty, mais son expérience de serveuse, ajoutée à celle de Mildred Pierce Inc., lui était maintenant d'une grande utilité. Elle avait acquis une vraie mémoire de «classeur» et chaque nom lui paraissait familier dès qu'elle l'entendait, au point même que Monty la regarda plusieurs fois avec une admiration sincère. Mais elle était surtout touchée qu'il eût invité les quelques amis personnels qu'elle avait: Mrs. Gessler, Ida et surtout Bert qui, extrêmement élégant en habit, aida à servir à boire, et tourna les pages de Mr. Treviso quand Véda, sollicitée par tous, consentit gracieusement à chanter.

Mildred aurait voulu pleurer quand les invités commencèrent à se retirer. Elle découvrit pourtant que la soirée avait à peine commencé. Car pour elle le meilleur, ce fut lorsque Véda et Monty s'installèrent dans la petite bibliothèque, de l'autre côté du grand living-room, et décidèrent que Véda passerait la nuit avec eux et leur raconterait tout. Monty, sans aucun respect pour le Grand Art, s'exclama:

— Mais, sacré nom de nom, comment as-tu fait pour devenir chanteuse? Quand je t'ai découverte et pratiquement tirée du ruisseau, tu étais pianiste, on le croyait du moins. Et je n'ai pas plus tôt le dos tourné que tu deviens une sorte de phénomène.

— Mais, sacré nom de nom, c'est par accident.

— Alors, raconte.

— J'étais au Philharmonique.

— Oui, je connais ça...

— J'écoutais un concert. On jouait la *Symphonie Inachevée* de Schubert. En sortant, j'ai traversé le parc à pied pour reprendre ma voiture et je fredonnais toute seule. Or devant moi... et que je regardais sans le voir...

— Qui ?

— Treviso.

— Oh, oui, le Stokowski napolitain.

— J'avais quelque raison pour ne pas vouloir rencontrer l'honorable signor, car j'avais joué une fois pour lui et il ne m'avait guère appréciée. Je ralentis donc pour le laisser prendre de l'avance. Mais il s'arrêta, se retourna, m'examina et vint vers moi :

— C'est vous qui chantiez ?

— Je dois vous expliquer que je n'étais pas particulièrement fière de mon chant à ce moment-là. J'avais l'habitude de chanter les chansons d'Hannen pour lui, quand par hasard il en écrivait une, mais il avait coutume de me taquiner, car je chantais à pleine poitrine et j'avais presque une voix d'homme. Il m'appelait le baryton de Glendale. Bon, c'était Charlie. De lui, j'acceptais cela. Mais je n'étais pas disposée à subir les plaisanteries de la part de Treviso. Aussi lui répliquai-je que cela ne le regardait pas, si je chantais ou non. Alors il m'attrapa par le bras et déclara qu'au contraire cela le regardait énormément, et moi aussi. Puis, il prit une carte dans sa poche, un stylo, courut sous une lumière, écrivit son adresse, me la tendit et m'ordonna d'être là le lendemain à quatre heures, parce que c'était très important. Je savais bien qu'il ne se souvenait pas m'avoir vue auparavant, ce n'était donc pas une plaisanterie. Mais... désirais-je ouvrir à nouveau cette porte ou non ?

— Quelle porte ?

Monty ne comprenait pas. Mildred, elle, savait de quoi il s'agissait, avant même que Véda poursuive :

— Celle de la musique. J'avais enfoncé un couteau à travers mon cœur, fermé à clé et jeté la clé au loin. Et voilà que Treviso me demandait de venir le voir, le lendemain à quatre heures. Et savez-vous pourquoi j'y suis allée ?

Véda était grave maintenant. Elle les regardait tous les deux comme pour s'assurer qu'ils la suivaient bien :

— Parce qu'un jour il m'avait dit la vérité. Je l'avais haï d'avoir brutalement fermé le piano devant moi sans un mot, mais c'était sa manière à lui de s'exprimer, et c'était la vérité. Aussi ai-je pensé que cette fois encore, il me dirait la vérité. Et j'y suis allée. Et pendant une semaine, ce fut le bagne pour m'amener à chanter comme une femme. Puis ma voix sortit comme il fallait et je compris ce qu'il avait deviné la nuit dans le parc. Il m'expliqua ensuite combien il était important que je devienne très musicienne. J'avais une voix, il fallait que je domine la musique. Et il me donna les noms de ceux qui m'enseigneraient l'un la théorie, l'autre le déchiffrage, le piano, et je ne sais plus quoi encore.

— Ça alors !

— Parfaitement, et c'est là que j'ai eu ma revanche sur le jour où il avait claqué le piano sur les doigts. Je lui ai demandé s'il n'avait pas un peu de déchiffrage à me faire faire. Il m'a tendu l'« Inflammatus » du *Stabat Mater* de Rossini. Tu parles... J'ai filé là-dedans comme un couteau chaud dans du beurre, et il a été sidéré. Puis, je lui ai offert de transposer quelque chose... je lui ai parlé de Charlie. Je lui ai rappelé que j'étais déjà venue. Alors... s'il avait buté contre une mine d'or, il n'aurait pas réagi davantage comme un fou. Il m'a auscultée avec des petits marteaux de bois qu'il a cogné sur mes articulations ; il m'a mis dans le nez des trucs calibrés, dans la gorge des miroirs avec des lumières — quoi, il a même...

Véda s'agita drôlement, indiquant sa poitrine, tandis que Monty fronçait les sourcils avec incrédulité.

— Oui ! Croyez ce que vous voulez, il a voulu toucher les « boîtes à lolo » ! Je ne savais plus exactement ni que penser, ni que faire.

Véda savait se composer un visage très amusant quand elle le voulait et Monty éclata de rire. Malgré elle, Mildred en fit autant. Véda enchaîna :

— J'ai vite découvert qu'il n'était pas question du tout de plaisanterie. Seule la qualité de la bête l'intéressait. Il paraît que le ton de la voix en dépend.

— Le quoi ?

La voix de Monty était étranglée et ils se virent pleurant de rire, pleurant pour les « boîtes à lolo » de Véda comme ils avaient pleuré à propos de la poitrine de Mrs. Biederhof, bien des années auparavant...

Quand Mildred gagna son lit, elle avait mal aux côtes d'avoir trop ri et son cœur était trop plein de bonheur. Puis, elle se souvint que si Véda l'avait embrassée, au début de la soirée quand elle était entrée dans la maison, elle n'avait pas encore embrassé Véda. Elle entra sur la pointe des pieds dans la pièce qu'elle avait tant espéré voir occupée par sa fille ; elle s'agenouilla auprès du lit comme elle l'avait tant de fois fait à Glendale ; elle prit l'enfant adorée dans ses bras et l'embrassa, très fort. Elle aurait voulu ne plus s'en aller, rester, souffler dans les boutonnières du pyjama de Véda. Aussi lorsqu'elle revint dans sa chambre, elle ne put supporter que Monty fût là. Elle avait besoin d'être seule, pour laisser ces petits rires s'échapper d'elle comme des bulles, pour penser à Véda.

Monty accepta de se retirer dans le débarras, comme il appelait la pièce où il rangeait ses selles, ses brides et l'ameublement du chalet, avec bonne humeur, avec peut-être plus de bonne humeur qu'un mari aurait dû montrer devant une telle requête.

CHAPITRE XVI

Mildred vécut ensuite des jours d'apothéose. La guerre avait éclaté en Europe, mais elle en savait peu de chose, et s'en souciait moins encore. Elle était ivre de la gloire, du paradis où elle vivait : cette maison, entourée de chênes, où s'abritait la fille aux cheveux de cuivre, à la voix adorable, avec sa suite d'admirateurs, de professeurs, de voitures, d'agents et de profiteurs et qui rendait sa vie étonnante. Pour la première fois, Mildred fit connaissance avec les théâtres, les opéras, les studios d'émission, et autres lieux du même genre. Et elle apprit aussi le crève-cœur qu'ils peuvent apporter. Il y eut, par exemple, la soirée où Véda chanta dans une représentation de la *Traviata* donnée au Philharmonique sous la direction de Mr. Treviso. Elle avait eu la délicieuse sensation d'avoir Véda seule en scène pendant au moins dix minutes : à l'entr'acte, elle sortit dans le foyer pour s'enivrer des commentaires du public. À sa surprise furibonde, une voix derrière elle, une voix d'homme aux intonations efféminées, commença :

— Ainsi voilà cette Pierce, ce cadeau de la radio à la muse lyrique. Eh bien, elle est faite la preuve qu'on ne peut fabriquer des chanteurs à Glendale. Avez-vous vu ? Cette fille est tout bonnement infecte. Elle se gargarise à la manière californienne, elle n'est pas dans le ton la moitié du temps... quant à son jeu... avez-vous remarqué, après la sortie d'Alfreda ? Elle n'a aucun métier. Elle s'est collée sur ses talons, elle a croisé les deux mains sur son ventre, et elle est restée plantée là...

Tandis que les tempes de Mildred battaient d'une rage impuissante, la voix s'éloigna dans une direction opposée, mais une autre s'éleva.

— Eh bien, je vois que vous avez tous prêté une attention fidèle à la brillante critique par quelqu'un qui n'y connaît rien... Il faudra un jour expliquer à cette « tante » que le vrai talent à l'opéra consiste dans le minimum de mouvements pour rendre ce que les acteurs essayent d'exprimer. John Charles Thomas sait faire attendre le public jusqu'à ce qu'il soit prêt à lancer sa note ! Et Flagstad, n'est-elle pas une statue de la Liberté animée ! Et Scotti, était-il infect ? C'était le plus grand de tous. Savez-vous combien de gestes il faisait quand il chantait le Prologue de *Paillasse* ? Un, un seul. Quand il parvenait au *la* (pauvre bougre, il ne pouvait jamais tout à fait donner le *do* bémol !) il levait sa main en la retournant, la paume vers le ciel. C'était tout, et il vous faisait pleurer... Pour moi, si jamais une cantatrice doit sortir de chez nous, la voilà. Ainsi, elle croise les mains devant elle, n'est-ce pas ? Écoutez, quand elle joignait ses deux petites pattes, quand elle inclinait son crâne à 45° et commençait à chanter la délicieuse agonie de l'amour... C'était pour moi la petite-fille de Scotti. J'avais la gorge serrée. Croyez-m'en, si elle ne gagne pas encore de l'argent, elle en gagnera bientôt. Bon Dieu, elle vaut le prix de la place, je vous l'affirme.

Mildred aurait voulu courir vers le premier bavard, lui tirer la langue et rire.

Il y avait des choses, bien sûr, auxquelles elle évitait de penser : ses relations avec Monty, par exemple. Depuis la nuit où Véda était revenue, Mildred avait été incapable de supporter quelqu'un auprès d'elle, lui ou n'importe qui. Elle avait continué à coucher seule et lui, pendant quelques jours, dans le débarras. Puis, elle lui avait assigné une chambre avec salle de bains, cabinet de toilette et téléphone particulier. Le sujet délicat avait été évoqué entre eux une seule fois : quand elle lui avait suggéré de choisir lui-même son ameublement. À cette occasion, elle avait essayé de se montrer facétieuse et avait dit un mot à propos de leur « âge mûr ». À son grand soulagement, Monty avait acquiescé rapidement, regardé ailleurs et il s'était mis à parler d'autre chose. Depuis lors, il était l'hôte de très nombreux invités, le maître de la maison, le chevalier servant de Mildred quand elle allait entendre chanter Véda... mais il n'était plus son mari. Elle s'était sentie soulagée quand elle avait remarqué qu'il avait recouvré beaucoup de son ancienne gaieté. Dans un certain sens, elle lui avait joué un tour. Il en résultait qu'il était heureux, c'était ainsi qu'elle l'avait voulu.

Puis il y avait certains côtés assez déroutants de la vie de Véda, comme par exemple, ses disputes avec Mr. Levinson, son impresario. Mr. Levinson lui avait fait signer un contrat selon lequel elle chantait à la radio pour « Pleasant », nouvelle marque de cigarettes mentholées qui venait d'être lancée sur le marché. Pour son émission hebdomadaire, Véda touchait 500 dollars et était « liée » comme disait Mr. Levinson pour un an, c'est-à-dire qu'elle ne pouvait chanter à la radio pour personne d'autre. Mildred estimait que 500 dollars par semaine c'était un traitement fabuleux pour un si petit travail, et visiblement, Véda l'avait pensé aussi jusqu'au jour où Monty avait ramené à la maison Mr. Hobey, le président des Aliments Solidifiés qui désirait passer une partie de l'année à Pasadena. Les deux hommes étaient en verve, car ils avaient été au collège ensemble: ce fut la silhouette massive, informe de Mr. Hobey qui rappela à Mildred que Monty avait, maintenant, dépassé la quarantaine. Et Mr. Hobey rencontra Véda. Et Mr. Hobey entendit chanter Véda. Et Mr. Hobey éprouva apparemment une légère éclipse de bon sens, car il offrit à Véda 2 500 dollars par semaine, un contrat de deux ans, et l'assurance d'être mentionnée dans 25 % de la publicité nationale de sa Société si elle acceptait seulement de chanter pour «Sunbake», un nouveau pain vitaminé qu'il lançait. Mais Véda avait déjà un contrat et elle ne put accepter. Pendant les quelques jours qui suivirent, son langage violent, ses injures étudiées, cruelles, envers Mr. Levinson, son humeur furieuse à toutes les heures du jour et de la nuit, son obsession d'un seul sujet, dépassèrent tout ce que Mildred elle-même était capable de supporter avec patience. Mais, tandis que Mildred essayait d'envisager une solution, Mr. Levinson se révéla d'une habileté inattendue pour se tirer lui-même d'une telle situation. Il choisit son moment, attendit un dimanche après-midi, l'heure où les alcools étaient servis sur la pelouse, derrière la maison. Véda voulut ramener le sujet sur le tapis devant Mildred, Monty, Mr. Hobey et Mr. Treviso. Levinson, ce petit homme empâté, gras, proche de la trentaine, alluma un cigare et écouta les yeux mi-clos. Puis il dit:

— O.K., sale petit rat. Si maintenant on parlait

d'autre chose. Et même... si vous me faisiez des excuses. Au fond, vous devriez me demander pardon...

— Moi ? Faire des excuses ? À vous ?

— J'ai reçu une proposition pour vous.

— Quelle proposition ?

— Le Bowl.

— Acceptez-le... si les conditions sont convenables.

De toute évidence, Mr. Levinson remarqua combien il était dur à Véda de parler des conditions, car le Bowl d'Hollywood, c'est le point culminant pour les chanteurs. Il sourit un peu et dit :

— Pas si vite, mon petit. C'est une proposition à double tranchant. Ils veulent Pierce ou Opie Lucas... Ils me laissent le choix. Je vous ai sous contrat toutes les deux et Opie, elle, ne m'empoisonne pas comme vous. Elle est gentille.

— Une contralto, ça ne colle pas.

— La contralto aura l'affaire si vous ne me faites pas d'excuses.

Le silence fut lourd dans la lumière du soleil, tandis que Véda se sentait la bouche pâteuse et, humide, que Mr. Treviso, pareil à un cadavre très bienveillant, souriait à une poussière dansante. Au bout d'un long moment, Véda dit :

— O.K. Lévy. Je m'excuse.

Mr. Levinson se leva, marcha vers Véda et la gifla, durement. Monty et Mr. Hobey bondirent, mais Mr. Levinson ne leur prêta aucune attention. Sa lèvre inférieure charnue, pendante, il parla doucement à Véda :

— Qu'est-ce que vous dites maintenant ?

Le visage de Véda devint rose, puis rouge, puis écarlate et ses yeux bleutés regardèrent Mr. Levinson avec la fixité caractéristique de certaines espèces de requins. Il y eut une nouvelle pause, terrible, et Véda dit :

— O.K.

— Alors O.K. Mais laissez-moi vous dire encore ceci, Pierce. Ne vexez jamais plus Moë Levinson. Vous ne savez pas ce que cela vous coûterait.

Avant de se rasseoir, Mr. Levinson se tourna vers Mr. Hobey :

— Opie Lucas est libre. Elle est libre et elle est excellente. Vous la voulez ? Pour 2 500 dollars ?

— ... Non.

— Je m'en doutais.

Mr. Levinson revint vers son siège. Monty et Mr. Hobey firent de même. Mr. Treviso se versa deux doigts du vin rouge qu'il avait choisi à la place d'un cocktail, et y envoya un jet d'eau de Seltz.

Pendant le reste de l'été, Mildred et Véda ne firent rien que se préparer à cette apparition au Bowl. Il fallut d'innombrables courses pour commander les vêtements : de toute évidence, une coloratura ne pouvait pas acheter n'importe quelle robe et s'en contenter. Toutes sortes de points devaient entrer en considération : par exemple, l'étoffe absorbait-elle la lumière des réflecteurs, la réfléchissait-elle, la rendait-elle ou l'éteignait-elle ? Puis, il fallut trancher la question du chapeau. Véda avait décrété qu'elle devait en porter un, un petit bibi de soirée qu'elle enlèverait après l'entr'acte « pour donner un certain air de progression, d'intimité croissante ». Ces détails dépassaient un peu Mildred, mais elle alla avec empressement de magasin en magasin jusqu'à ce qu'un couturier de Sunset Strip, près de Beverly Hill, parût être celui qu'on cherchait et fît la robe. Celle-ci était vert bouteille, avec un haut rose pâle et un corselet lacé devant. Avec un bonnet vert, elle prit un petit air de garden-party française. Mais Véda l'essaya une douzaine de fois, sans pouvoir décider si l'ensemble était bien. La question, semblait-il, était de savoir si « cela ne faisait pas opérette ».

— Je ne peux pas entrer en scène pareille aux sœurs Gish, dit Véda, et quand Mildred lui répliqua qu'à sa connaissance aucune des sœurs Gish n'avait jamais paru dans une opérette, Véda se regarda dans le miroir et répliqua que cela n'avait pas d'importance.

À la fin, elle décida que le corselet était « de trop » et l'enleva. Mildred pensa qu'en vérité la robe paraissait un peu plus fraîche, un peu plus simple, un peu plus adaptée à une fille de vingt ans, qu'auparavant. Mais Véda n'était pas encore satisfaite : elle décida qu'elle devait tenir une ombrelle. Quand l'ombrelle arriva et qu'un soir, Véda pénétra dans le living-room, comme si elle entrait au Bowl, elle eut droit à des applaudissements. Mildred comprit, et tous le comprirent avec elle, elle avait choisi juste.

On passa ensuite aux journaux et à la manière dont il faudrait les manier. Là encore, on repoussa l'idée de leur téléphoner simplement pour annoncer qu'une jeune fille du pays allait se produire et qu'ils devaient agir à leur guise. Véda donna un grand nombre de coups de téléphone pour les « échos » comme elle les appelait et puis, quand le premier entrefilet parut, elle entra dans une colère presque aussi belle que celle provoquée par Mr. Hobey. À la fin d'un après-midi passé à essayer, en vain, de joindre Mr. Levinson, ce gentleman arriva en personne, et Véda, absolument écumante, se précipita sur lui :

— Qu'est-ce que c'est que cela, Lévy, arrêtez-moi immédiatement cette histoire de jeune fille de la société, et ces racontars sur Pasadena ? Qu'est-ce qu'ils veulent ? Me démolir ? Et me faire huer dès que j'entrerai en scène ? Vous les connaissez, les gens du monde de cette ville ? Vous savez combien il y en a à Pasadena qui vont au concert ? Et Glendale ! Et la radio ! et les études faites ici même, à Los Angeles ! Il y a 25 000 places, Lévy, et ces idiots doivent sentir que je suis une des leurs, et qu'ils doivent venir et me soutenir à tout prix.

Mr. Levinson opina et parut trouver que c'était important. En dépit de son adoration pour Véda, Mildred se sentit indignée que sa fille puisse maintenant se réclamer de Glendale, après tout ce qu'elle en avait dit. Mais sa mauvaise humeur passa et elle n'y pensa plus dans les derniers jours qui précédèrent le concert. Elle retint trois loges de quatre places chacune, pensant que cela suffirait pour elle, Monty et les quelques personnes qu'il lui importait d'inviter. Mais on lui téléphona du Bowl pour lui signaler qu'il y avait encore une loge disponible, et elle se souvint de personnes auxquelles elle n'avait pas pensé. Dans la même journée, elle invita Mamy et Mr. Pierce, sa mère, sa sœur, Harry Engel et William, Ida et Mrs. Gessler, et Bert. Tous acceptèrent, sauf Mrs. Gessler qui refusa assez nettement. Mildred eut alors six loges, donc plus de vingt invités et une bonne vingtaine supplémentaire attendue pour le souper qu'elle tenait à donner après la représentation.

D'après Bert, assis tout au bord de la loge, et qui sans vergogne, tenait la main de Mildred, c'était une réussite magnifique et l'affaire en elle-même était excellente. On pouvait le croire du moins car les spectateurs s'engouffraient par toutes les entrées, et Bert désignait le tiers des rangs supérieurs déjà remplis par ceux, comme il disait, « dont on savait les noms ». Mildred était arrivée de bonne heure pour « ne rien manquer » et surtout pour voir cette foule, spécialement attirée par le chant de son enfant. La salle était presque sombre quand Monty, qui avait accompagné Véda, se glissa dans la loge et serra la main de Bert. Alors, l'orchestre entra dans la fosse et, pendant quelques minutes, ce ne furent que bruits d'accords. Puis, les rampes s'allumèrent et l'orchestre devint attentif. Mildred jeta un coup d'œil autour d'elle et, pour la première fois, elle sentit l'immensité de la salle, avec ses milliers de personnes assises, et ses autres milliers qui parcouraient les allées ou couraient le long des couloirs pour gagner leurs sièges. Mais un tonnerre d'applaudissements éclata, et elle se retourna à temps pour voir Mr. Treviso, qui devait diriger, monter à son pupitre, saluer le public, puis l'orchestre. Sans se retourner, Mr. Treviso leva la main. L'auditoire se leva. Bert et Monty se levèrent, tous deux très droits, tous deux l'air grave, noble. Stupéfaite, Mildred se leva. L'orchestre attaqua le « Star-Splangled Banner » et la foule se mit à chanter.

Le premier morceau, intitulé *L'Oiseau de Feu,* ne signifia rien pour Mildred. Elle ne put discerner, après avoir lu le programme, si ce devait être un ballet ou non, et elle ne fut pas certaine, quand ce fut terminé, qu'il y en eût un ou non. Mais tandis que Mr. Treviso recueillait encore ses applaudissements, elle conclut que s'il y avait eu un ballet, elle l'aurait remarqué. Treviso sortit, les lampes s'allumèrent et pendant un long moment on entendit un murmure comparable à celui de l'océan tandis que les retardataires se hâtaient, se faisaient signe les uns aux autres, suivaient, pour trouver leurs places, les ouvreuses affairées. Puis, le grondement s'apaisa, les lumières s'éteignirent. Un étau serra le cœur de Mildred.

Grande ouverte, l'ombrelle, auréolant le bonnet d'un lumineux cercle rose, saisit la foule et Véda se trouva au milieu de la scène avant que la surprise fût passée. Alors, les spectateurs décidèrent que ça leur plaisait et les applaudissements éclatèrent bruyamment. Pendant un moment Véda resta immobile, souriant au public, à l'orchestre, à Mr. Treviso. Puis, adroitement, elle ferma l'ombrelle, la planta devant elle sur le sol et croisa ses deux mains sur son manche assez haut. Mildred, qui avait appris maintenant à remarquer de tels détails, comprit que cela lui donnait à la fois un air piquant, exotique, et une raison d'être à ses mains. Le premier air, « Caro nome », de *Rigoletto,* alla très bien, et Véda fut rappelée plusieurs fois pour saluer. Le second, « Una voce poco fa » du *Barbier de Séville,* terminait la première partie du concert. Les lumières s'allumèrent. Les spectateurs se répandirent dans les couloirs, fumant, parlant, riant, se congratulant. Bert, de nouveau assis dans la loge, affirma que, bien que cela ne le regardât point, il trouvait que le chef d'orchestre aurait bien pu laisser Véda bisser après tant d'applaudissements. Seigneur, c'était pourtant une véritable ovation. Monty, qui n'avait pas non plus dans ce domaine une grande science bien qu'il en eût plus que Bert, déclara qu'à son avis, on ne bissait jamais dans la première moitié d'un programme. C'était, disait-il, à son avis personnel du moins, réservé pour la fin. Mildred affirma que c'était évident. Bert reconnut alors que c'était une erreur de sa part et que cela expliquait tout. Car, bien qu'il s'y connût peu, le public lui semblait goûter le chant de Véda avec plaisir et Tréviso paraissait vraiment vouloir donner sa chance à la petite. Ils furent d'accord pour admettre que les spectateurs avaient l'air satisfait.

La *Symphonie du Nouveau Monde* fit peu d'effet sur Mildred, sauf que pendant qu'on la jouait trois avions survolèrent le Bowl et elle s'affola à l'idée que l'un d'eux reviendrait tandis que Véda chanterait, et que cela gâcherait tout. Mais le ciel était libre quand Véda apparut de nouveau, plus jeune que dans la première partie, très adolescente, un peu émue. L'ombrelle avait disparu et le bonnet au lieu d'être sur sa tête, était dans sa main. Une unique orchidée était épinglée sur son épaule, et Mildred souhaita ardemment que ce fût *l'une* des six qu'elle avait envoyées. Le programme annonçait seulement «Air de la Folie», de *Lucie de Lammermoor,* mais on sentit dans le public une tension plus grande avant même que Mr. Treviso ait levé sa baguette. Et Mildred devina qu'elle allait assister à un effort vocal énorme. Elle n'avait jamais entendu une note de cette musique auparavant. À sa connaissance, cela avait dû être répété au studio, et non à la maison. Après les premières mesures, quand elle comprit que Véda était à l'aise, qu'elle ne ferait pas de fausse note, qu'elle poursuivrait jusqu'à la fin, Mildred se détendit un peu, se permit d'admirer follement cette petite silhouette grave, pathétique qui lançait vers les étoiles ces minutieuses arabesques vocales. On lui tapa sur l'épaule: Mr. Pierce lui tendait des jumelles. Elle les prit vivement, les mit au point, les leva vers Véda. Mais elle les reposa rapidement. Ainsi, elle voyait trop nettement le regard languissant, théâtral que son enfant tournait vers la salle, et l'éclair froid, glacé qu'elle lançait constamment à Mr. Treviso, surtout quand il y avait une pause et qu'elle attendait de reprendre à nouveau. Cela détruisait toute illusion pour Mildred. Elle préférait rester à distance et s'enchanter du spectacle de sa fille telle qu'elle apparaissait plutôt que telle qu'elle était vraiment.

Le morceau était long, c'était, en fait, le plus long que Mildred eût jamais entendu, mais quand il fut terminé, le bruit qui déferla dans le vaste amphithéâtre ressembla au tonnerre. Véda revint sur la scène pour saluer, et saluer encore, et bientôt après sa douzième apparition au moins, elle fut accompagnée par Mr. Treviso comme une petite fille simple, aimable et désireuse d'être aimée, sans chapeau, sans rien qui l'encombre. Un monsieur tenant une flûte entra derrière eux, portant une chaise, et se campa près de Véda. Quand elle l'aperçut, elle vint à lui et lui serra la main. Alors Mr. Treviso enleva l'orchestre bon train pour l'introduction de *Écoute la gentille alouette* et il y eut quelques remous d'applaudissements, car c'était une des chansons que Véda avait rendues populaires à la radio. Quand elle l'eut finie, on l'acclama et elle commença toute la série de ses chansons, *Vieille douce chanson d'amour*, l'*Ave Maria* de Schubert, un arrangement du *Beau Danube bleu*, qui lui permettait de faire des variations tandis que l'orchestre jouait l'air, et une valse de Waldteufel que Mr. Treviso avait ramenée au jour à son intention, *Estudiantina*.

Le public avait réclamé la plupart de ces morceaux à grands cris, et vers la fin, l'orchestre s'assit et écouta Mr. Treviso qui l'accompagnait sur le piano poussé en avant sur la scène pendant l'entracte. Enfin Véda s'avança et déclara :

— Dites-moi... même si ce n'est pas une chanson

que l'on chante d'habitude dans un programme symphonique, puis-je chanter un air, simplement parce que j'ai envie de le chanter ?

Tandis que le public acquiesçait aimablement, Monty se tourna vers Mildred et celle-ci sentit qu'il allait se passer quelque chose. Mr. Treviso joua une courte introduction et Véda commença la chanson sur les arcs-en-ciel qui avait été autrefois l'air favori de Mildred, aux jours heureux où elle revenait faire sa sieste pour écouter Véda jouer les airs qu'elle aimait entendre.

C'était donc pour elle seule.

Véda commença, mais finit-elle la chanson et quand la finit-elle, Mildred ne le sut jamais. Des frissons la parcoururent et ne la quittèrent plus de toute la nuit, aussi bien pendant le souper où Véda s'assit une écharpe blanche nouée autour du cou, que pendant la brève demi-heure où elle déshabilla Véda et rangea son costume. Ils duraient encore dans l'obscurité, tandis qu'elle reposait seule, essayant de dormir et ne voulant pas dormir.

Ce fut l'apogée de la vie de Mildred.

*

Ce fut aussi l'apogée, ou tout au moins cela l'aurait été si elle avait pu la faire reculer, de la catastrophe financière qui n'avait cessé de grossir depuis la nuit où Mildred avait accepté si allégrement de prendre la maison de Mrs. Beragon pour 30 000 dollars et de payer la dette de 3 100 dollars. Quand elle avait conclu cet arrangement, elle avait pensé en régler la plus grande partie par l'intermédiaire de l'Administration fédérale immobilière, dont elle avait entendu parler. Elle avait eu un premier choc quand elle avait rendu visite à cette administration et découvert qu'on n'y faisait pas de prêts supérieurs à 16 000 dollars. Elle en avait besoin de 20 000 et en demandait 25. Elle avait eu un second choc, quand elle était allée à sa banque. Là, on avait accepté de lui prêter ce qu'elle voulait, car on la tenait pour une excellente cliente, mais on avait refusé de lui avancer un centime avant que les réparations eussent été faites à la propriété, et surtout le nouveau toit.

Déjà auparavant, elle avait pensé qu'elle aurait des dépenses à faire, mais elle les avait envisagées vaguement, « un ou deux milliers de dollars pour mettre la maison en état, et quelques milliers supplémentaires pour la meubler ». Après la réponse de la banque, elle s'était demandé s'il ne valait pas mieux, au lieu de conserver telle quelle cette monstruosité, faire des transformations complètes afin que quelqu'un plus tard puisse sérieusement désirer acheter la propriété. C'est alors qu'elle avait appelé Monty en consultation. Elle ne lui avait pas parlé de son problème financier, mais elle avait été ravie quand il s'était déclaré d'accord pour rendre à la maison l'aspect qu'elle avait avant que Beragon Senior eût mis à exécution ses étranges conceptions esthétiques. Mais si cela avait donné satisfaction à la banque et permis d'obtenir le prêt de 25 000 dollars, cela avait coûté 5 000 dollars et vidé la cagnotte personnelle de Mildred. Pour l'ameublement, elle dut vendre des titres. Quand elle épousa Monty, il eut besoin d'une voiture, ou du moins, Mildred estima qu'il lui en fallait une. Cela fit 1 200 dollars de plus. Pour trouver cet argent et régler un ou deux autres petits détails survenus au même moment, Mildred puisa dans les réserves de sa société. Elle se fit un chèque de 2 500 dollars et le nota comme «bonus». Mais elle ne se servit pas pour cela du gros chéquier tenu par Miss Jaeckel, l'employée de la comptabilité. Elle utilisa l'un des chèques en blanc qu'elle emportait toujours dans son sac, à tout hasard. Elle se répéta à plusieurs reprises qu'elle devait le signaler à Miss Jaeckel, mais elle ne s'y décida pas. Alors, en décembre 1939, pour faire face aux dépenses de Noël, elle s'octroya un nouveau bonus de 2 500 dollars, de sorte que, le 1er janvier, il y eut une différence de 5 000 dollars entre les comptes de Miss Jaeckel et ceux de la banque.

Mais ces importants prélèvements de fonds n'étaient qu'une partie de ses difficultés. À sa grande surprise, la banque exigea l'amortissement de son prêt en même temps que le paiement des intérêts réguliers : ainsi aux 125 dollars mensuels habituels s'ajoutèrent 250 dollars, somme beaucoup plus importante qu'elle ne l'avait envisagée. Puis, quand Monty lui céda Kurt et Frieda pour 150 dollars par mois, elle dut faire face, pour la cuisine, à une dépense beaucoup plus lourde qu'elle ne l'avait prévue. Enfin, les innombrables hôtes, qui tous paraissaient aussi assoiffés qu'une caravane de chameaux, firent monter la note du train de maison à un chiffre effarant. Le résultat fut qu'elle se vit contrainte d'augmenter son propre traitement dans sa société. Jusque-là, elle s'était donné 75 dollars par semaine pour chacun des quatre établissements composant la société : la Charrette aux Pies, la fabrique de pies, le restaurant de Beverly et celui de Laguna, soit 300 dollars au total. Cela dépassait si absurdement ses dépenses que l'argent s'était accumulé sur son compte personnel et c'était tellement peu au regard des bénéfices de la société, qu'une réserve coquette s'était également formée au compte de la société. Mais quand elle s'attribua 400 dollars, la réserve cessa d'augmenter et, même, Miss Jaeckel, le visage sévère, lui signifia plusieurs fois qu'il serait nécessaire de transférer de l'argent de la *Réserve* — qui était gérée sur un compte spécial — à la *Caisse courante*, gérée sur un compte à part. Détournant les yeux, se sentant malheureuse, pareille à une voleuse, Mildred avait accepté rapidement ces transferts, de 500 dollars chacun.

La *Réserve*, étant une sorte de « vache sacrée », bien à l'écart du système de comptabilité ordinaire, ne tombait pas souvent sous les yeux de Miss Jaeckel, aussi n'y avait-il pas danger immédiat qu'elle fût au courant des retraits faits par Mildred. Cependant, en mars 1940, quand Miss Jaeckel établit la déclaration des revenus, l'emporta chez le notaire, prêta serment sur son authenticité et la lui rapporta, avec pour régler les impôts, les chèques qu'elle devait signer, Mildred eut des sueurs froides. Elle ne pouvait plus maintenant affronter Miss Jaeckel et tout lui avouer. Elle emporta donc les papiers chez un expert-comptable, lui fit promettre le secret, lui raconta ce qu'elle avait fait et lui demanda d'établir un autre relevé pour lequel elle prêterait elle-même serment et qui serait conforme à la balance de la banque. Il parut bouleversé, lui posa un grand nombre de questions et mit une semaine à s'assurer qu'il n'y avait absolument rien eu d'illégal. Mais il insista avec emphase sur ce point, regarda Mildred d'une façon accusatrice et réclama pour ses services 100 dollars, somme insensée puisqu'il avait seulement recopié un papier avec de légères modifications. Mildred paya, lui fit transmettre directement les chèques et dit à Miss Jaeckel qu'elle les avait postés elle-même. Miss Jaeckel la regarda d'un air étrange et retourna, sans faire de commentaire, dans son petit bureau de la fabrique de pies.

Puis, en moins d'une quinzaine de jours se produisirent deux faits nouveaux dont il était impossible de déceler lequel était la cause et l'autre l'effet, mais soudain l'affaire de Laguna subit une baisse inquiétante, et ne se releva pas. Le Victor-Hugo, un des plus vieux et des meilleurs restaurants de Los Angeles, ouvrit une succursale non loin de la maison de Mrs. Gessler, et, immédiatement ce fut une concurrence. Et Mrs. Gessler, les lèvres blanches, les traits tirés, informa Mildred un soir, que « cette petite garce, cette traînée du boulevard Los Feliz » était venue s'installer tout près de là.

— Est-ce que Ike la voit ?

— Comment le saurais-je ? Il est dehors, en courses, la moitié du temps et il va où il veut.

— Il faut le savoir.

— J'ai essayé... Non, à ma connaissance, Ike ne la voit pas. Ike est chic, si on l'aide un peu. Mais la voilà ici. Elle travaille dans cette boutique de poteries, sur la route, à trois milles d'ici, elle porte un uniforme et...

Après cela, Mildred vit bien que Mrs. Gessler n'avait pas tout à fait l'esprit à son travail. Les affaires baissaient et Mildred était incapable de trouver un moyen pour remonter le courant. Elle diminua les prix et cela ne changea rien. Elle aurait volontiers fermé l'établissement, mais elle était liée par un bail, dont elle aurait dû avant tout se libérer. Or ses trois autres maisons ne pouvaient pas rapporter assez pour payer le loyer fixé par ce bail et en même temps maintenir son train de vie à Pasadena. C'était à peu près toutes les semaines, maintenant, que Miss Jaeckel venait lui demander un peu plus d'argent, et les transferts de la *Réserve*, au lieu d'être de 500 dollars descendirent à 250, à 150, à 100, à 50 et malgré cela les chiffres dégringolaient toujours. Mildred menait une vie curieuse, irréelle. Le jour, elle était nerveuse, ennuyée, inquiète ; elle craignait de regarder Miss Jaeckel en face, convaincue que tous les employés chuchotaient sur son compte, la suspectaient et l'accusaient. Le soir, quand elle retrouvait sa maison, Monty, Véda, les inévitables invités, elle s'abandonnait à un plaisir intense, calme, mystique. Durant ces heures-là, elle s'évadait des crises de la journée, ne se permettait aucune angoisse, et contemplait Véda, avec de longs et profonds soupirs.

Mais arriva le jour où la *Réserve* fut de 5 003 dollars 61, sur les livres et de 3 dollars 61 à la banque. Mildred dut raconter une histoire compliquée à Miss Jaeckel pour masquer son impossibilité à faire un nouveau transfert. Deux jours plus tard, elle ne put pas régler sa note de boucherie. Toutes les factures, dans les affaires de restauration, sont payées le lundi et une seule note impayée équivaut au blocage total du crédit. Mr. Eckstein, de la Snyder Bros and Co, les yeux froids, écouta Mildred et accepta de lui livrer la viande jusqu'à ce qu'elle « ait réglé cette petite dette ». Mais toute la semaine suivante, Archie tempêta contre la qualité inférieure de l'aloyau et il fallut empêcher Mrs. Gessler de téléphoner elle-même à Mr. Eckstein. Le lundi la Snyder Bros fut réglée, mais Mildred demanda des délais pour d'autres notes, en particulier pour les liqueurs à la Bodega Inc. Et puis, un jour, Wally Burgan entra dans la Charrette aux Pies et Mildred apprit qu'il venait de la part de plusieurs créanciers. Il proposa de discuter un peu de tout cela et puisque la plupart des difficultés venaient de Laguna, Mildred accepterait-elle qu'il s'y rendît le lendemain soir ? Il y viendrait avec ses clients et après le dîner on parlerait des affaires litigieuses. Le lendemain soir était celui où Véda devait chanter au Bowl. Mildred déclara d'une voix rauque que c'était impossible, qu'elle devait être au Bowl, que rien ne l'en empêcherait. « Alors, répliqua Wally, mettons cela à la semaine prochaine. Lundi, par exemple ? »

Ce délai rendit la situation plus grave encore, car le lundi amena d'autres notes impayées et, en plus de Mr. Eckstein, de Mr. Rossi, de Bodega et des délégués de trois épiceries en gros, Mildred eut à affronter Mr. Gurney et plusieurs représentants de commerce de moindre importance qui, auparavant, avaient été flattés quand elle condescendait à les saluer. Cependant Wally maintint la discussion sur le plan de la courtoisie. Il réclama le silence sur les questions brûlantes tant qu'on servirait le dîner, pour que les serveuses n'entendent pas les détails. Il insista pour que Mildred lui remît la note de ce « banquet de créanciers », comme il l'appelait facétieusement. Il l'encouragea à parler, à abattre ses cartes sur la table, afin de trouver un moyen de tout arranger. Il lui rappela que personne ne voulait lui créer des ennuis. C'était l'intérêt de tous qu'elle se remette à flot, qu'elle redevienne le client n° 1 qu'elle avait été dans le passé.

Cependant, au bout de deux ou trois heures de questions, de réponses, de chiffres, d'explications, la vérité apparut enfin et les balbutiements évasifs de Mildred eux-mêmes ne purent rien y changer : les quatre affaires formant la société, y compris le restaurant de Laguna, auraient été bénéficiaires sans la saignée impitoyable que leur faisait subir Mildred pour soutenir son train de vie à Pasadena. Cette constatation bien établie, il y eut un silence long et pénible. Puis, Wally déclara :

— Mildred, nous excuserez-vous si nous vous posons quelques questions à propos de votre budget domestique ? Histoire de voir un peu plus clair ?

— Cela ne regarde personne que moi.

— Ce n'est pas notre affaire, c'est exact. Si nous nous en tenons à ce qui nous regarde, nous serions déjà devant les tribunaux, réclamant qu'on vous impose des administrateurs, et gardant nos questions pour nous. Nous ne l'avons pas fait. Nous voulions vous donner une chance. C'est pourquoi il me semble que nous avons droit à quelque considération nous aussi, n'est-ce pas ? Nous pouvons nous occuper de ce que nous estimons important. Vous ne le croyez peut-être pas. C'est peut-être là qu'est la difficulté. C'est pourtant vous qui êtes derrière la barricade, pas nous.

— ... Que voulez-vous savoir ?

— Combien Véda donne-t-elle pour la maison ?

— Croyez-vous que je puisse faire payer une pension à mon enfant ?

— C'est pourtant elle qui occasionne les grosses dépenses ?

— Je ne compte pas en ce qui la concerne.

— Écoutez-moi. Voilà où j'en arrive : Véda gagne beaucoup d'argent. Elle a une jolie fortune, que j'ai attrapée pour elle, et elle a eu du flair dans ses placements. Elle ramasse 500 dollars par semaine avec « Pleasant » et même lorsqu'elle a payé ses agents, ses professeurs et autres parasites, il doit lui rester encore un beau paquet. Donc, ne serait-il pas normal que vous receviez d'elle une certaine somme pour son entretien ? Faites cela et immédiatement l'étau qui vous étouffe se desserre.

Mildred ouvrait la bouche pour répliquer qu'elle n'agirait jamais ainsi, que les revenus de Véda ne la regardaient pas, quand, sous les manières affables de Wally, elle reconnut une allure d'autrefois, un éclair d'acier. Son cœur sursauta et elle comprit qu'elle devait éviter tout piège, ne divulguer aucune de ses relations avec sa fille. Elle sentit qu'il fallait freiner, répondre qu'elle n'avait jamais pensé à cela auparavant, insister sur le fait qu'elle devait réfléchir avant de décider. En pensant de la sorte, elle ne quittait pas du regard Mr. Rossi. Elle le vit jeter un coup d'œil à Mr. Eckstein. Elle comprit alors ce qui se tramait. Wally machinait une petite combine. Les créanciers recevraient leur argent, la société serait consolidée et Véda en ferait les frais. Il ne lui vint pas à l'esprit que cette solution avait une base équitable : que les créanciers avaient fourni des marchandises et qu'ils avaient le droit d'être payés, que Véda gagnait de grosses sommes et lui devait à elle une belle note. Elle ne vit que ces hyènes rôdant autour de son poussin, et toute son astuce, toute son habileté à manœuvrer l'abandonnèrent. Elle s'énerva, proclama que tant qu'elle pourrait l'éviter, son enfant ne serait jamais la victime d'une telle escroquerie. Puis, regardant Wally dans les yeux, elle poursuivit :

— De plus, je crois que ni vous ni aucun d'entre vous n'avez le moindre droit, même légal, de prendre ce qui m'appartient ou ce qui appartient à mon enfant pour payer les dettes de cette affaire. Vous avez peut-être oublié, Mr. Wally Burgan, que c'est vous qui m'avez fait mettre en société ? C'est vous qui avez établi tous les papiers et m'avez bien expliqué la loi. Votre principal argument était que, si je me mettais en société, ma fortune personnelle serait à l'abri de n'importe lequel des créanciers de la société. Vous l'avez peut-être oublié, pas moi.

— Non, je ne l'ai pas oublié.

La chaise de Wally grinça tandis qu'il se levait pour faire face à Mildred, car elle se tenait déjà debout, à quelques pas en arrière de la grande table ronde.

— Je ne l'ai pas oublié et vous avez parfaitement raison : personne ici ne peut prendre un cent de votre argent, ni de votre fortune personnelle, ni de celle de Véda, pour satisfaire à nos revendications aussi raisonnables qu'elles puissent être. Ils ne peuvent rien toucher. Tout est à vous, et de loin. Mais ce qu'ils peuvent, c'est aller devant un tribunal, vous faire déclarer en faillite et tout ramasser. Le tribunal nommera des administrateurs et les administrateurs mèneront l'affaire. Vous serez hors du jeu…

— D'accord.

— Vous n'existerez plus, et Ida prendra votre place.

— … *Qui ?*

— Vous ne saviez pas cela, n'est-ce pas ?

— C'est un mensonge. Jamais, elle ne…

— Parfaitement, elle le fera. Ida a d'abord pleuré. Elle a déclaré qu'elle ne voulait même pas entendre parler de cela, qu'elle était une de vos bonnes amies. Mais de toute la semaine dernière elle n'a pas réussi à vous joindre pour s'expliquer un peu avec vous. Vous étiez trop occupée par le concert ! Cela l'a-t-il un peu blessée ? Quoi qu'il en soit, maintenant, elle est plus raisonnable et nous estimons qu'elle mènera l'affaire aussi bien qu'une autre. Pas aussi bien que vous, quand vous aviez la tête à cela… peut-être. Mais certainement mieux qu'une piquée des coulisses qui préfère aller au concert que travailler, et dépenser son argent pour son enfant au lieu de payer ses créanciers.

La révélation de la trahison d'Ida avait fait jaillir des larmes des yeux de Mildred et elle avait tourné le dos à Wally qui continuait d'une voix froide et posée :

— Mildred, il faut vous mettre dans la tête que vous avez trois choses à faire. Diminuer votre train de vie afin de vous suffire avec ce que vous gagnez. Dénicher de l'argent, soit chez Véda, soit par la maison de l'avenue Pierce, soit par n'importe quel moyen, afin de vous débarrasser de ces dettes et de tout recommencer à zéro. Faire cesser votre existence actuelle et vous remettre au travail. Croyez-moi, comme je l'ai déjà dit, nous ne vous voulons pas de mal. Nous cherchons votre bien. Cependant, nous tenons à récupérer notre argent. Dans la semaine qui vient prouvez-nous que vous avez compris et vous pourrez oublier tout ce qui a été dit ce soir. Si vous ne le faites pas, nous serons forcés de prendre une décision.

Il était à peu près 11 heures quand Mildred regagna sa maison, mais elle frappa sur l'épaule de Tommy pour qu'il s'arrête quand elle vit le premier étage brillamment éclairé et cinq ou six voitures arrêtées devant la maison. Elle était à la limite de la crise de nerfs et ne se sentait la force d'affronter ni Monty, ni huit ou dix joueurs de polo et leurs femmes. Elle ordonna à Tommy d'avertir Mr. Beragon qu'elle avait été retenue par des affaires et qu'elle ne serait là que très tard. Puis, elle changea de place, prit le volant et repartit dans l'avenue des Orangers. Ce fut presque automatiquement qu'elle tourna à gauche vers le centre commercial, qu'elle traversa le pont et se dirigea vers Glendale et vers Bert. Il n'y avait pas de lumière chez Mamy, mais Mildred savait que Bert était là, car la voiture était dans le garage et il était seul à la conduire maintenant. À son appel discret, Bert ouvrit une fenêtre et répondit qu'il descendait immédiatement. Mais à la vue du visage de Mildred, il s'arrêta, vêtu de sa vieille robe de chambre rouge, et la regarda, puis il lui caressa la main et déclara soudain que ce n'était pas un endroit pour bavarder. Mamy allait s'inquiéter, elle voudrait savoir ce qui se passait, et grand-père crierait en essayant vainement de le lui expliquer. Il demanda à Mildred de l'attendre le temps qu'il enfile ses vêtements et, pendant quelques minutes, assise dans la voiture, elle se sentit un peu réconfortée. Quand il sortit, il lui proposa de conduire et elle se déplaça avec joie. Alors il démarra avec ce style aisé et élégant qu'elle n'avait vu à personne et fit quelques remarques sur le fait que c'était vraiment une chic bagnole, surtout dans sa tenue de route. Mildred passa son bras sous le sien.

— Véda doit t'aider.

Ils avaient roulé jusqu'à San Fernando, puis Van Wuys, Beverly, l'Océan et ils étaient maintenant à Santa Monica dans un petit bar ouvert toute la nuit. Mildred, fondant en larmes, avait raconté toute l'histoire ou, du moins, tout à partir du retour de Véda à la maison. Les rapports singuliers qu'elle avait avec Monty et notamment la façon dont s'était décidé son mariage, avaient été laissés de côté ; peut-être, d'ailleurs, les avait-elle déjà oubliés. Mais sur les récents événements, elle fut impitoyablement franche et avoua même les deux chèques de 2 500 dollars que Miss Jaeckel n'avait toujours pas découverts. Là Bert émit un petit sifflement, et pendant une demi-heure il entra dans tous les détails de cette opération. Mildred répondait par des murmures timides, et cependant trouvait à cette confession un étrange apaisement spirituel, comme si elle avait parlé à travers le treillis d'un confessionnal. Un long silence heureux suivit lorsque Bert affirma qu'autant qu'il pouvait en juger, aucune loi n'avait été outrepassée. Mais, solennellement il ajouta :

— Ce qui ne veut pas dire que ce n'était pas follement idiot.

— Je *sais* que c'était idiot.

— Eh bien, alors...

— Tu ne dois pas me gronder.

Elle leva la main de Bert et l'embrassa. Puis, ils revinrent à la Société et au problème qu'elle posait. Pour lui, elle ne pouvait être sauvée que par Véda. Et, après un deuxième verre, il fut encore plus affirmatif.

— C'est elle qui te coûte de l'argent et c'est elle qui gagne de l'argent. Elle doit payer sa part.

— Je n'ai jamais voulu qu'elle sache.

— Moi non plus, je ne voulais pas qu'elle sache mais elle a tout de même compris que j'avais touché le fond. Si elle avait eu de l'argent quand les Maisons Pierce ont commencé à flancher, si je l'avais pris, et si les Maisons Pierce étaient encore à nous maintenant, elle serait en meilleure posture sociale, non ?

Mildred pressa la main de Bert, but une gorgée, puis écouta pendant une minute ou deux la radio qui ronronnait doucement. Elle n'avait pas compris jusqu'à cet instant que Bert était passé par tout cela lui-même, qu'elle n'était pas la seule à avoir souffert. Bert se pencha davantage et dit à voix basse, pour ne pas gêner la radio :

— Et qui a mis cette gamine-là où elle est aujourd'hui ? *Qui* a payé pour toute cette musique ? *Et* ce piano ? *Et* cette voiture ? *Et* ces robes ? *Et...*

— Tu as donné ta part.
— Bien médiocrement.
— Tu as fait beaucoup.
Le rapprochement de l'affaire des Maisons Pierce et de l'affaire Mildred Pierce, ajouté à un brin d'alcool et d'eau de Seltz, avait plus rapproché Bert de Mildred qu'ils ne l'avaient jamais été auparavant et Mildred décida que justice devait lui être rendue.
— Tu as fait énormément. Nous vivions très bien avant la crise. Bert, aussi bien que les autres familles de ce pays, ou des autres. Cela a duré longtemps. Véda avait onze ans quand nous nous sommes séparés et elle n'en a que 20 aujourd'hui. Je l'ai élevée pendant neuf ans, mais toi tu l'as nourrie onze ans.
— Onze ans et huit mois.
Bert cligna de l'œil et Mildred étreignit rapidement sa main.
— D'accord, 11 ans et 8 mois si tu juges bon de rappeler cela. Et je suis heureuse que ce soit seulement huit mois, qu'est-ce que tu en penses ? N'importe quelle nigaude peut avoir un enfant au bout de neuf mois de mariage. Mais si moi, je l'ai eu après seulement huit, cela prouve que je t'aimais, n'est-ce pas ?
— Moi aussi, Mildred.
Mildred couvrit la main de Bert de baisers et pendant un moment, ils ne dirent rien et laissèrent la radio chantonner. Puis Bert reprit :
— Veux-tu que je lui parle ?
— Je ne peux pas lui demander de l'argent, Bert.
— Alors, je le ferai. Je passerai par là demain après-midi, j'amènerai amicalement la conversation là-dessus et lui ferai savoir quel est son devoir. C'est trop

ridicule que tu soies acculée ainsi alors qu'elle vit à tes dépens, vautrée sur son or.

— Non, non, j'hypothéquerai la maison de Glendale.

— Et quel bien cela te fera-t-il ? Ce que tu en tireras équilibrera ton budget pour quelques semaines et tu te retrouveras ensuite exactement au même point. Véda doit te donner un sérieux coup de main et t'épauler.

Ils repartirent de la plage jusqu'au boulevard Sunset et roulèrent vers la maison en silence. Puis, d'une manière tout à fait inattendue, Bert serra les freins, s'arrêta et regarda Mildred.

— Écoute, il faut que tu agisses toi-même.

— ... Pourquoi ?

— Parce qu'il faut que ce soit fait cette nuit.

— Impossible, il est tard, elle dormira...

— Je n'y peux rien qu'il soit tard, qu'elle dorme ou qu'elle ne dorme pas. Tu dois la voir. Parce que tu as oublié, et j'ai oublié, et nous avons oublié tous les deux qui machine cette affaire. Mildred, on ne peut pas faire confiance à Wally Burgan, même pas jusqu'au lever du soleil. C'est un sale petit escroc, et nous le savons. Il était mon camarade et il m'a trompé ; il était ton camarade et il t'a trompée. Réfléchis, Mildred, il était également l'ami de Véda ? Peut-être est-il en train de lui jouer un sale tour. Peut-être est-il prêt à rafler son argent...

— Il ne peut pas, pas pour des dettes de la société.

— *Comment le sais-tu ?*

— Il me...

— C'est cela, *il* te l'a dit. Wally Burgan te l'a dit. Tu crois tout ce qu'il te dit, quoi qu'il dise. La réunion de ce soir n'était peut-être qu'une comédie ? Peut-être se prépare-t-il à te contraindre à prendre l'argent de Véda en main, en tant que tutrice, de façon à pouvoir t'attaquer et le lui rafler? Elle est encore mineure, souviens-t'en. Toi, moi et Véda, nous aurons peut-être tous les trois du papier timbré dans le dos tout à l'heure. Mildred, vois Véda cette nuit. Et emmène-la hors de la maison pour qu'on ne puisse rien lui signifier, légalement, demain. Vous me retrouverez au Brown Derby d'Hollywood pour le petit déjeuner. Jusque-là, je vais être *très* occupé. Nous serons quatre demain et le quatrième sera un avocat sérieux.

L'exaltation du complot conduisit Mildred jusqu'à la chambre de Véda alors qu'aucune nécessité urgente n'aurait pu l'y amener. Il était plus de trois heures quand elle parvint à la maison où tout était sombre, malgré la lumière du hall, au rez-de-chaussée. Elle rangea la voiture, marcha sur le gazon pour ne pas faire de bruit et entra par la porte de devant. Après avoir éteint, elle monta à tâtons, restant soigneusement sur le tapis pour que ses chaussures ne grincent pas. Elle avança sur la pointe des pieds le long du couloir jusqu'à la chambre de sa fille et frappa à la porte. Elle ne reçut pas de réponse. Elle frappa de nouveau, du bout des doigts pour faire seulement un bruit assez doux. Toujours pas de réponse. Elle tourna la poignée et entra. Sans toucher au commutateur, elle alla jusqu'au lit, toujours sur la pointe des pieds, et se pencha pour atteindre Véda, lui parler de manière à ce qu'elle ne soit pas surprise. Véda n'était pas là. Vivement, Mildred alluma la lampe de chevet et regarda autour d'elle. Personne dans la pièce. Et personne ne s'était couché dans le lit. Mildred alla vers la salle de bains, appela doucement. Elle ouvrit le placard. Les vêtements de Véda y étaient bien suspendus, même la robe qu'elle avait portée ce même soir, avant que Mildred partît pour Laguna. Stupéfaite et un peu inquiète, Mildred se rendit dans sa propre chambre, avec l'espoir que sa fille serait allée l'y attendre et s'y serait endormie. Aucune trace de Véda. Mildred se dirigea alors vers la chambre de Monty et frappa. Son angoisse s'était accrue, et ce n'était plus avec le bout des doigts qu'elle cognait maintenant. Elle donna un coup violent avec l'articulation. Rien. Elle frappa de nouveau avec insistance. Quand il répondit, Monty avait l'air endormi et extrêmement fâché. Mildred expliqua que c'était elle, qu'elle voulait entrer, qu'il fallait qu'elle lui parle. Il répliqua qu'il n'en voyait pas l'urgence et qu'elle ferait mieux de se recoucher et de le laisser dormir. Elle frappa de nouveau, impérieusement cette fois, et ordonna qu'il lui ouvre. Elle cria qu'il s'agissait de Véda.

Quand il se décida à entr'ouvrir la porte et qu'il comprit pourquoi Mildred s'affolait, il se montra plus ennuyé encore.

— Mais, Bon Dieu, est-ce une enfant? Et après, si elle n'est pas là? Qu'est-ce que je vais faire? Me remettre au lit. Je ne sais pas où elle est. Elle est peut-être sortie. Elle avait peut-être un rendez-vous. Elle voulait peut-être voir la lune. Nous vivons dans un pays de liberté.

— Elle n'est pas sortie.

— Comment le sais-tu?

— Sa robe est ici.

— Elle a pu en changer.

— Sa voiture est...

— Elle a pu partir avec quelqu'un...

Cette simple éventualité ne s'était pas même présentée à l'esprit de Mildred, et elle était sur le point de s'excuser et de retourner dans sa chambre quand elle nota la pose du bras de Monty. Il s'appuyait dessus, en travers de la porte, d'une manière bizarre, comme pour barrer l'accès de sa chambre. Brusquement Mildred le repoussa et tourna le commutateur. Du lit, Véda la regarda bien en face.

Monty, d'une voix émasculée, androgyne, vociféra toute l'amertume, la stupidité de sa vie dans une longue diatribe hystérique contre Mildred. Il dit qu'elle s'était toujours servie de lui pour ses desseins personnels depuis le jour où elle l'avait rencontré. Il dit qu'elle était incapable de grandeur et ne savait pas ce que cela impliquait de vivre sous sa coupe. Il rappela les premiers vingt dollars qu'elle lui avait donnés et comment, plus tard, elle les lui avait reprochés. Il en arriva à leur mariage et l'accusa, à juste titre, de s'être servi de lui comme appât pour attirer une Véda nomade. Mais, dit-il, ce qu'elle avait oublié, c'est qu'il était un appât vivant. La proie et l'appât étaient tombés amoureux. Qu'en pensait-elle ? Qu'allait-elle faire ? Mais surtout il fit beaucoup d'allusions à l'importance de l'argent dans cette chasse à l'homme et il déclara qu'il avait montré son indépendance en plaquant la femme qui le tenait avec une Charrette à Pies, pour une autre qui le gardait avec sa voix.

Cependant Mildred l'entendait à peine. Elle s'était assise sur une petite chaise de tapisserie, près de la porte, le chapeau de travers, son sac sur les genoux, les pieds ridiculement tournés en dedans. Mais si ses yeux regardaient le plancher, son esprit ne lâchait pas l'adorable créature dans le lit, et, de nouveau, elle était physiquement malade de ce que signifiait cette présence. Quand Monty eut parlé pendant quelque temps, tournant en rond et remontant son pyjama, Véda l'interrompit affectueusement :

— Chéri ! Quelle importance cela a-t-il ce que font les crétins, qu'ils paient ou qu'ils se rendent compte de ce que c'est que vivre sous leur coupe ? Réfléchis au poison qu'elle est pour moi. Je ne peux littéralement pas ouvrir la bouche dans un théâtre, un studio, ou n'importe où, sans qu'elle soit là, gesticulant au foyer, me gênant devant tout le monde, tout cela pour prendre *sa* part de gloire. Et pourtant, que fais-je ? Je ne hurle pas comme *tu* le fais. Cela manque de dignité. Et ce serait... — Véda étouffa un petit bâillement ensommeillé — *très* mauvais pour ma gorge... Habille-toi maintenant, et débarrassons le plancher. Nous la laisserons à ses plats à « pies » et, avant l'heure du déjeuner, nous en rirons tous les deux.

Monty passa dans son cabinet de toilette et, pendant un moment, le silence régna, troublé seulement par la respiration, curieusement lourde, de Mildred. Véda trouva des cigarettes sur le plancher, en alluma une et resta là à fumer comme elle avait appris dernièrement, aspirant la fumée et la faisant ressortir en épaisses spirales, pour qu'elle pénètre dans sa bouche, mais n'atteigne pas sa gorge. Le souffle de Mildred devint plus rapide, comme si, pareille à un animal qui aurait couru sur une longue distance, elle haletait. Monty revint, vêtu d'un costume de tweed, d'une chemise bleue et de chaussures de cuir, son chapeau dans une main, un fourre-tout dans l'autre. Véda fit un signe de tête, écrasa sa cigarette. Puis, elle se leva, alla jusqu'au miroir de Monty et commença à se peigner tandis que de petites vocalises cascadaient inconsciemment dans sa gorge et que des gouttes glacées cascadaient dans le cœur de Mildred. Car Véda était complètement nue. De son large torse de chanteuse, de sa poitrine pointée en avant, jusqu'aux hanches minces, jusqu'aux adorables jambes, il n'y avait même pas la valeur d'une jarretière pour dissimuler un bout de peau.

Véda, chantonnant toujours, se dirigea vers le cabinet de toilette, et Monty lui tendit le kimono qui était au pied du lit. Ce fut alors que Mildred bondit. Mais ce ne fut pas sur Monty, sur son mari, sur l'homme qui avait été infidèle qu'elle bondit. Ce fut sur Véda, sa fille, la fille qui n'avait rien fait de plus que ce que Mildred avait proclamé, un jour, être le droit de toute femme. C'était cette créature cruelle, de dix-sept ans plus jeune qu'elle-même, aux doigts pareils à de l'acier à force de jouer du piano, aux jambes solides et fermes comme du caoutchouc à force d'équitation, de nage et de tous les sports que Mildred avait rendus possibles. Et ce fut l'athlète qui s'écroula comme une méduse sous cette masse courtaude, furieuse, empêtrée dans sa robe noire, son chapeau sur l'oreille et son collier de perles qui se cassa et dont les perles roulèrent par toute la pièce. Vaguement, comme s'il était très loin, Mildred entendit Monty hurler et elle sentit qu'il s'accrochait à elle pour l'arracher de sa proie. Elle sentit aussi les coups d'ongles de Véda écorchant ses yeux, son visage et le goût du sang dans sa bouche. Rien ne l'arrêta. Elle lutta pour atteindre la gorge de cette fille, nue sous elle, et elle serra fort. Elle libéra son autre main de l'étreinte de Monty, et saisit la gorge avec cette autre main aussi et elle serra des deux mains. Elle vit le visage de Véda devenir rouge, devenir pourpre. Elle vit la langue de Véda sortir de sa bouche, et les yeux bleu-ardoise perdre leur expression. Elle serra plus fort.

Elle se retrouva sur le plancher, auprès du lit, la tête résonnant encore de coups violents. De l'autre côté de la pièce, Véda, revêtue maintenant du kimono, était affalée sur une chaise et se tenait la gorge. Elle respirait avec peine et Monty lui parlait, lui disait de s'apaiser, de s'étendre, de ne pas s'inquiéter. Mais Véda se mit debout, et, chancelante, sortit de la chambre. Mildred, devinant quelque raison à cette sortie et convaincue que cette raison était sûrement de nature mauvaise, se releva et courut après elle. Plaidant pour que prît fin cette «sacrée folie», Monty suivit Mildred. Éveillées sans aucun doute par le bruit, Letty et Frieda, en chemise de nuit, les regardèrent tous les trois avec frayeur, tandis que Véda descendait le grand escalier. Ils formaient en vérité une procession de fantômes et la lumière grise qui filtrait semblait le seul éclairage convenable pour la haine qui convulsait leurs visages.

Véda entra dans le living-room, vacilla jusqu'au piano, et frappa un accord. Puis, sa respiration s'accéléra comme si elle était sur le point de rendre, mais Mildred frappée tout à coup d'une affreuse intuition, comprit qu'elle essayait de chanter. Aucun son ne sortit. Véda frappa encore une fois le même accord. Silence. Au troisième essai, un horrible croassement semblable à une voix d'homme et cependant pas une voix d'homme non plus, sortit de sa bouche. Avec un cri perçant, Véda s'abattit sur le plancher et resta étendue là, tordue de convulsions. Mildred s'effondra, terrifiée du résultat qu'elle avait obtenu. Monty se mit à gémir nerveusement criant vers Mildred :

— Elle est arrivée l'aube !... Elle est arrivée l'aube ! Dieu de Dieu, quelle aube !

CHAPITRE XVII

Et, de nouveau, c'était Noël dans l'avenue Pierce, ce Noël californien, doré et lumineux. Mildred, après l'époque la plus tourmentée de sa vie, se reprenait à vivre, à espérer que l'avenir lui apporterait autre chose que des peines ou, ce qui était pire encore, la honte. Ce n'était pas tellement l'écroulement de son univers en une folle débandade, qui avait anéanti sa volonté, lui laissant l'impression qu'il lui fallait porter un voile pour ne pas regarder les gens en face. La faillite de la Société « Mildred Pierce » avait été un coup dur. Cela avait été doublement pénible, car elle savait que si Wally Burgan avait été un peu moins brutal, si Mrs. Gessler avait été un peu plus loyale et n'avait pas perdu la tête, téléphonant de Santa Barbara à San Francisco toutes les heures les nouvelles de la blonde de son Ike, elle aurait pu détourner l'orage. Ces téléphonages avaient été une des caractéristiques de son séjour à Reno, de ce cauchemar au cours duquel elle avait sans cesse écouté Mr. Roosevelt sans parvenir à se mettre dans la tête qu'elle ne voterait pas pour lui cette année puisqu'elle résidait au Nevada, et non en Californie. Ensuite, ça avait été dur aussi de se faire à l'idée flétrissante de ne plus jamais pouvoir faire des affaires sous son propre nom, car, en définitive, celui-ci restait la propriété de la Société, et amèrement Mildred avait fait le compte des nombreuses dettes qu'elle avait encore envers Wally.

Mais ce qui lui avait laissé au cœur une cicatrice qu'elle pensait ne jamais devoir s'effacer, c'était une petite séance d'une heure au moins en compagnie d'un sténographe et de deux avoués. En effet, dès le lendemain de sa sortie de l'hôpital, Véda s'était, paraît-il, rendue, comme d'habitude, au studio de la radiodiffusion pour une répétition avec l'orchestre Pleasant. La voix basse, masculine, qui était sortie des microphones n'était pas du tout celle que Pleasant avait engagée et le chef d'orchestre avait remis l'audition. Véda, ce jour-là et le jour suivant, avait insisté pour exécuter son contrat. Alors Pleasant avait porté l'affaire devant les tribunaux pour annuler le contrat, puisque Véda n'était plus apte à le remplir.

L'avoué de Véda, frère de Mr. Levinson, son impresario, avait jugé nécessaire de prouver que l'état vocal de Véda n'était dû à aucune faute de sa part. Et c'est pourquoi Mildred, avant d'abandonner la maison Beragon et de la mettre en location, avant de partir pour Reno demander le divorce, avant même d'avoir enlevé de dessus sa tête les vessies de glace, avait dû faire une déposition, racontant la querelle, et la façon dont elle avait étranglé Véda au point que celle-ci avait perdu la voix. Cela avait été suffisamment pénible, bien qu'aucun des avoués ne l'ait pressée de dire la raison exacte de la discussion et l'ait laissée la décrire comme « une mesure de discipline ». Mais le lendemain, quand les journaux estimèrent que c'était là une histoire curieuse, intéressante et humaine, et qu'ils la publièrent avec de gros titres, des photos de Mildred et de Véda, des déclarations de Monty, et des allusions laissant entendre que Monty pouvait bien avoir été à la base de cette «mesure de discipline», alors Mildred se sentit montrée du doigt à tous. Elle avait détruit la magnifique chose qu'elle aimait plus que tout au monde. Elle eut une nouvelle crise et ne put se lever pendant plusieurs jours.

Aussi, lorsque Véda vint à Reno et lui pardonna avec politesse, quand elle fit prendre d'autres photos et raconter de longues histoires dans les journaux, Mildred lui en fut-elle profondément reconnaissante. Ce fut une Véda étrange, surnaturelle qui demeura avec elle à l'hôtel, une ombre languissante, souriante, qui parlait à voix basse à cause de sa gorge et semblait le fantôme de Véda, bien plus que Véda elle-même. Mais, la nuit, quand elle y repensa, tout devint limpide. Elle avait causé du tort à Véda, et il n'y avait qu'un seul et unique moyen de le réparer. Puisqu'elle avait privé Véda de son «gagne-pain», elle devait lui assurer un toit, veiller à ce qu'elle ne connaisse pas le besoin. Voilà qu'avec de nouvelles raisons, le dessein familier se recréait. Et Bert avait sur tout cela la même opinion que Mildred. Celle-ci lui avait envoyé 50 dollars, lui demandant de venir la voir puisqu'elle ne pouvait pas aller à lui, car il ne lui était pas permis de quitter le Nevada avant que le divorce soit prononcé. Il vint pour le week-end suivant. Elle l'emmena faire une longue promenade du côté de Tonopah et ils examinèrent la question à fond. Bert fut profondément ému par les détails de l'arrivée de Véda et de son pardon. «Bon Dieu, déclara-t-il, cela me fait du bien.» Cela venait à point pour prouver que, quand l'enfant voyait des gens bien, elle avait bon cœur, dans le fond, et elle était exactement comme on la désirait. Il fut d'accord que le moins que pouvait faire Mildred était de lui assurer un foyer. Et quand, timidement, elle lui demanda s'il voulait l'aider à lui procurer ce foyer, il répondit gravement que rien ne lui plairait davantage. Il revint passer deux autres weekends et dès que le divorce fut prononcé, eut lieu un tranquille remariage. À la grande surprise de Mildred, Véda ne fut pas la seule assistante à cette cérémonie. Mr. Levinson apparut, expliquant qu'il se trouvait par hasard dans la ville, pour affaires, et qu'il était amateur du riz matrimonial.

Les jours qui suivirent le dernier jeudi de novembre (Thanksgiving day) avaient été mornes et vides pour Mildred ; elle ne s'habituait pas à l'idée que la Charrette aux Pies ne lui appartenait plus, qu'elle n'avait plus rien à faire. Elle avait hypothéqué la maison de l'avenue Pierce dans laquelle elle était de nouveau installée et elle avait obtenu 5 000 dollars. Mais la majeure partie en avait été dépensée à Reno et le reste fondait rapidement. Cependant elle avait décidé de fêter Noël. Elle acheta un nouveau costume à Bert et, pour Véda, un de ces énormes phonos électriques avec plusieurs albums de disques. Cet accès d'insouciance ressuscita un peu de son ancienne personnalité et elle était presque gaie quand Letty annonça le dîner. Bert avait confectionné un alexandra, l'atmosphère était chaude, plaisante et, au moment où ils passaient tous les trois dans la salle à manger, elle se souvint tout à coup qu'elle s'était heurtée la veille à Mr. Chris, au *Tip-Top*, et qu'il était furieux des « pies » qui lui étaient livrés par la Mildred Pierce Inc. « Il ne voulait pas croire que je ne m'en occupais plus, mais quand je lui ai demandé s'il aimerait avoir quelques « pies » de ma fabrication, il m'a presque embrassée. "D'accord, d'accord, n'importe quand, apportez-m'en, aux pommes et aux citrons."»

Elle était si enchantée de la façon dont elle avait imité l'accent de Mr. Chris qu'elle se mit à rire et ils éclatèrent tous de rire ensemble. Puis, Bert déclara que si elle se sentait disposée à fabriquer de nouveau des «pies», elle n'aurait pas à se préoccuper du reste. Il se chargeait de les vendre. Véda rit encore, montra sa bouche et murmura qu'elle se chargeait, elle, de les manger. Mildred aurait aimé se lever pour l'embrasser, mais elle se retint.

On sonna à la porte d'entrée. Letty alla ouvrir et revint au bout d'un moment, l'air ahuri.

— Le chauffeur de taxi est là, Mrs. Pierce.

— Le taxi? Je n'ai pas commandé de taxi.

— Je vais lui dire, madame.

Véda arrêta Letty d'un geste:

— Je l'ai demandé.

— Toi?

— Oui, mère.

Véda se leva, laissant sa dinde intacte et elle fit face à Mildred avec calme: «J'ai décidé, voici quelque temps, que ma place était à New York et je pars tout à l'heure par avion. J'avais l'intention de t'en avertir.»

Confondue, Mildred évita le regard froid, cruel, de Véda et remarqua qu'elle parlait maintenant d'une voix très normale. Un soupçon jaillit dans son esprit:

— Avec qui pars-tu?

— Avec Monty.

— Ah.

Une foule de détails revinrent instantanément à l'esprit de Mildred et s'assemblèrent les uns aux autres: les propositions de Mr. Hobey, l'organisateur de l'émission «Sunbake», la grande scène du pardon, reproduite par les journaux; l'apparition inattendue de Mr. Levinson à son mariage. Et tandis que Véda restait là, souriant froidement, Mildred se mit à parler, sa langue sortant de ses lèvres à petits coups rapides, saccadés, comme ceux d'une langue de serpent. «Je comprends, maintenant... Tu n'as jamais perdu la voix, tu as simplement pensé plus vite que nous tous, ce soir-là... Si tu arrivais à me convaincre que je t'avais blessée, tu rompais ton contrat avec "Pleasant", la société qui t'a donné ta première chance. Tu avais autrefois l'habitude de chanter à pleine poitrine, comme un homme, et tu savais encore le faire si besoin était. Tu l'as fait, puis tu m'as obligée à tout avouer sous serment, devant des hommes de loi, pour que les journaux s'en saisissent. Mais tu t'es rendu compte alors que tu avais été trop loin. Les journaux ont découvert Monty et cela n'était pas excellent pour le public de la radio. Alors, tu es venue à Reno et tu as fait prendre des photos où j'étais dans tes bras. De même, à mon mariage avec ton père. Et tu y as même invité ce Levinson, comme s'il représentait quoi que ce soit pour moi. Tout cela pour camoufler, pour cacher ce qu'il en était en réalité, cette intrigue amoureuse avec le mari de ta mère, avec ton propre beau-père.

— En tout cas, je pars.

— Et je sais très bien pourquoi tu t'en vas. Maintenant que la publicité est un peu apaisée, tu vas chanter pour «Sunbake» à raison de 2 500 dollars par semaine. Parfait... mais cette fois, ne reviens pas.»

La voix de Mildred vibra en disant ces mots et, d'un mouvement involontaire, Véda porta la main à sa gorge. Néanmoins, elle alla vers son père et l'embrassa. Il l'embrassa, lui tapota la joue, mais ses yeux ne souriaient pas, au contraire. Véda partit. La portière du taxi claqua et la voiture s'éloigna bruyamment. Mildred courut dans sa chambre, se jeta sur le lit et se mit à pleurer. Elle avait des raisons pour pleurer. Elle avait 37 ans. Elle était épaisse et n'avait plus de ligne. Elle avait perdu tout ce pour quoi elle avait travaillé, durant de longues et pénibles années. Le seul être au monde qu'elle eût adoré s'était toujours dressé contre elle, griffes et crocs en avant, et maintenant s'en allait sans un baiser, sans même un mot d'adieu affectueux. Son seul crime, si toutefois elle en avait commis un, c'était d'avoir trop aimé son enfant.

Bert entra dans la pièce, un regard décidé dans les yeux et une bouteille d'alcool à la main. Il l'agita une ou deux fois de main de maître, puis s'assit sur le lit :

— Mildred.

— Oui.

— Que le diable l'emporte.

Cette apostrophe eut pour seul effet de précipiter le rythme des sanglots de Mildred qui n'étaient déjà plus qu'un gémissement. Mais Bert la saisit par l'épaule et la secoua. « J'ai dit : que le diable l'emporte. »

À travers ses larmes et sa détresse, Mildred sembla comprendre ce qu'il voulait exprimer. Ce qu'il lui coûta de ravaler ses sanglots, de le regarder d'un œil voilé, et de trancher une fois de plus le cordon ombilical, Dieu seul le sut. Mais elle le fit. Sa main se crispa sur celle de Bert au point de faire entrer ses ongles dans sa peau, et elle dit :

— D'accord, Bert. Qu'elle aille au diable.

— Nom de Dieu, voilà ce que je voulais entendre. Du cran. Nous sommes tous les deux, n'est-ce pas ? Allez, buvons un vieux coup.

— C'est ça... Buvons un coup.

DU MÊME AUTEUR

Aux Éditions Gallimard

LE FACTEUR SONNE TOUJOURS DEUX FOIS, 1936 (Folio Policier n° 122)

SÉRÉNADE, 1945 (Folio n° 1475)

ASSURANCE SUR LA MORT, 1948 (Folio Policier n° 290)

MILDRED PIERCE, 1950 (L'Imaginaire n° 552)

LE BLUFFEUR, 1951 (Folio n° 2874)

AU-DELÀ DU DÉSHONNEUR, 1952 (Folio n° 1710)

BUTTERFLY (DANS LA PEAU), 1969 (Série Noire n° 11)

DETTE DE CŒUR, 1986 (Folio n° 1763)

FAUX EN ÉCRITURES, nouvelle extraite de ASSURANCE SUR LA MORT, 2003 (Folio 2 €, n° 3787)

Chez d'autres éditeurs

AU BOUT DE L'ARC-EN-CIEL, *Rivages*, 2005

SOIXANTE ANS DE JOURNALISME, *Rivages*, 2005

LE BÉBÉ DANS LE FRIGIDAIRE, *Librio*, 2005

L'IMAGINAIRE

GALLIMARD

Axée sur les constructions de l'imagination, cette collection vous invite à découvrir les textes les plus originaux des littératures romanesques française et étrangères.

Volumes parus

296. Paul Morand : *Fermé la nuit.*
297. Roland Dubillard : *Olga ma vache. Les Campements. Confessions d'un fumeur de tabac français.*
298. Valery Larbaud : *Amants, heureux amants...* précédé de *Beauté, mon beau souci...* suivi de *Mon plus secret conseil.*
299. Jacques Rivière : *Aimée.*
300. Maurice Blanchot : *Celui qui ne m'accompagnait pas.*
301. Léon-Paul Fargue : *Le piéton de Paris* suivi de *D'après Paris.*
302. Joë Bousquet : *Un amour couleur de thé.*
303. Raymond Queneau : *Les enfants du limon.*
304. Marcel Schwob : *Vies imaginaires.*
305. Guillaume Apollinaire : *Le flâneur des deux rives* suivi de *Contemporains pittoresques.*
306. Arthur Adamov : *Je... Ils...*
307. Antonin Artaud : *Nouveaux écrits de Rodez.*
308. Max Jacob : *Filibuth ou La montre en or.*
309. J.M.G. Le Clézio : *Le déluge.*
310. Pierre Drieu la Rochelle : *L'homme couvert de femmes.*
311. Salvador Dali : *Journal d'un génie.*
312. D.A.F. de Sade : *Justine ou les malheurs de la vertu.*
313. Paul Nizan : *Le cheval de Troie.*
314. Pierre Klossowski : *Un si funeste désir.*
315. Paul Morand : *Les écarts amoureux.*
316. Jean Giono : *Rondeur des jours (L'eau vive I).*
317. André Hardellet : *Lourdes, lentes...*
318. Georges Perros : *Papiers collés, III.*
319. Violette Leduc : *La folie en tête.*
320. Emmanuel Berl : *Sylvia.*

321. Marc Bernard : *Pareils à des enfants...*
322. Pierre Drieu la Rochelle : *Rêveuse bourgeoisie.*
323. Eugène Delacroix : *Lettres intimes.*
324. Raymond Roussel : *Comment j'ai écrit certains de mes livres.*
325. Paul Gadenne : *L'invitation chez les Stirl.*
326. J.M.G. Le Clézio : *Voyages de l'autre côté.*
327. Gaston Chaissac : *Hippobosque au Bocage.*
328. Roger Martin du Gard : *Confidence africaine.*
329. Henri Thomas : *Le parjure.*
330. Georges Limbour : *La pie voleuse.*
331. André Gide : *Journal des faux-monnayeurs.*
332. Jean Giono : *L'oiseau bagué (L'eau vive II).*
333. Arthur Rimbaud : *Correspondance (1888-1891).*
334. Louis-René Des Forêts : *Les mendiants.*
335. Joë Bousquet : *Traduit du silence.*
336. Pierre Klossowski : *Les lois de l'hospitalité.*
337. Michel Leiris : *Langage tangage ou Ce que les mots me disent.*
338. Pablo Picasso : *Le désir attrapé par la queue.*
339. Marc Bernard : *Au-delà de l'absence.*
340. Jean Giono : *Les terrasses de l'île d'Elbe.*
341. André Breton : *Perspective cavalière.*
342. Rachilde : *La Marquise de Sade.*
343. Marcel Arland : *Terres étrangères.*
344. Paul Morand : *Tendres stocks.*
345. Paul Léautaud : *Amours.*
346. Adrienne Monnier : *Les gazettes (1923-1945).*
347. Guillaume Apollinaire : *L'Arbre à soie et autres Échos du* Mercure de France *(1917-1918).*
348. Léon-Paul Fargue : *Déjeuners de soleil.*
349. Henri Calet : *Monsieur Paul.*
350. Max Jacob : *Le terrain Bouchaballe.*
351. Violette Leduc : *La Bâtarde.*
352. Pierre Drieu la Rochelle : *La comédie de Charleroi.*
353. André Hardellet : *Le parc des Archers* suivi de *Lady Long Solo.*
354. Alfred Jarry : *L'amour en visites.*
355. Jules Supervielle : *L'Arche de Noé.*
356. Victor Segalen : *Peintures.*
357. Marcel Jouhandeau : *Monsieur Godeau intime.*
358. Roger Nimier : *Les épées.*
359. Paul Léautaud : *Le petit ami.*

360. Paul Valéry : *Lettres à quelques-uns.*
361. Guillaume Apollinaire : *Tendre comme le souvenir.*
362. J.M.G. Le Clézio : *Les Géants.*
363. Jacques Audiberti : *Les jardins et les fleuves.*
364. Louise de Vilmorin : *Histoire d'aimer.*
365. Léon-Paul Fargue : *Dîner de lune.*
366. Maurice Sachs : *La chasse à courre.*
367. Jean Grenier : *Voir Naples.*
368. Valery Larbaud : *Aux couleurs de Rome.*
369. Marcel Schwob : *Cœur double.*
370. Aragon : *Les aventures de Télémaque.*
371. Jacques Stephen Alexis : *Les arbres musiciens.*
372. André Pieyre de Mandiargues : *Porte dévergondée.*
373. Philippe Soupault : *Le nègre.*
374. Philippe Soupault : *Les dernières nuits de Paris.*
375. Michel Leiris : *Mots sans mémoire.*
376. Daniel-Henry Kahnweiler : *Entretiens avec Francis Crémieux.*
377. Jules Supervielle : *Premiers pas de l'univers.*
378. Louise de Vilmorin : *La lettre dans un taxi.*
379. Henri Michaux : *Passages.*
380. Georges Bataille : *Le Coupable* suivi de *L'Alleluiah.*
381. Aragon : *Théâtre/Roman.*
382. Paul Morand : *Tais-toi.*
383. Raymond Guérin : *La tête vide.*
384. Jean Grenier : *Inspirations méditerranéennes.*
385. Jean Tardieu : *On vient chercher Monsieur Jean.*
386. Jules Renard : *L'œil clair.*
387. Marcel Jouhandeau : *La jeunesse de Théophile.*
388. Eugène Dabit : *Villa Oasis ou Les faux bourgeois.*
389. André Beucler : *La ville anonyme.*
390. Léon-Paul Fargue : *Refuges.*
391. J.M.G. Le Clézio : *Terra Amata.*
393. Jean Giraudoux : *Les contes d'un matin.*
394. J.M.G. Le Clézio : *L'inconnu sur la terre.*
395. Jean Paulhan : *Les causes célèbres.*
396. André Pieyre de Mandiargues : *La motocyclette.*
397. Louis Guilloux : *Labyrinthe.*
398. Jean Giono : *Cœurs, passions, caractères.*
399. Pablo Picasso : *Les quatre petites filles.*
400. Clément Rosset : *Lettre sur les Chimpanzés.*

401. Louise de Vilmorin : *Le lit à colonnes.*
402. Jean Blanzat : *L'Iguane.*
403. Henry de Montherlant : *Les Bestiaires.*
404. Jean Prévost : *Les frères Bouquinquant.*
405. Paul Verlaine : *Les mémoires d'un veuf.*
406. Louis-Ferdinand Céline : *Semmelweis.*
407. Léon-Paul Fargue : *Méandres.*
408. Vladimir Maïakovski : *Lettres à Lili Brik (1917-1930).*
409. Unica Zürn : *L'Homme-Jasmin.*
410. V.S. Naipaul : *Miguel Street.*
411. Jean Schlumberger : *Le lion devenu vieux.*
412. William Faulkner : *Absalon, Absalon !*
413. Jules Romains : *Puissances de Paris.*
414. Iouri Kazakov : *La petite gare et autres nouvelles.*
415. Alexandre Vialatte : *Le fidèle Berger.*
416. Louis-René des Forêts : *Ostinato.*
417. Edith Wharton : *Chez les heureux du monde.*
418. Marguerite Duras : *Abahn Sabana David.*
419. André Hardellet : *Les chasseurs I et II.*
420. Maurice Blanchot : *L'attente l'oubli.*
421. Frederic Prokosch : *La tempête et l'écho.*
422. Violette Leduc : *La chasse à l'amour.*
423. Michel Leiris : *À cor et à cri.*
424. Clarice Lispector : *Le bâtisseur de ruines.*
425. Philippe Sollers : *Nombres.*
426. Hermann Broch : *Les Irresponsables.*
427. Jean Grenier : *Lettres d'Égypte, 1950,* suivi de *Un été au Liban.*
428. Henri Calet : *Le bouquet.*
429. Iouri Tynianov : *Le Disgracié.*
430. André Gide : *Ainsi soit-il* ou *Les jeux sont faits.*
431. Philippe Sollers : *Lois.*
432. Antonin Artaud : *Van Gogh, le suicidé de la société.*
433. André Pieyre de Mandiargues : *Sous la lame.*
434. Thomas Hardy : *Les petites ironies de la vie.*
435. Gilbert Keith Chesterton : *Le Napoléon de Notting Hill.*
436. Theodor Fontane : *Effi Briest.*
437. Bruno Schulz : *Le sanatorium au croque-mort.*
438. André Hardellet : *Oneïros* ou *La belle lurette.*
439. William Faulkner : *Si je t'oublie, Jérusalem. Les palmiers. sauvages.*

440. Charlotte Brontë : *Le professeur.*
441. Philippe Sollers : *H.*
442. Louis-Ferdinand Céline : *Ballets sans musique, sans rien*, précédé de *Secrets dans l'île* et suivi de *Progrès.*
443. Conrad Aiken : *Au-dessus de l'abysse.*
444. Jean Forton : *L'épingle du jeu.*
446. Edith Wharton : *Voyage au Maroc.*
447. Italo Svevo : *Une vie.*
448. Thomas de Quincey : *La nonne militaire d'Espagne.*
449. Anne Brontë : *Agnès Grey.*
450. Stig Dagerman : *Le serpent.*
451. August Strindberg : *Inferno.*
452. Paul Morand : *Hécate et ses chiens.*
453. Theodor Francis Powys : *Le Capitaine Patch.*
454. Salvador Dali : *La vie secrète de Salvador Dali.*
455. Edith Wharton : *Le fils et autres nouvelles.*
456. John Dos Passos : *La belle vie.*
457. Juliette Drouet : *« Mon grand petit homme... ».*
458. Michel Leiris : *Nuits sans nuit.*
459. Frederic Prokosch : *Béatrice Cenci.*
460. Leonardo Sciascia : *Les oncles de Sicile.*
461. Rabindranath Tagore : *Le Vagabond et autres histoires.*
462. Thomas de Quincey : *De l'Assassinat considéré comme un des Beaux-Arts.*
463. Jean Potocki : *Manuscrit trouvé à Saragosse.*
464. Boris Vian : *Vercoquin et le plancton.*
465. Gilbert Keith Chesterton : *Le nommé Jeudi.*
466. Iris Murdoch : *Pâques sanglantes.*
467. Rabindranath Tagore : *Le naufrage.*
468. José Maria Arguedas : *Les fleuves profonds.*
469. Truman Capote : *Les Muses parlent.*
470. Thomas Bernhard : *La cave.*
471. Ernst von Salomon : *Le destin de A.D.*
472. Gilbert Keith Chesterton : *Le Club des Métiers bizarres.*
473. Eugène Ionesco : *La photo du colonel.*
474. André Gide : *Le voyage d'Urien.*
475. Julio Cortázar : *Octaèdre.*
476. Bohumil Hrabal : *La chevelure sacrifiée.*
477. Sylvia Townsend Warner : *Une lubie de Monsieur Fortune.*
478. Jean Tardieu : *Le Professeur Frœppel.*

479. Joseph Roth : *Conte de la 1002e nuit.*
480. Kôbô Abe : *Cahier Kangourou.*
481. Rainer Maria Rilke, Boris Pasternak, Marina Tsvétaïeva : *Correspondance à trois.*
482. Philippe Soupault : *Histoire d'un blanc.*
483. Malcolm de Chazal : *La vie filtrée.*
484. Henri Thomas : *Le seau à charbon.*
485. Flannery O'Connor : *L'habitude d'être.*
486. Erskine Caldwell : *Un pauvre type.*
487. Florence Delay : *Minuit sur les jeux.*
488. Sylvia Townsend Warner : *Le cœur pur.*
489. Joao Ubaldo Ribeiro : *Sergent Getulio.*
490. Thomas Bernhard : *Béton.*
491. Iris Murdoch : *Le prince noir.*
492. Christian Dotremont : *La pierre et l'oreiller.*
493. Henri Michaux : *Façons d'endormi, Façons d'éveillé.*
494. Meša Selimović : *Le derviche et la mort.*
495. Francis Ponge : *Nioque de l'avant-printemps.*
496. Julio Cortázar : *Tous les feux le feu.*
497. William Styron : *Un lit de ténèbres.*
498. Joseph Roth : *La toile d'araignée.*
499. Marc Bernard : *Vacances.*
500. Romain Gary : *L'homme à la colombe.*
501. Maurice Blanchot : *Aminadab.*
502. Jean Rhys : *La prisonnière des Sargasses.*
503. Jane Austen : *L'Abbaye de Northanger.*
504. D.H. Lawrence : *Jack dans la brousse.*
505. Ivan Bounine : *L'amour de Mitia.*
506. Thomas Raucat : *L'honorable partie de campagne.*
507. Frederic Prokosch : *Hasards de l'Arabie heureuse.*
508. Julio Cortázar : *Fin de jeu.*
509. Bruno Schulz : *Les boutiques de cannelle.*
510. Pierre Bost : *Monsieur Ladmiral va bientôt mourir.*
511. Paul Nizan : *Le cheval de Troie.*
512. Thomas Bernhard : *Corrections.*
513. Jean Rhys : *Voyage dans les ténèbres.*
514. Alberto Moravia : *Le quadrille des masques.*
515. Hermann Ungar : *Les hommes mutilés.*
516. Giorgi Bassani : *Le héron.*
517. Marguerite Radclyffe Hall : *Le puits de solitude.*

518. Joyce Mansour : *Histoires nocives.*
519. Eugène Dabit : *Le mal de vivre.*
520. Alberto Savinio : *Toute la vie.*
521. Hugo von Hofmannsthal : *Andréas et autres récits.*
522. Charles-Ferdinand Ramuz : *Vie de Samuel Belet.*
523. Lieou Ngo : *Pérégrinations d'un clochard.*
524. Hermann Broch : *Le tentateur.*
525. Louis-René des Forêts : *Pas à pas jusqu'au dernier.*
526. Bernard Noël : *Le 19 octobre 1977.*
527. Jean Giono : *Les trois arbres de Palzem.*
528. Amos Tutuola : *L'ivrogne dans la brousse.*
529. Marcel Jouhandeau : *De l'abjection.*
530. Raymond Guérin : *Quand vient la fin.*
531. Mercè Rodoreda : *La place du diamant.*
532. Henry Miller : *Les livres de ma vie.*
533. R. L. Stevenson : *Ollala des montagnes.*
534. Ödön von Horváth : *Un fils de notre temps.*
535. Rudyard Kipling : *La lumière qui s'éteint.*
536. Shelby Foote : *Tourbillon.*
537. Maurice Sachs : *Alias.*
538. Paul Morand : *Les extravagants.*
539. Seishi Yokomizo : *La hache, le koto et le chrysanthème.*
540. Vladimir Makanine : *La brèche.*
541. Robert Walser : *La promenade.*
542. Elio Vittorini : *Les hommes et les autres.*
543. Nedim Gürsel : *Un long été à Istanbul.*
544. James Bowles : *Deux dames sérieuses.*
545. Paul Bowles : *Réveillon à Tanger.*
546. Hervé Guibert : *Mauve le vierge.*
547. Louis-Ferdinand Céline : *Maudits soupirs pour une autre fois.*
548. Thomas Bernhard : *L'origine.*
549. J. Rodolfo Wilcock : *Le stéréoscope des solitaires.*
550. Thomas Bernhard : *Le souffle.*
551. Beppe Fenoglio : *La paie du samedi.*
552. James M. Cain : *Mildred Pierce.*
553. Alfred Döblin : *Voyage babylonien.*
554. Pierre Guyotat : *Prostitution.*
555. John Dos Passos : *La grande époque.*
556. Cesare Pavese : *Avant que le coq chante.*

Composition Interligne,
Impression Société Nouvelle Firmin-Didot
à Mesnil-sur-l'Estrée, le 3 septembre 2007.
Dépôt légal : septembre 2007.
Numéro d'imprimeur : 86679.
ISBN : 978-2-07-078570-4/Imprimé en France.

152859